OEUVRES

DE

MONTESQUIEU.

TOME I.

CHEZ HENRI FERET, LIBRAIRE,

PLACE DU PALAIS-ROYAL, GALERIE DE NEMOURS, n° 5.

IMPRIMERIE DE MARCHAND DU BREUIL,
rue de la Harpe, n° 80.

Devéria del. H C Muller sculp!

Montesquieu.

OEUVRES

DE

MONTESQUIEU

AVEC

ÉLOGES, ANALYSES, COMMENTAIRES,

REMARQUES, NOTES, RÉFUTATIONS, IMITATIONS;

PAR

MM. DESTUTT DE TRACY, VILLEMAIN,

MEMBRES DE L'INSTITUT;

D'ALEMBERT, HELVÉTIUS, VOLTAIRE, CONDORCET ET BERTOLINI.

GRANDEUR DES ROMAINS.

A PARIS,

CHEZ DALIBON, LIBRAIRE

DE S. A. R. MONSEIGNEUR LE DUC DE NEMOURS,

RUE HAUTEFEUILLE, N° 10.

M. DCCC. XXVII.

AVANT-PROPOS.

Voltaire, Rousseau, Montesquieu et Buffon, sont les quatre colonnes sur lesquelles repose la gloire littéraire du dix-huitième siècle : à eux quatre ils la composent presque toute entière. Les autres renommées contemporaines, quelque brillantes qu'elles soient, viennent se grouper autour d'eux, comme si elles ne pouvoient briller que de l'éclat qu'elles leur empruntent. C'est à leur génie que le dix-huitième siècle doit le rang élevé qu'il tient dans l'histoire des progrès de l'esprit humain; la raison et la philosophie n'ont point eu de plus éloquens interprètes; c'est dans leurs immortels écrits que l'homme est venu puiser le sentiment de ses droits et la limite de ses devoirs.

En rappelant l'homme à sa dignité primitive, ils lui ont assigné la place qu'il est fait pour tenir dans la société. Le besoin de se nourrir de la lecture de leurs ouvrages atteste le progrès des esprits; ils parlent une langue qui est entendue de tout le monde; les principes qu'ils ont développés avec tant de force et d'évidence sont devenus les principes de tous les bons esprits.

Montesquieu n'est plus un écrivain qu'il n'étoit donné qu'à certaines personnes de pouvoir lire avec fruit : aujourd'hui tout le monde a besoin de le lire et peut le comprendre; on peut bien dire que c'est lui qui a créé ses lecteurs; d'abord il est descendu jusqu'à nous, aujourd'hui nous nous sommes élevés jusqu'à lui; il a fait notre éducation politique.

L'*Esprit des Lois* est avant tout la lecture du citoyen, de quelque pays qu'il soit; c'est le code de la religion politique de l'homme en état de société; il y trouve tout à la fois ses droits et ses devoirs : les uns découlent des autres, ils ne peuvent exister séparément. Montesquieu a depuis long-temps acquis en Europe l'autorité de ces antiques législateurs qui ont fondé des empires; il est invoqué par les publicistes de tous les pays. Combien de fois son nom n'a-t-il pas retenti dans nos assemblées politiques? Que de fois son opinion a rapproché des sentimens qui se montroient diamétralement opposés : les Anglais eux-mêmes l'ont plus d'une fois appelé en témoignage au sein de leur parlement. C'est en le commentant que Filangieri, que Beccaria se sont créé en Italie une gloire qui, pour n'être qu'un rayon de celle de Montesquieu, n'en est pas moins éclatante : il cite à son tribunal toutes les législations écrites, les interroge chacune à son tour, fait la part de leurs ressemblances et de leurs différences, remonte à la source de leurs erreurs communes, les suit dans leur marche ténébreuse, au travers des siècles, des révolutions et des peuples; il les voit se grossir de l'orage des passions, faire le malheur des hommes qu'elles doivent protéger, donner à l'édifice social les formes les plus irrégulières, et quelquefois le renverser.

De ces décombres jaillit l'anarchie et le despotisme qui règnent où la loi a cessé de régner. Montesquieu signalant tant d'abus, a posé d'une main ferme la pierre indestructible sur laquelle repose la société; il en a composé l'édifice des debris rassemblés chez tous les peuples; tout en est positif, et le temple des lois est l'œuvre de son génie.

Jamais un livre de philosophie, avant l'*Esprit des Lois*, n'avoit été fondé sur tant de faits des peuples sauvages, barbares, civilisés, anciens, modernes : l'univers et le genre humain, avec tous leurs âges, comparoissent dans toutes les lignes pour lui servir de témoignage. Ce que Bacon avoit fait avec tant de succès pour les sciences naturelles, est précisément ce que Montesquieu a fait pour les sciences politiques; il les a rendues expérimentales; et cependant, de même qu'on l'accuse à la fois d'être athée et d'être déiste, on lui reproche à la fois de fonder ses principes sur les faits, et de plier les faits à ses principes, et on ne remarque pas ce qu'il est si facile de remarquer, que les faits, soit lorsqu'ils font le malheur des peuples, soit lorsqu'ils ont fait leur bonheur, servent également à quelque progrès de l'art social, les premiers en signalant leurs erreurs, les seconds en démêlant toute leur sagesse. Et dans cet *Esprit des Lois*, dont les vérités sont d'un ordre auguste, mais austère, quel charme de style très-souvent, plus souvent encore quelle élévation, quel éclat! Dans ce livre des législateurs, se rencontrent les pages, je ne dis pas les plus éloquentes, mais les plus sublimes de la langue française. Le portrait de Cromwel, si souvent cité et si beau, n'a pas la moitié des beautés du portrait de Charlemagne : il semble que comme l'éternel, Montesquieu ait mis toute sa puissance dans la parole.

Les notes, les observations, et même les réfutations qu'ont faites sur ce magnifique Ouvrage les meilleurs esprits du dix-huitième siècle, et quelques-uns du siècle présent, en sont devenues le complément indispensable. Aussi les avons-nous réunies au chef-d'œuvre qui les a inspirées. Rapprochés par leur admiration pour Montesquieu, on voit les hommes, le plus partagés d'opinion, se tenir auprès de son génie, comme pour en attendre quelque heureuse inspiration ; et, tandis que quelques préjugés déchus s'efforcent de chercher en lui un protecteur et un appui, la raison et la philosophie y trouvent les lumières qui éclairent les gouvernemens sur les besoins des peuples, et les peuples sur les devoirs des gouvernemens.

Le nom des écrivains qui se sont attachés à développer ou à combattre les principes énoncés dans l'*Esprit des Lois*, n'est pas une des moindres preuves de l'importance de cet Ouvrage, et des sensations diverses qu'il avoit produites sur tous les lecteurs. Quel autre écrivain présente au nombre de ses annotateurs une liste aussi imposante que celle-ci : d'Alembert, Beccaria, Bertolini, Boisgelin, Cartaud de la Villatte, Condorcet, le fermier-général Dupin, Echasseriau, Filangieri, madame Geoffrin, Grosley, Helvétius, Lenglet, Marmontel, le comte de Saint-Roman, Suard, Voltaire, etc.? Les nommer n'est-ce pas faire connoître l'importance de leurs remarques?

Le mémoire sur cette question : Quels sont les moyens de fonder la morale d'un peuple? est l'application des principes énoncés dans le commentaire de M. le comte Destutt de Tracy. L'Institut, après avoir mis ce sujet au concours, crut devoir le retirer. M. Destutt de Tracy s'en empara, et l'embrassa dans toute son étendue. C'est un tableau de l'esprit dans lequel les lois doivent être faites. L'auteur y démontre leur efficacité pour donner aux hommes de saines idées de morale; il prouve, avec la plus irrésistible évidence, que le but de toutes les lois ne sauroit être autre que de bien diriger les actions et les sentimens des hommes qui leur sont soumis. On y trouve, dans un ordre clair et méthodique, la coordination de beaucoup de choses dont souvent on n'aperçoit pas la liaison. Ce mémoire, publié en trois fragmens, dans le *Mercure* de l'an 6 (1798), est basé sur les principes que l'on retrouve dans le Commentaire de l'Esprit des Lois, dont M. de Tracy ne s'occupa que huit ans après.

Saint-Évremont avoit parlé des Romains en homme d'esprit, et Vertot en historien éloquent; Montesquieu en parla comme un homme de génie. Il venoit de parcourir l'Europe; il avoit étudié les lois, les mœurs, les gouvernemens. Il publia, en 1734, les *Considérations sur les causes de la Grandeur et de la Décadence des Romains.* Fergusson et Gibbon ont développé son plan philosophique avec plus d'étendue. Tous ces écrivains distingués n'ont servi qu'à rehausser, pour ainsi dire, sa gloire. Il semble avoir hérité de l'âme de Corneille et de l'énergie de Tacite. Montesquieu marche dans cet ouvrage à pas de géant dans la carrière du génie. On le voit aux prises, pour ainsi dire, avec les maîtres du monde. Il demande compte aux Romains de leur agrandissement et de leur décadence : la fortune n'a point d'autels aux yeux de cet examinateur judicieux et sévère. Chaque effet a son principe, et il sait le trouver : il analyse les événemens, il décompose le cœur de l'homme, qui n'a rien d'obscur pour lui. L'apparence du vrai n'est jamais le vrai devant lui; il distingue le prétexte du motif. La politique du sénat de Rome, quelque profonde qu'elle soit, n'échappe point à ses regards; il pénètre tout, il démasque tout; il regarde les vaincus d'un œil attentif, comme il a regardé les vainqueurs. Toutes les nations passent successivement devant lui; il se donne l'expérience de plusieurs siècles, et s'ouvre la route à un ouvrage plus admirable encore. Un président du parlement de Bordeaux, à qui il avoit confié son manuscrit, en le priant de lui en dire son avis, lui conseilla de le supprimer, comme trop foible et fort au-dessous des *Lettres Persannes*. Montesquieu l'écoute sans humeur, il ne fait qu'ajouter cette épigraphe à son ouvrage : *Docuit quæ maximus atlas.* Nous plaçons à la suite de ses considérations sa dissertation politique sur la religion des Romains, quoique dans l'ordre chronologique des ouvrages composés par Montesquieu, celui-ci dût être inséré à l'époque où l'auteur l'avoit lu à l'académie de Bordeaux (1716); mais l'ordre des matières exigeoit qu'on réunît tous les ouvrages relatifs au même peuple. On reconnoît dans cette dissertation le génie observateur de Montesquieu. La mort ou la prudence ne lui permirent pas d'achever ce fragment. Ce sont des matériaux précieux, quoique imparfaits.

Rome qui tour-à-tour offrit à l'univers la république la plus fameuse et le plus puissant empire; Rome, ses institutions, ses dissensions, ses exploits, ses désastres, ses vertus, ses grands hommes, tout revit après dix siècles, tous ces colosses sont devant nos yeux; ils se meuvent, ils agissent, ils s'élèvent, ils passent. La lecture de cent volumes d'histoire donne moins à retenir et moins à penser que celle des *Considérations sur les causes de la Grandeur et de la Décadence des Romains,* dont il ne faut point séparer ce dialogue d'Eucrate et de Sylla, où chaque phrase est un trait de lumière pour l'étude des faits et de la politique. De tous les livres qui existent, aucun ne suppose peut-être une plus grande force de tête, une plus parfaite netteté d'idées, une plus haute excellence de génie; aucun, enfin, n'offre un plus grand poids à mettre dans la balance en faveur du dix-huitième siècle, et si l'on veut apprécier ses beautés d'exécution, on reconnoîtra que le style de Montesquieu, aussi propre à ce grand homme que son génie, a le rare avantage de réunir une clarté soutenue au piquant, à la force, à la profondeur qui naît d'une extrême concision.

Les discours prononcés par Montesquieu aux séances publiques de l'académie des sciences de Bordeaux, depuis 1716 jusqu'en 1727, ont aussi leur genre d'intérêt. Il y annonce les sujets proposés pour les prix, ou il rend compte des mémoires qui les ont remportés : on retrouve partout cette grâce aimable qui anime les sujets les plus arides, ces saillies de raison qui ravissent, et cette fleur d'esprit qui fait aimer l'érudition. L'éloge du duc de Laforce respire une douce sensibilité, et le charme d'une philosophie indulgente. Son discours sur les sciences honore son cœur et son esprit. On aime à voir Montesquieu, dès l'âge de vingt-cinq ans, à la hauteur des lumières de son siècle, former le plan d'un ouvrage immense[1],

---

[1] Projet d'une histoire physique du monde.

malgré les grandes occupations de son état, et parcourir le cercle des connoissances physiques avec la même rapidité qu'il parcouroit celui des connoissances morales. C'est un spectacle bien intéressant que le tableau des progrès de l'esprit d'un grand homme.

Ses fragmens sur le goût, tout fragmens qu'ils sont restés sous sa main expirante, sont une des plus vives et des plus fortes lumières qui aient été portées au milieu des arts, du goût et des principes de la philosophie. Ainsi en jugeoient, dans le siècle dernier, trois ou quatre de ces écrivains les plus distingués et les plus capables de cette appréciation, hors de la portée des critiques vulgaires. Nul homme, à talent ou sans talent, ne fut jamais plus simple que Montesquieu dans son ton et dans ses manières : il l'étoit dans les salons de Paris autant que dans ses domaines de la Brède, où, parmi les pelouses, les fontaines et les forêts dessinées à l'anglaise, il couroit, du matin au soir, un bonnet de coton blanc sur la tête, un long échalas de vigne sur l'épaule, et où ceux qui venoient lui présenter les hommages de l'Europe, lui demandèrent plus d'une fois, en le tutoyant comme un vigneron, si c'étoit là le château de Montesquieu. Quand il parloit, ce dont il n'étoit ni prodigue ni avare, on étoit toujours sûr d'être avec lui; c'étoient tour-à-tour la gaîté piquante de Rica, les vues vastes et concises d'Usbek, quelquefois l'énergique et poétique expression des passions de Roxane, et même toujours cette même énergie, lorsque sa haine contre le despotisme allumoit son imagination. Sa défense de l'Esprit des Lois, dit d'Alembert, étoit l'image de sa conversation : sa conversation n'étoit pas inférieure à ses écrits. Fénélon, Montesquieu et Voltaire, sont les seuls grands écrivains auxquels on ait reconnu à ce degré le talent de la parole.

Quel auteur étoit donc plus digne d'être réimprimé avec tout le luxe de la typographie française? Nous avons pensé que le public ne feroit pas à notre édition de Montesquieu un accueil moins favorable qu'à nos éditions de Voltaire et de Jean-Jacques Rousseau; imprimée sur le même papier, avec les caractères de M. Firmin Didot, de la même justification, et avec les mêmes soins, elle en est une suite pour ainsi dire nécessaire : confondus ensemble dans une même admiration, ne séparons pas dans notre bibliothèque ce qui est réuni dans notre esprit.

La plus rigoureuse exactitude a été apportée dans la correction du texte : nous avons collationné les éditions les plus estimées et les originaux dont l'identité n'admettoit point le moindre doute. En rendant au texte toute sa pureté, nous avons cru devoir y joindre les notes, les observations, les éclaircissemens fournis par les meilleurs annotateurs et par Montesquieu lui-même. Un précis historique, placé en tête de chacun des ouvrages, fait connoître au lecteur les diverses circonstances qui s'y rattachent.

Un portrait de Montesquieu, dessiné par Devéria, et gravé par Muller, d'après le beau buste de Chaudet, est placé en tête du premier volume.

Nous n'avons négligé aucune recherche, aucun sacrifice pour rendre notre édition digne de trouver place dans les plus riches bibliothèques : mieux exécutée et beaucoup plus complète qu'aucune de celles qui l'ont précédée, elle est d'un prix à peine égal à celui que coûtent les éditions les plus ordinaires des OEuvres de Montesquieu.

je declare donner pouvoir a Monsieur latapie-
juge de labrede de retirer les lettres de husier de
Monsieur le Marquis de Monferrier et den
donner decharge laquelle vaudra come je l'eusse
donnée moy meme fait a labrede ce 29 de
novembre mille sept cens cinquante quatre

Montesquieu

Le tout de la main de Mr. de Montesquieu
5 semaines avant sa mort

ÉLOGE
DE MONTESQUIEU[1],

PAR D'ALEMBERT.

L'INTÉRÊT que les bons citoyens prennent à l'Encyclopédie, et le grand nombre de gens de lettres qui lui consacrent leurs travaux, semblent nous permettre de la regarder comme un des monumens les plus propres à être dépositaires des sentimens de la patrie, et des hommages qu'elle doit aux hommes célèbres qui l'ont honorée. Persuadés néanmoins que M. de Montesquieu étoit en droit d'attendre d'autres panégyristes que nous, et que la douleur publique eût mérité des interprètes plus éloquens, nous eussions enfermé au dedans de nous-mêmes nos justes regrets et notre respect pour sa mémoire; mais l'aveu de ce que nous lui devons nous est trop précieux pour en laisser le soin à d'autres. Bienfaiteur de l'humanité par ses écrits, il a daigné l'être aussi de cet ouvrage : et notre reconnoissance ne veut

---

[1] Mis à la tête du cinquième volume de l'Encyclopédie.

que tracer quelques lignes au pied de sa statue.

Charles de Secondat, baron de la Brède et de Montesquieu, ancien président à mortier au parlement de Bordeaux, de l'Académie française, de l'Académie royale des sciences et des belles-lettres de Prusse, et de la société royale de Londres, naquit au château de la Brède, près de Bordeaux, le 18 janvier 1689, d'une famille noble de Guienne. Son trisaïeul, Jean de Secondat, maître d'hôtel de Henri II, roi de Navarre, et ensuite de Jeanne, fille de ce roi, qui épousa Antoine de Bourbon, acquit la terre de Montesquieu d'une somme de 10,000 livres, que cette princesse lui donna par un acte authentique, en récompense de sa probité et de ses services. Henri III, roi de Navarre, depuis Henri IV, roi de France, érigea en baronnie la terre de Montesquieu en faveur de Jacob de Secondat, fils de Jean, d'abord gentilhomme ordinaire de la chambre de ce prince, et ensuite mestre-de-camp du régiment de Châtillon. Jean-Gaston de Secondat, son second fils, ayant épousé la fille du premier président du parlement de Bordeaux, acquit dans cette compagnie une charge de président à mortier. Il eut plusieurs enfans, dont un entra dans le service, s'y distingua, et le quitta de fort bonne heure : ce fut le père de Charles de Secondat, auteur de l'*Esprit des Lois*. Ces détails paroîtront peut-être déplacés à la tête de l'éloge d'un philosophe dont le nom a si peu besoin d'ancêtres; mais n'envions point à leur mémoire l'éclat que ce nom répand sur elle.

Les succès de l'enfance, présage quelquefois si trompeur, ne le furent point dans Charles de Secondat : il annonça de bonne heure ce qu'il devoit être, et son père donna tous ses soins à cultiver ce génie naissant, objet de son espérance et de sa tendresse. Dès l'âge de vingt ans, le jeune Montesquieu préparoit déjà les matériaux de l'*Esprit des Lois*, par un extrait raisonné des immenses volumes qui composent le corps du droit civil : ainsi autrefois Newton avoit jeté, dès sa première jeunesse, les fondemens des ouvrages qui l'ont rendu immortel. Cependant l'étude de la jurisprudence, quoique moins aride pour M. de Montesquieu que pour la plupart de ceux qui s'y livrent, parce qu'il la cultivoit en philosophe, ne suffisoit pas à l'étendue et à l'activité de son génie : il approfondissoit, dans le même temps, des matières encore plus importantes et plus délicates [1], et les discutoit dans le silence avec la sagesse, la décence et l'équité qu'il a depuis montrées dans ses ouvrages.

Un oncle paternel, président à mortier au par-

[1] C'étoit un ouvrage en forme de lettres, dont le but étoit de prouver que l'idolâtrie de la plupart des païens ne paroissoit pas mériter une damnation éternelle. (*Note de d'Alembert.*)

lement de Bordeaux, juge éclairé et citoyen vertueux, l'oracle de sa compagnie et de sa province, ayant perdu un fils unique, et voulant conserver dans son corps l'esprit d'élévation qu'il avoit tâché d'y répandre, laissa ses biens et sa charge à M. de Montesquieu. Il étoit conseiller au parlement de Bordeaux depuis le 24 février 1714, et fut reçu président à mortier le 13 juillet 1716. Quelques années après, en 1722, pendant la minorité du roi, sa compagnie le chargea de présenter des remontrances à l'occasion d'un nouvel impôt. Placé entre le trône et le peuple, il remplit en sujet respectueux et en magistrat plein de courage l'emploi si noble et si peu envié de faire parvenir au souverain le cri des malheureux; et la misère publique, représentée avec autant d'habileté que de force, obtint la justice qu'elle demandoit. Ce succès, il est vrai, par malheur pour l'état bien plus que pour lui, fut aussi passager que s'il eût été injuste; à peine la voix des peuples eut-elle cessé de se faire entendre que l'impôt supprimé fut remplacé par un autre : mais le citoyen avoit fait son devoir.

Il fut reçu, le 3 avril 1716, dans l'Académie de Bordeaux, qui ne faisoit que de naître. Le goût pour la musique et pour les ouvrages de pur agrément avoit d'abord rassemblé les membres qui la formoient. M. de Montesquieu crut avec raison que l'ardeur naissante et les talens de ses confrères pourroient s'exercer avec encore plus d'avantage sur les objets de la physique. Il étoit persuadé que la nature, si digne d'être observée partout, trouvoit aussi partout des yeux dignes de la voir; qu'au contraire les ouvrages de goût ne souffrant point de médiocrité, et la capitale étant en ce genre le centre des lumières et des secours, il étoit trop difficile de rassembler loin d'elle un assez grand nombre d'écrivains distingués. Il regardoit les sociétés de bel-esprit, si étrangement multipliées dans nos provinces, comme une espèce ou plutôt comme une ombre de luxe littéraire, qui nuit à l'opulence réelle, sans même en offrir l'apparence. Heureusement M. le duc de La Force, par un prix qu'il venoit de fonder à Bordeaux, avoit secondé des vues si éclairées et si justes. On jugea qu'une expérience bien faite seroit préférable à un discours foible ou à un mauvais poëme; et Bordeaux eut une Académie des sciences.

M. de Montesquieu, nullement empressé de se montrer au public, sembloit attendre, selon l'expression d'un grand génie, un âge mûr pour écrire. Ce ne fut qu'en 1721, c'est-à-dire âgé de trente-deux ans, qu'il mit au jour les *Lettres persanes*. Le *Siamois* des *Amusemens sérieux et comiques* pouvoit lui en avoir fourni l'idée : mais il surpassa son modèle. La peinture des mœurs orientales, réelles ou supposées, de l'orgueil et du flegme de l'amour asiatique, n'est que le moindre objet de ces lettres; elle n'y sert, pour ainsi dire, que de prétexte à une satire fine de nos mœurs, et à des matières importantes que l'auteur approfondit en paroissant glisser sur elles. Dans cette espèce de tableau mouvant, Usbek expose surtout avec autant de légèreté que d'énergie ce qui a le plus frappé parmi nous ses yeux pénétrans; notre habitude de traiter sérieusement les choses les plus futiles, et de tourner les plus importantes en plaisanterie; nos conversations si bruyantes et si frivoles; notre ennui dans le sein du plaisir même; nos préjugés et nos actions en contradiction continuelle avec nos lumières; tant d'amour pour la gloire joint à tant de respect pour l'idole de la faveur; nos courtisans si rampans et si vains; notre politesse extérieure et notre mépris réel pour les étrangers, ou notre prédilection affectée pour eux; la bizarrerie de nos goûts, qui n'a rien au-dessous d'elle que l'empressement de toute l'Europe à les adopter; notre dédain barbare pour deux des plus respectables occupations d'un citoyen, le commerce et la magistrature; nos disputes littéraires, si vives et si inutiles; notre fureur d'écrire avant que de penser, et de juger avant que de connoître. A cette peinture vive, mais sans fiel, il oppose, dans l'apologue des Troglodytes, le tableau d'un peuple vertueux, devenu sage par le malheur ; morceau digne du portique. Ailleurs il montre la philosophie, long-temps étouffée, reparoissant tout à coup, regagnant par ses progrès le temps qu'elle a perdu, pénétrant jusque chez les Russes à la voix d'un génie qui l'appelle, tandis que, chez d'autres peuples de l'Europe, la superstition, semblable à une atmosphère épaisse, empêche la lumière qui les environne de toutes parts d'arriver jusqu'à eux. Enfin, par les principes qu'il établit sur la nature des gouvernemens anciens et modernes, il présente le germe de ses idées lumineuses, développées depuis par l'auteur dans son grand ouvrage.

Ces différens sujets, privés aujourd'hui des grâces de la nouveauté qu'ils avoient dans la naissance des *Lettres persanes*, y conserveront toujours le mérite du caractère original qu'on a su leur donner : mérite d'autant plus réel qu'il vient ici du génie seul de l'écrivain, et non du voile étranger dont il s'est couvert ; car Usbek a pris, durant son séjour en France, non-seulement une connoissance si parfaite de nos mœurs, mais une si forte teinture de nos manières mêmes, que son style fait souvent oublier son pays. Ce léger défaut de vraisemblance peut n'être pas sans dessein et sans adresse : en relevant nos ridicules et nos vices, il a voulu sans doute aussi rendre justice à nos avantages. Il a senti toute la fadeur d'un éloge direct; et il nous a plus finement loués, en prenant si souvent notre ton pour médire plus agréablement de nous.

Malgré le succès de cet ouvrage, M. de Montesquieu ne s'en étoit point déclaré ouvertement l'auteur. Peut-être croyoit-il échapper plus aisément par ce moyen à la satire littéraire, qui épargne plus volontiers les écrits anonymes, parce que c'est toujours la personne, et non l'ouvrage, qui est le but de ses traits. Peut-être craignoit-il d'être attaqué sur le prétendu contraste des *Lettres persanes* avec l'austérité de sa place : espèce de reproche, disoit-il, que les critiques ne manquent jamais, parce qu'il ne demande aucun effort d'esprit. Mais son secret étoit découvert, et déjà le public le montroit à l'Académie française. L'événement fit voir combien le silence de M. de Montesquieu avoit été sage. Usbek s'exprime quelquefois assez librement, non sur le fond du christianisme, mais sur des matières que trop de personnes affectent de confondre avec le christianisme même; sur l'esprit de persécution dont tant de chrétiens ont été animés; sur les usurpations temporelles de la puissance ecclésiastique; sur la multiplication excessive des monastères, qui enlèvent des sujets à l'état sans donner à Dieu des adorateurs; sur quelques opinions qu'on a vainement tenté d'ériger en dogmes; sur nos disputes de religion, toujours violentes, et souvent funestes. S'il paroît toucher ailleurs à des questions plus délicates et qui intéressent de plus près la religion chrétienne, ses réflexions, appréciées avec justice, sont en effet très-favorables à la révélation, puisqu'il se borne à montrer combien la raison humaine abandonnée à elle-même est peu éclairée sur ces objets. Enfin, parmi les véritables lettres de M. de Montesquieu, l'imprimeur étranger en avoit inséré quelques-uns d'une autre main, et il eût fallu du moins, avant que de condamner l'auteur, démêler ce qui lui appartenoit en propre. Sans égard à ces considérations, d'un côté la haine sous le nom de zèle, de l'autre le zèle sans discernement ou sans lumières, se soulevèrent et se réunirent contre les *Lettres persanes*. Des délateurs, espèce d'hommes dangereuse et lâche, que même dans un gouvernement sage on a quelquefois le malheur d'écouter, alarmèrent par un extrait infidèle la piété du ministère. M. de Montesquieu, par le conseil de ses amis, soutenu de la voix publique, s'étant présenté pour la place de l'Académie française vacante par la mort de M. de Sacy, le ministre [1] écrivit à cette compagnie

---

[1] M. le cardinal de Fleury.

que sa majesté ne donneroit jamais son agrément
à l'auteur des *Lettres persanes*, qu'il n'avoit point
lu ce livre, mais que des personnes en qui il avoit
confiance lui en avoient fait connoître le poison
et le danger. M. de Montesquieu sentit le coup
qu'une pareille accusation pouvoit porter à sa personne, à sa famille, à la tranquillité de sa vie. Il
n'attachoit pas assez de prix aux honneurs littéraires, ni pour les rechercher avec avidité, ni pour
affecter de les dédaigner quand ils se présentoient à lui, ni enfin pour en regarder la simple
privation comme un malheur; mais l'exclusion
perpétuelle, et surtout les motifs de l'exclusion,
lui paroissoient une injure. Il vit le ministre, lui
déclara que, par des raisons particulières, il n'a-
vouoit point les *Lettres persanes*, mais qu'il étoit
encore plus éloigné de désavouer un ouvrage dont
il croyoit n'avoir point à rougir, et qu'il devoit
être jugé d'après une lecture, et non sur une
délation. Le ministre prit enfin le parti par où
il auroit dû commencer; il lut le livre, aima
l'auteur, et apprit à mieux placer sa confiance.
L'Académie française ne fut point privée d'un de
ses plus beaux ornemens : et la France eut le bonheur de conserver un sujet que la superstition ou
la calomnie étoient prêtes à lui faire perdre; car
M. de Montesquieu avoit déclaré au gouvernement
qu'après l'espèce d'outrage qu'on alloit lui faire,

il iroit chercher chez les étrangers, qui lui tendoient les bras, la sûreté, le repos, et peut-être les récompenses qu'il auroit dû espérer dans son pays. La nation eût déploré cette perte, et la honte en fût pourtant retombée sur elle.

Feu M. le maréchal d'Estrées, alors directeur de l'Académie française, se conduisit dans cette circonstance en courtisan vertueux et d'une âme vraiment élevée : il ne craignit ni d'abuser de son crédit, ni de le compromettre ; il soutint son ami, et justifia Socrate. Ce trait de courage, si précieux aux lettres, si digne d'avoir aujourd'hui des imitateurs, et si honorable à la mémoire de M. le maréchal d'Estrées, n'auroit pas dû être oublié dans son éloge.

M. de Montesquieu fut reçu le 24 janvier 1728. Son discours est un des meilleurs qu'on ait prononcés dans une pareille occasion : le mérite en est d'autant plus grand que les récipiendaires, gênés jusqu'alors par ces formules et ces éloges d'usage auxquels une espèce de prescription les assujettit, n'avoient encore osé franchir ce cercle pour traiter d'autres sujets, ou n'avoient point pensé du moins à les y renfermer. Dans cet état même de contrainte il eut l'avantage de réussir. Entre plusieurs traits dont brille son discours [1]

---

[1] Il se trouve dans le tome IX de cette édition.

on reconnoîtroit l'écrivain qui pense, au seul portrait du cardinal de Richelieu, *qui apprit à la France le secret de ses forces, et à l'Espagne celui de sa foiblesse; qui ôta à l'Allemagne ses chaines, et lui en donna de nouvelles.* Il faut admirer M. de Montesquieu d'avoir su vaincre la difficulté de son sujet, et pardonner à ceux qui n'ont pas eu le même succès.

Le nouvel académicien étoit d'autant plus digne de ce titre, qu'il avoit, peu de temps auparavant, renoncé à tout autre travail pour se livrer entièrement à son génie et à son goût. Quelque importante que fût la place qu'il occupoit, avec quelques lumières et quelque intégrité qu'il en eût rempli les devoirs, il sentoit qu'il y avoit des objets plus dignes d'occuper ses talens, qu'un citoyen est redevable à sa nation et à l'humanité de tout le bien qu'il peut leur faire, et qu'il seroit plus utile à l'une et à l'autre en les éclairant par ses écrits, qu'il ne pouvoit l'être en discutant quelques contestations particulières dans l'obscurité. Toutes ces réflexions le déterminèrent à vendre sa charge. Il cessa d'être magistrat, et ne fut plus qu'homme de lettres.

Mais, pour se rendre utile par ses ouvrages aux différentes nations, il étoit nécessaire qu'il les connût. Ce fut dans cette vue qu'il entreprit de voyager. Son but étoit d'examiner partout le phy-

sique et le moral ; d'étudier les lois et la constitution de chaque pays ; de visiter les savans, les écrivains, les artistes célèbres; de chercher surtout ces hommes rares et singuliers dont le commerce supplée quelquefois à plusieurs années d'observations et de séjour. M. de Montesquieu eût pu dire, comme Démocrite : « Je n'ai rien ou-
« blié pour m'instruire; j'ai quitté mon pays et
« parcouru l'univers pour mieux connoître la vé-
« rité; j'ai vu tous les personnages illustres de mon
« temps. » Mais il y eut cette différence entre le Démocrite français et celui d'Abdère, que le premier voyageoit pour instruire les hommes, et le second pour s'en moquer.

Il alla d'abord à Vienne, où il vit souvent le célèbre prince Eugène. Ce héros, si funeste à la France (à laquelle il auroit pu être si utile), après avoir balancé la fortune de Louis XIV et humilié la fierté ottomane, vivoit sans faste durant la paix, aimant et cultivant les lettres dans une cour où elles sont peu en honneur [1], et donnant à ses maîtres l'exemple de les protéger. M. de Montesquieu crut entrevoir dans ses discours quelques restes d'intérêt pour son ancienne patrie. Le prince

---

[1] Quelques Allemands ont pris très-mal à propos, ces paroles pour une injure. L'amour des hommes est un devoir dans les princes : l'amour des lettres est un goût qu'il leur est permis de ne pas avoir. (*Note de d'Alembert.*)

Eugène [1] en laissoit voir surtout autant que le peut faire un ennemi sur les suites funestes de cette division intestine qui trouble depuis si longtemps l'église de France : l'homme d'état en prévoyoit la durée et les effets, et les prédit au philosophe.

M. de Montesquieu partit de Vienne pour voir la Hongrie, contrée opulente et fertile, habitée par une nation fière et généreuse, le fléau de ses tyrans et l'appui de ses souverains. Comme peu de personnes connoissent bien ce pays, il a écrit avec soin cette partie de ses voyages.

D'Allemagne il passa en Italie. Il vit à Venise le fameux Law, à qui il ne restoit de sa grandeur passée que des projets heureusement destinés à mourir dans sa tête, et un diamant qu'il engageoit pour jouer aux jeux de hasard. Un jour la conversation rouloit sur le fameux système que Law avoit inventé, époque de tant de malheurs et de fortunes, et surtout d'une dépravation remarquable dans nos mœurs. Comme le parlement

---

[1] Le prince Eugène lui demanda un jour en quel état étoient les affaires de la constitution en France. M. de Montesquieu lui répondit que le ministère prenoit des mesures pour éteindre peu à peu le jansénisme, et que dans quelques années il n'en seroit plus question. « Vous n'en sortirez jamais, dit le prince : le feu roi s'est « laissé engager dans une affaire dont son arrière petit-fils ne verra « pas la fin. » (Éloge manuscrit de Montesquieu, par M. de Secondat, son fils.)

de Paris, dépositaire immédiat des lois dans les temps de minorité, avoit fait éprouver au ministre écossais quelque résistance dans cette occasion, M. de Montesquieu lui demanda pourquoi on n'avoit pas essayé de vaincre cette résistance par un moyen presque toujours infaillible en Angleterre, par le grand mobile des actions des hommes, en un mot par l'argent. « Ce ne sont « pas, répondit Law, des génies aussi ardens et « aussi dangereux que mes compatriotes ; mais « ils sont beaucoup plus incorruptibles. » Nous ajouterons, sans aucun préjugé de vanité nationale, qu'un corps libre pour quelques instans doit mieux résister à la corruption que celui qui l'est toujours ; le premier, en vendant sa liberté, la perd ; le second ne fait pour ainsi dire que la prêter, et l'exerce même en l'engageant. Ainsi les circonstances et la nature du gouvernement font les vices et les vertus des nations.

Un autre personnage, non moins fameux, que M. de Montesquieu vit encore plus souvent à Venise, fut le comte de Bonneval. Cet homme, si connu par ses aventures, qui n'étoient pas encore à leur terme, et flatté de converser avec un juge digne de l'entendre, lui faisoit avec plaisir le détail singulier de sa vie, le récit des actions militaires où il s'étoit trouvé, le portrait des généraux et des ministres qu'il avoit connus. M. de

Montesquieu se rappeloit souvent ces conversations, et en racontoit différens traits à ses amis.

Il alla de Venise à Rome. Dans cette ancienne capitale du monde, qui l'est encore à certains égards, il s'appliqua surtout à examiner ce qui la distingue aujourd'hui le plus; les ouvrages des Raphaël, des Titien et des Michel-Ange. Il n'avoit point fait une étude particulière des beaux arts; mais l'expression dont brillent les chefs-d'œuvre en ce genre saisit infailliblement tout homme de génie. Accoutumé à étudier la nature, il la reconnoît quand elle est imitée, comme un portrait ressemblant frappe tous ceux à qui l'original est familier. Malheur aux productions de l'art dont toute la beauté n'est que pour les artistes!

Après avoir parcouru l'Italie, M. de Montesquieu vint en Suisse. Il examina soigneusement les vastes pays arrosés par le Rhin. Et il ne lui resta plus rien à voir en Allemagne, car Frédéric ne régnoit pas encore. Il s'arrêta ensuite quelque temps dans les Provinces-Unies, monument admirable de ce que peut l'industrie humaine animée par l'amour de la liberté. Enfin il se rendit en Angleterre, où il demeura deux ans. Digne de voir et d'entretenir les plus grands hommes, il n'eut à regretter que de n'avoir pas fait plus tôt ce voyage. Locke et Newton étoient morts. Mais il eut souvent l'honneur de faire sa cour à leur protectrice, la célèbre reine d'Angleterre, qui cultivoit la philosophie sur le trône, et qui goûta, comme elle le devoit, M. de Montesquieu. Il ne fut pas moins accueilli par la nation, qui n'avoit pas besoin sur cela de prendre le ton de ses maîtres. Il forma à Londres des liaisons intimes avec des hommes exercés à méditer et à se préparer aux grandes choses par des études profondes. Il s'instruisit avec eux de la nature du gouvernement, et parvint à le bien connoître. Nous parlons ici d'après les témoignages publics que lui ont rendus les Anglais eux-mêmes, si jaloux de nos avantages, et si peu disposés à reconnoître en nous aucune supériorité.

Comme il n'avoit rien examiné ni avec la prévention d'un enthousiaste, ni avec l'austérité d'un cynique, il n'avoit rapporté de ses voyages ni un dédain outrageant pour les étrangers, ni un mépris encore plus déplacé pour son propre pays. Il résultoit de ses observations que l'Allemagne étoit faite pour y voyager, l'Italie pour y séjourner, l'Angleterre pour y penser, et la France pour y vivre.

De retour enfin dans sa patrie, M. de Montesquieu se retira pendant deux ans à sa terre de la Brède. Il y jouit en paix de cette solitude que le spectacle et le tumulte du monde servent à rendre plus agréable : il vécut avec lui-même, après en être sorti si long-temps; et, ce qui nous intéresse le plus, il mit la dernière main à son ouvrage sur *les Causes de la Grandeur et de la Décadence des Romains*, qui parut en 1734.

Les empires, ainsi que les hommes, doivent croître, dépérir et s'éteindre. Mais cette révolution nécessaire a souvent des causes cachées que la nuit des temps nous dérobe, et que le mystère ou leur petitesse apparente a même quelquefois voilées aux yeux des contemporains. Rien ne ressemble plus sur ce point à l'histoire moderne que l'histoire ancienne. Celle des Romains mérite néanmoins à cet égard quelque exception : elle présente une politique raisonnée, un système suivi d'agrandissement qui ne permet pas d'attribuer la fortune de ce peuple à des ressorts obscurs et subalternes. Les causes de la grandeur romaine se trouvent donc dans l'histoire; et c'est au philosophe à les y découvrir. D'ailleurs il n'en est pas des systèmes dans cette étude comme dans celle de la physique. Ceux-ci sont presque toujours précipités, parce qu'une observation nouvelle et imprévue peut les renverser en un instant; au contraire, quand on recueille avec soin les faits que nous transmet l'histoire ancienne d'un pays, si on ne rassemble pas toujours tous les matériaux qu'on peut désirer, on ne sauroit du moins espérer d'en avoir un jour davantage.

L'étude réfléchie de l'histoire, étude si importante et si difficile, consiste à combiner de la manière la plus parfaite ces matériaux défectueux : tel seroit le mérite d'un architecte qui, sur des ruines savantes, traceroit de la manière la plus vraisemblable le plan d'un édifice antique en suppléant par le génie et par d'heureuses conjectures à des restes informes et tronqués.

C'est sous ce point de vue qu'il faut envisager l'ouvrage de M. de Montesquieu. Il trouve les causes de la grandeur des Romains dans l'amour de la liberté, du travail, et de la patrie, qu'on leur inspiroit dès l'enfance; dans la sévérité de la discipline militaire; dans ces dissensions intestines qui donnoient du ressort aux esprits, et qui cessoient tout à coup à la vue de l'ennemi; dans cette constance après le malheur, qui ne désespéroit jamais de la république; dans le principe où ils furent toujours de ne faire jamais la paix qu'après des victoires; dans l'honneur du triomphe, sujet d'émulation pour les généraux; dans la protection qu'ils accordoient aux peuples révoltés contre leurs rois; dans l'excellente politique de laisser aux vaincus leurs dieux et leurs coutumes; dans celle de n'avoir jamais deux puissans ennemis sur les bras, et de tout souffrir de l'un jusqu'à ce qu'ils eussent anéanti l'autre. Il trouve les causes de leur décadence dans l'agrandissement même de l'état, qui changea en guerres civiles les tumultes populaires; dans les guerres éloignées, qui, forçant les citoyens à une trop longue absence, leur faisoient perdre insensiblement l'esprit républicain; dans le droit de bourgeoisie accordé à tant de nations, et qui ne fit plus du peuple romain qu'une espèce de monstre à plusieurs têtes; dans la corruption introduite par le luxe de l'Asie; dans les proscriptions de Sylla, qui avilirent l'esprit de la nation et la préparèrent à l'esclavage; dans la nécessité où les Romains se trouvèrent de souffrir des maîtres lorsque leur liberté leur fut devenue à charge; dans l'obligation où ils furent de changer de maximes en changeant de gouvernement; dans cette suite de monstres qui régnèrent, presque sans interruption, depuis Tibère jusqu'à Nerva, et depuis Commode jusqu'à Constantin; enfin dans la translation et le partage de l'empire, qui périt d'abord en occident par la puissance des barbares, et qui, après avoir langui plusieurs siècles en Orient sous des empereurs imbéciles ou féroces, s'anéantit insensiblement, comme ces fleuves qui disparoissent dans des sables.

Un assez petit volume a suffi à M. de Montesquieu pour développer un tableau si intéressant et si vaste. Comme l'auteur ne s'appesantit point sur les détails et ne saisit que les branches fécondes de son sujet, il a su renfermer en très-peu d'espace un grand nombre d'objets distinctement aperçus et rapidement présentés, sans fatigue pour le lecteur. En laissant beaucoup voir, il laisse encore plus à penser; et il auroit pu intituler son livre, *Histoire romaine à l'usage des hommes d'état et des philosophes.*

Quelque réputation que M. de Montesquieu se fût acquise par ce dernier ouvrage et par ceux qui l'avoient précédé, il n'avoit fait que se frayer le chemin à une plus grande entreprise, à celle qui doit immortaliser son nom et le rendre respectable aux siècles futurs. Il en avoit dès long-temps formé le dessein : il en médita pendant vingt ans l'exécution; ou, pour parler plus exactement, toute sa vie en avoit été la méditation continuelle. D'abord il s'étoit fait en quelque façon étranger dans son propre pays, afin de le mieux connoître; il avoit ensuite parcouru toute l'Europe et profondément étudié les différens peuples qui l'habitent. L'île fameuse qui se glorifie tant de ses lois et qui en profite si mal, avoit été pour lui, dans ce long voyage, ce que l'île de Crète fut autrefois pour Lycurgue, une école où il avoit su s'instruire sans tout approuver. Enfin il avoit, si on peut parler ainsi, interrogé et jugé les nations et les hommes célèbres qui n'existent plus aujourd'hui que dans les annales du monde. Ce fut ainsi qu'il s'éleva par degrés au plus beau titre qu'un sage puisse mériter, celui de législateur des nations.

S'il étoit animé par l'importance de la matière, il étoit effrayé en même temps par son étendue : il l'abandonna, et y revint à plusieurs reprises. Il sentit plus d'une fois, comme il l'avoue lui-même, tomber les mains paternelles. Encouragé enfin par ses amis, il ramassa toutes ses forces, et donna l'*Esprit des Lois*.

Dans cet important ouvrage, M. de Montesquieu, sans s'appesantir, à l'exemple de ceux qui l'ont précédé, sur des discussions métaphysiques relatives à l'homme supposé dans un état d'abstraction, sans se borner, comme d'autres, à considérer certains peuples dans quelques relations ou circonstances particulières, envisage les habitans de l'univers dans l'état réel où ils sont et dans tous les rapports qu'ils peuvent avoir entre eux. La plupart des autres écrivains en ce genre sont presque toujours ou de simples moralistes, ou de simples jurisconsultes, ou même quelquefois de simples théologiens. Pour lui, l'homme de tous les pays et de toutes les nations, il s'occupe moins de ce que le devoir exige de nous, que des moyens par lesquels on peut nous obliger de le remplir; de la perfection métaphysique des lois, que de celle dont la nature humaine les rend susceptibles; des lois qu'on a faites, que de celles qu'on a dû faire; des lois d'un peuple particulier, que de celles de tous les peuples. Ainsi, en se comparant lui-même à ceux qui ont couru avant lui cette grande et noble carrière, il a pu dire, comme le Corrège quand il eut vu les ouvrages de ses rivaux, *Et moi aussi je suis peintre.*

Rempli et pénétré de son objet, l'auteur de l'*Esprit des Lois* y embrasse un si grand nombre de matières, et les traite avec tant de brièveté et de profondeur, qu'une lecture assidue et méditée peut seule faire sentir le mérite de ce livre. Elle servira surtout, nous osons le dire, à faire disparoître le prétendu défaut de méthode dont quelques lecteurs ont accusé M. de Montesquieu; avantage qu'ils n'auroient pas dû le taxer légèrement d'avoir négligé dans une matière philosophique, et dans un ouvrage de vingt années. Il faut distinguer le désordre réel de celui qui n'est qu'apparent. Le désordre est réel quand l'analogie et la suite des idées n'est point observée; quand les conclusions sont érigées en principes, ou les précèdent; quand le lecteur, après des détours sans nombre, se retrouve au point d'où il est parti. Le désordre n'est qu'apparent, quand l'auteur, mettant à leur véritable place les idées dont il fait usage, laisse à suppléer aux lecteurs les idées intermédiaires. Et c'est ainsi que M. de Montesquieu a cru pouvoir et devoir en user dans un livre destiné à des hommes qui pensent, dont le génie doit suppléer à des omissions volontaires et raisonnées.

L'ordre qui se fait apercevoir dans les grandes parties de l'*Esprit des Lois* ne règne pas moins dans les détails : nous croyons que plus on approfondira l'ouvrage, plus on en sera convaincu. Fidèle à ses divisions générales, l'auteur rapporte à chacune les objets qui lui appartiennent exclusivement ; et à l'égard de ceux qui par différentes branches appartiennent à plusieurs divisions à la fois, il a placé sous chaque division la branche qui lui appartient en propre. Par-là, on aperçoit aisément et sans confusion l'influence que les différentes parties du sujet ont les unes sur les autres, comme dans un arbre ou système bien entendu des connoissances humaines on peut voir le rapport mutuel des sciences et des arts. Cette comparaison d'ailleurs est d'autant plus juste qu'il en est du plan qu'on peut se faire dans l'examen philosophique des lois comme de l'ordre qu'on peut observer dans un arbre encyclopédique des sciences ; il y restera toujours de l'arbitraire ; et tout ce qu'on peut exiger de l'auteur, c'est qu'il suive sans détour et sans écart le système qu'il s'est une fois formé.

Nous dirons de l'obscurité qu'on peut se permettre dans un tel ouvrage, la même chose que du défaut d'ordre : ce qui seroit obscur pour les lecteurs vulgaires ne l'est pas pour ceux que l'auteur a eus en vue. D'ailleurs l'obscurité volontaire n'en est point une. M. de Montesquieu, ayant à présenter quelquefois des vérités importantes dont l'énoncé absolu et direct auroit pu blesser sans fruit, a eu la prudence louable de les envelopper, et, par cet innocent artifice, les a voilées à ceux à qui elles seroient nuisibles, sans qu'elles fussent perdues pour les sages.

Parmi les ouvrages qui lui ont fourni des secours et quelquefois des vues pour le sien, on voit qu'il a surtout profité des deux historiens qui ont pensé le plus, Tacite et Plutarque. Mais, quoiqu'un philosophe qui a fait ces deux lectures soit dispensé de beaucoup d'autres, il n'avoit pas cru devoir en ce genre rien négliger ni dédaigner de ce qui pouvoit être utile à son objet. La lecture que suppose l'*Esprit des Lois* est immense; et l'usage raisonné que l'auteur a fait de cette multitude prodigieuse de matériaux paroîtra encore plus surprenant quand on saura qu'il étoit presque entièrement privé de la vue et obligé d'avoir recours à des yeux étrangers. Cette vaste lecture contribue non-seulement à l'utilité, mais à l'agrément de l'ouvrage. Sans déroger à la majesté de son sujet, M. de Montesquieu sait en tempérer l'austérité, et procurer aux lecteurs des momens de repos, soit par des faits singuliers et peu connus, soit par des allusions délicates, soit par ces coups de pinceau énergiques et brillans qui peignent d'un seul trait les peuples et les hommes.

Enfin, car nous ne voulons pas jouer ici le rôle des commentateurs d'Homère, il y a sans doute des fautes dans l'*Esprit des Lois*, comme il y en a dans tout ouvrage de génie dont l'auteur a le premier osé se frayer des routes nouvelles. M. de Montesquieu a été parmi nous pour l'étude des lois ce que Descartes a été pour la philosophie : il éclaire souvent, et se trompe quelquefois ; et en se trompant même il instruit ceux qui savent lire. La nouvelle édition qu'on prépare [1] montrera, par les additions et corrections qu'il y a faites, que, s'il est tombé de temps en temps, il a su le reconnoître et se relever. Par-là il acquerra du moins le droit à un nouvel examen dans les endroits où il n'aura pas été de l'avis de ses censeurs ; peut-être même ce qu'il aura jugé le plus digne de correction leur a-t-il absolument échappé, tant l'envie de nuire est ordinairement aveugle !

Mais ce qui est à la portée de tout le monde dans l'*Esprit des Lois*, ce qui doit rendre l'auteur cher à toutes les nations, ce qui serviroit même à couvrir des fautes plus graves que les siennes, c'est l'esprit du citoyen qui l'a dicté : l'amour du bien

---

[1] Probablement celle de 1758, en 3 vol. in-4°, la première des œuvres complètes.

public, le désir de voir les hommes heureux, s'y montrent de toutes parts ; et, n'eût-il que ce mérite si rare et si précieux, il seroit digne, par cet endroit seul, d'être la lecture des peuples et des rois. Nous voyons déjà par une heureuse expérience que les fruits de cet ouvrage ne se bornent pas dans ses lecteurs à des sentimens stériles. Quoique M. de Montesquieu ait peu survécu à la publication de l'*Esprit des Lois*, il a eu la satisfaction d'entrevoir les effets qu'il commence à produire parmi nous ; l'amour naturel des Français pour leur patrie tourné vers son véritable objet ; ce goût pour le commerce, pour l'agriculture et pour les arts utiles, qui se répand insensiblement dans notre nation ; cette lumière générale sur les principes du gouvernement qui rend les peuples plus attachés à ce qu'ils doivent aimer. Ceux qui ont si indécemment attaqué cet ouvrage lui doivent peut-être plus qu'ils ne s'imaginent. L'ingratitude au reste est le moindre reproche qu'on ait à leur faire. Ce n'est pas sans regret et sans honte pour notre siècle que nous allons les dévoiler : mais cette histoire importe trop à la gloire de M. de Montesquieu et à l'avantage de la philosophie pour être passée sous silence. Puisse l'opprobre qui couvre enfin ses ennemis leur devenir salutaire !

A peine l'*Esprit des Lois* parut-il, qu'il fut recherché avec empressement sur la réputation de l'auteur : mais, quoique M. de Montesquieu eût écrit pour le bien du peuple, il ne devoit pas avoir le peuple pour juge; la profondeur de l'objet étoit une suite de son importance même. Cependant les traits qui étoient répandus dans l'ouvrage, et qui auroient été déplacés s'ils n'étoient pas nés du fond du sujet, persuadèrent à trop de personnes qu'il étoit écrit pour elles. On cherchoit un livre agréable, et on ne trouvoit qu'un livre utile, dont on ne pouvoit d'ailleurs sans quelque attention saisir l'ensemble et les détails. On traita légèrement l'*Esprit des Lois*; le titre même fut un sujet de plaisanterie [1]; enfin l'un des plus beaux monumens littéraires qui soient sortis de notre nation fut regardé d'abord par elle avec assez d'indifférence. Il fallut que les véritables juges eussent eu le temps de lire : bientôt ils ramenèrent la multitude, toujours prompte à changer d'avis. La partie du public qui enseigne dicta à la partie qui écoute ce qu'elle devoit penser et dire; et le suffrage des hommes éclairés, joint aux échos qui le répéterent, ne forma plus qu'une voix dans toute l'Europe.

Ce fut alors que les ennemis publics et secrets des lettres et de la philosophie (car elles en ont de ces deux espèces) réunirent leurs traits contre

---

[1] M. de Montesquieu, disoit-on, devoit intituler son livre, *de l'Esprit sur les Lois*.

l'ouvrage. De là cette foule de brochures qui lui furent lancées de toutes parts, et que nous ne tirerons pas de l'oubli où elles sont déjà plongées. Si leurs auteurs n'avoient pris de bonnes mesures pour être inconnus à la postérité, elle croiroit que l'*Esprit des Lois* a été écrit au milieu d'un peuple de barbares.

M. de Montesquieu méprisa sans peine les critiques ténébreuses de ces auteurs sans talent, qui, soit par une jalousie qu'ils n'ont pas droit d'avoir, soit pour satisfaire la malignité du public, qui aime la satire et la méprise, outragent ce qu'ils ne peuvent atteindre, et, plus odieux par le mal qu'ils veulent faire, que redoutables par celui qu'ils font, ne réussissent pas même dans un genre d'écrire que sa facilité et son objet rendent également vil. Il mettoit les ouvrages de cette espèce sur la même ligne que ces nouvelles hebdomadaires de l'Europe, dont les éloges sont sans autorité et les traits sans effet, que des lecteurs oisifs parcourent sans y ajouter foi, et dans lesquelles les souverains sont insultés sans le savoir, ou sans daigner se venger. Il ne fut pas aussi indifférent sur les principes d'irréligion qu'on l'accusa d'avoir semés dans l'*Esprit des Lois*. En méprisant de pareils reproches il auroit cru les mériter, et l'importance de l'objet lui ferma les yeux sur la valeur de ses adversaires. Ces hommes, également dépourvus de zèle, et également empressés d'en faire paroître, également effrayés de la lumière que les lettres répandent, non au préjudice de la religion, mais à leur désavantage, avoient pris différentes formes pour lui porter atteinte. Les uns, par un stratagème aussi puéril que pusillanime, s'étoient écrit à eux-mêmes; les autres, après l'avoir déchiré sous le masque de l'anonyme, s'étoient ensuite déchirés entre eux à son occasion. M. de Montesquieu, quoique jaloux de les confondre, ne jugea pas à propos de perdre un temps précieux à les combattre les uns après les autres; il se contenta de faire un exemple sur celui qui s'étoit le plus signalé par ses excès.

C'étoit l'auteur d'une feuille anonyme et périodique qui croit avoir succédé à Pascal parce qu'il a succédé à ses opinions; panégyriste d'ouvrages que personne ne lit, et apologiste de miracles que l'autorité séculière a fait cesser dès qu'elle l'a voulu; qui appelle impiété et scandale le peu d'intérêt que les gens de lettres prennent à ses querelles, et s'est aliéné, par une adresse digne de lui, la partie de la nation qu'il avoit le plus d'intérêt de ménager. Les coups de ce redoutable athlète furent dignes des vues qui l'inspirèrent: il accusa M. de Montesquieu de spinosisme et de déisme (deux imputations incompatibles); d'avoir suivi le système de Pope dont il n'y avoit pas un mot dans l'ouvrage ; d'avoir cité Plutarque, qui n'est pas un auteur chrétien ; de n'avoir point parlé du péché originel et de la grâce. Il prétendit enfin que l'*Esprit des Lois* étoit une production de la constitution *Unigenitus* ; idée qu'on nous soupçonnera peut-être de prêter par dérision au critique. Ceux qui ont connu M. de Montesquieu, l'ouvrage de Clément XI et le sien, peuvent juger, par cette accusation, de toutes les autres.

Le malheur de cet écrivain dut bien le décourager : il vouloit perdre un sage par l'endroit le plus sensible à tout citoyen ; il ne fit que lui procurer une nouvelle gloire, comme homme de lettres. La *Défense de l'Esprit des Lois* parut. Cet ouvrage, par la modération, la vérité, la finesse de plaisanterie qui y règnent, doit être regardé comme un modèle en ce genre. M. de Montesquieu, chargé par son adversaire d'imputations atroces, pouvoit le rendre odieux sans peine : il fit mieux, il le rendit ridicule. S'il faut tenir compte à l'agresseur d'un bien qu'il a fait sans le vouloir, nous lui devons une éternelle reconnoissance de nous avoir procuré ce chef-d'œuvre. Mais ce qui ajoute encore au mérite de ce morceau précieux, c'est que l'auteur s'y est peint lui-même sans y penser ; ceux qui l'ont connu croient l'entendre ; et la postérité s'assurera, en lisant sa *Défense*, que sa conversation n'étoit pas inférieure à ses écrits; éloge que bien peu de grands hommes ont mérité.

Une autre circonstance lui assure pleinement l'avantage dans cette dispute. La critique, qui, pour preuve de son attachement à la religion, en déchire les ministres, accusoit hautement le clergé de France, et surtout la faculté de théologie, d'indifférence pour la cause de Dieu, en ce qu'ils ne proscrivoient pas authentiquement un si pernicieux ouvrage. La faculté étoit en droit de mépriser le reproche d'un écrivain sans aveu : mais il s'agissoit de la religion; une délicatesse louable lui a fait prendre le parti d'examiner l'*Esprit des Lois*. Quoiqu'elle s'en occupe depuis plusieurs années, elle n'a rien prononcé jusqu'ici; et, fût-il échappé à M. de Montesquieu quelques inadvertances légères, presque inévitables dans une carrière si vaste, l'attention longue et scrupuleuse qu'elles auraient demandée de la part du corps le plus éclairé de l'église, prouveroit au moins combien elles seraient excusables. Mais ce corps plein de prudence ne précipitera rien dans une si importante matière. Il connoît les bornes de la raison et de la foi : il sait que l'ouvrage d'un homme de lettres ne doit point être examiné comme celui d'un théologien; que les mauvaises conséquences auxquelles une proposition peut donner lieu par des interprétations odieuses ne rendent point blâmable la proposition en elle-même; que d'ailleurs nous vivons dans un siècle malheureux où les intérêts de la religion ont besoin d'être ménagés, et qu'on peut lui nuire auprès des simples en répandant mal à propos sur des génies du premier ordre le soupçon d'incrédulité; qu'enfin, malgré cette accusation injuste, M. de Montesquieu fut toujours estimé, recherché et accueilli par tout ce que l'église a de plus respectable et de plus grand. Eût-il conservé auprès des gens de bien la considération dont il jouissoit s'ils l'eussent regardé comme un écrivain dangereux?

Pendant que les insectes le tourmentoient dans son propre pays, l'Angleterre élevoit un monument à sa gloire. En 1752, M. Dassier, célèbre par les médailles qu'il a frappées à l'honneur de plusieurs hommes illustres, vint de Londres à Paris pour frapper la sienne. M. de La Tour, cet artiste supérieur par son talent, et si estimable par son désintéressement et l'élévation de son âme, avoit ardemment désiré de donner un nouveau lustre à son pinceau, en transmettant à la postérité le portrait de l'auteur de l'*Esprit des Lois;* il ne vouloit que la satisfaction de le peindre, et il méritoit, comme Apelles, que cet honneur lui fût réservé : mais M. de Montesquieu, d'autant plus avare du temps de M. de La Tour que celui-ci en étoit plus prodigue, se refusa constamment et poliment à ses pressantes sollicitations. M. Dassier essuya d'abord des difficultés semblables. « Croyez-vous, dit-il enfin à M. de Montesquieu, « qu'il n'y ait pas autant d'orgueil à refuser ma « proposition qu'à l'accepter? » Désarmé par cette plaisanterie, il laissa faire à M. Dassier tout ce qu'il voulut.

L'auteur de l'*Esprit des Lois* jouissoit enfin paisiblement de sa gloire, lorsqu'il tomba malade au commencement de février. Sa santé, naturellement délicate, commençoit à s'altérer depuis long-temps par l'effet lent et presque infaillible des études profondes, par les chagrins qu'on avoit cherché à lui susciter sur son ouvrage, enfin par le genre de vie qu'on le forçoit de mener à Paris, et qu'il sentoit lui être funeste. Mais l'empressement avec lequel on recherchoit sa société étoit trop vif pour n'être pas quelquefois indiscret; on vouloit sans s'en apercevoir jouir de lui aux dépens de lui-même. A peine la nouvelle du danger où il étoit se fut-elle répandue, qu'elle devint l'objet des conversations et de l'inquiétude publique. Sa maison ne désemplissoit point de personnes de tout rang qui venoient s'informer de son état, les unes par un intérêt véritable, les autres pour s'en donner l'apparence, ou pour suivre la foule. Sa majesté, pénétrée de la perte que son royaume alloit faire, en demanda plusieurs fois des nouvelles : témoignage de bonté et de justice qui n'honore pas moins le monarque que le sujet. La fin de M. de Montesquieu ne fut point indigne de sa vie. Accablé de douleurs cruelles, éloigné d'une famille à qui il étoit cher, et qui n'a pas eu la consolation de lui fermer les yeux, entouré de quelques amis et d'un plus grand nombre de spectateurs, il conserva jusqu'au dernier moment la paix et l'égalité de son âme. Enfin, après avoir satisfait avec décence à tous ses devoirs, plein de confiance en l'Être éternel auquel il alloit se rejoindre, il mourut avec la tranquillité d'un homme de bien qui n'avoit jamais consacré ses talens qu'à l'avantage de la vertu et de l'humanité. La France et l'Europe le perdirent le 10 février 1755, à l'âge de soixante-six ans révolus.

Toutes les nouvelles publiques ont annoncé cet événement comme une calamité. On pourroit appliquer à M. de Montesquieu ce qui a été dit autrefois d'un illustre Romain, que personne, en apprenant sa mort, n'en témoigna de joie, que personne même ne l'oublia dès qu'il ne fut plus. Les étrangers s'empressèrent de faire éclater leurs regrets; et milord Chesterfield, qu'il suffit de nommer, fit imprimer dans un des papiers publics de Londres un article en son honneur, article digne de l'un et de l'autre : c'est le portrait d'Anaxagore tracé par Périclès[1]. L'académie royale des sciences et des belles-lettres de Prusse, quoi-

---

[1] Voici cet éloge en anglais, tel qu'on le lit dans la gazette appelée Evening-Post, ou Poste du soir :

« On the 10th of this month, died at Paris, universally and sincerely regretted, Charles Secondat, baron of Montesquieu, and president a mortier of the parliament of Bourdeaux. His virtues did honour to human nature, his writings to justice. A friend to mankind, he asserted their undoudteb and inalienable rights, with freedom, even in his own country, whose prejudices in matters of religion and gouvernment he had long lamented, and endeavoured (not without some success) to remove. He well knew, and justly admired, the happy constitution of this country, where fixed and known laws equally restrain monarchy from tyranny, and liberty from licentiousness. His works will illustrate his name, and survive him as long as right reason, moral obligations, and the true spirit of laws, shall be understood, respected, and maintained. » C'est-à-dire :

Le 10 de février est mort à Paris, universellement et sincèrement regretté, Charles de Secondat, baron de Montesquieu, président à mortier au parlement de Bordeaux. Ses vertus ont fait honneur à la nature humaine, et ses écrits à la législation. Ami de l'humanité, il en soutint avec force et avec vérité les droits indubitables et inaliénables ; et il l'osa dans son propre pays, dont les préjuges, en matière de religion et de gouvernement, ont excité pendant long-temps ses gémissemens. Il entreprit de les détruire ; et ses efforts ont eu quelques succès. (Il faut se ressouvenir que c'est un Anglais qui parle.) Il connoissoit parfaitement bien et admiroit avec justice l'heureux gouvernement de ce pays, dont les lois, fixes et connues, sont un frein contre la monarchie qui tendroit à la tyrannie, et contre la liberté qui dégénéreroit en licence. Ses

qu'on n'y soit point dans l'usage de prononcer l'éloge des associés étrangers, a cru devoir lui faire cet honneur, qu'elle n'a fait encore qu'à l'illustre Jean Bernouilli. M. de Maupertuis, tout malade qu'il étoit, a rendu lui-même à son ami ce dernier devoir, et n'a voulu se reposer sur personne d'un soin si cher et si triste. A tant de suffrages éclatans en faveur de M. de Montesquieu, nous croyons pouvoir joindre sans indiscrétion les éloges que lui a donnés en présence de l'un de nous le monarque même auquel cette académie célèbre doit son lustre; prince fait pour sentir les pertes de la philosophie et pour l'en consoler.

Le 17 février, l'académie française lui fit, selon l'usage, un service solennel, auquel, malgré la rigueur de la saison, presque tous les gens de lettres de ce corps qui n'étoient point absens de Paris se firent un devoir d'assister. On auroit dû, dans cette triste cérémonie, placer l'*Esprit des Lois* sur son cercueil, comme on exposa autrefois vis-à-vis le cercueil de Raphaël son dernier tableau de la Transfiguration. Cet appareil simple et touchant eût été une belle oraison funèbre.

Jusqu'ici nous n'avons considéré M. de Mon-

ouvrages rendront son nom célèbre, et lui survivront aussi long-temps que la droite raison, les obligations morales, et le vrai esprit des lois, seront entendus, respectés et conservés. (*Note de d'Alembert.*)

tesquieu que comme écrivain et philosophe : ce seroit lui dérober la moitié de sa gloire que de passer sous silence ses agrémens et ses qualités personnelles.

Il étoit, dans le commerce, d'une douceur et d'une gaieté toujours égales. Sa conversation étoit légère, agréable et instructive, par le grand nombre d'hommes et de peuples qu'il avoit connus; elle étoit coupée comme son style, pleine de sel et de saillies, sans amertume et sans satire. Personne ne racontoit plus vivement, plus promptement, avec plus de grâce et moins d'apprêt. Il savoit que la fin d'une histoire plaisante en est toujours le but; il se hâtoit donc d'y arriver, et produisoit l'effet sans l'avoir promis.

Ses fréquentes distractions ne le rendoient que plus aimable; il en sortoit toujours par quelque trait inattendu qui réveilloit la conversation languissante: d'ailleurs elles n'étoient jamais ni jouées, ni choquantes, ni importunes. Le feu de son esprit, le grand nombre d'idées dont il étoit plein, les faisoient naître : mais il n'y tomboit jamais au milieu d'un entretien intéressant ou sérieux; le désir de plaire à ceux avec qui il se trouvoit le rendoit alors à eux sans affectation et sans effort.

Les agrémens de son commerce tenoient non-seulement à son caractère et à son esprit, mais à l'espèce de régime qu'il observoit dans l'étude.

Quoique capable d'une méditation profonde et long-temps soutenue, il n'épuisoit jamais ses forces; il quittoit toujours le travail avant que d'en ressentir la moindre impression de fatigue [1].

Il étoit sensible à la gloire; mais il ne vouloit y parvenir qu'en la méritant. Jamais il n'a cherché à augmenter la sienne par ces manœuvres sourdes, par ces voies obscures et honteuses, qui déshonorent la personne sans ajouter au nom de l'auteur.

Digne de toutes les distinctions et de toutes les récompenses, il ne demandoit rien et ne s'étonnoit point d'être oublié : mais il a osé, même dans des circonstances délicates, protéger à la cour des hommes de lettres persécutés, célèbres et malheureux, et leur a obtenu des grâces.

[1] L'auteur de la feuille anonyme et périodique dont nous avons parlé ci-dessus, prétend trouver une contradiction manifeste entre ce que nous disons ici et ce que nous avons dit un peu plus haut, que la santé de M. de Montesquieu s'étoit altérée par l'effet lent et presque infaillible des études profondes. Mais pourquoi, en rapprochant les deux endroits, a-t-il supprimé les mots LENT ET PRESQUE INFAILLIBLE, qu'il avoit sous les yeux ? C'est évidemment parce qu'il a senti qu'un effet lent n'est pas moins réel pour n'être pas senti sur-le-champ, et que par conséquent ces mots détruisoient l'apparence de la contradiction qu'on prétendoit faire remarquer. Telle est la bonne foi de cet auteur dans des bagatelles, et à plus forte raison dans des matières plus sérieuses. (*Note tirée de l'avertissement du sixième volume de l'Encyclopédie.*)

Quoiqu'il vécût avec les grands, soit par nécessité, soit par convenance, soit par goût, leur société n'étoit pas nécessaire à son bonheur. Il fuyoit dès qu'il le pouvoit à sa terre : il y retrouvoit avec joie sa philosophie, ses livres, et le repos. Entouré de gens de la campagne, dans ses heures de loisir, après avoir étudié l'homme dans le commerce du monde et dans l'histoire des nations, il l'étudioit encore dans ces âmes simples que la nature seule a instruites, et il y trouvoit à apprendre : il conversoit gaiement avec eux; il leur cherchoit de l'esprit, comme Socrate; il paroissoit se plaire autant dans leur entretien que dans les sociétés les plus brillantes, surtout quand il terminoit leurs différends et soulageoit leurs peines par ses bienfaits.

Rien n'honore plus sa mémoire que l'économie avec laquelle il vivoit, et qu'on a osé trouver excessive dans un monde avare et fastueux, peu fait pour en pénétrer les motifs et encore moins pour les sentir. Bienfaisant, et par conséquent juste, M. de Montesquieu ne vouloit rien prendre sur sa famille, ni des secours qu'il donnoit aux malheureux, ni des dépenses considérables auxquelles ses longs voyages, la foiblesse de sa vue, et l'impression de ses ouvrages, l'avoient obligé. Il a transmis à ses enfans, sans diminution ni augmentation, l'héritage qu'il avoit reçu de ses pères;

il n'y a rien ajouté que la gloire de son nom et l'exemple de sa vie. Il avoit épousé, en 1715, demoiselle Jeanne de Lartigue, fille de Pierre de Lartigue, lieutenant-colonel au régiment de Maulévrier. Il en a eu deux filles, et un fils qui, par son caractère, ses mœurs et ses ouvrages, s'est montré digne d'un tel père.

Ceux qui aiment la vérité et la patrie ne seront pas fâchés de trouver ici quelques-unes de ses maximes. Il pensoit

Que chaque portion de l'état doit être également soumise aux lois; mais que les priviléges de chaque portion de l'état doivent être respectés lorsque leurs effets n'ont rien de contraire au droit naturel qui oblige tous les citoyens à concourir également au bien public : que la possession ancienne étoit en ce genre le premier des titres et le plus inviolable des droits, qu'il étoit toujours injuste et quelquefois dangereux de vouloir ébranler;

Que les magistrats, dans quelque circonstance et pour quelque grand intérêt de corps que ce puisse être, ne doivent jamais être que magistrats, sans parti et sans passion, comme les lois, qui absolvent et punissent sans aimer ni haïr.

Il disoit enfin, à l'occasion des disputes ecclésiastiques qui ont tant occupé les empereurs et les chrétiens grecs, que les querelles théologiques, lorsqu'elles cessent d'être renfermées dans les écoles, déshonorent infailliblement une nation aux yeux des autres. En effet, le mépris même des sages pour ces querelles ne la justifie pas, parce que les sages faisant partout le moindre bruit et le plus petit nombre, ce n'est jamais sur eux qu'une nation est jugée. Il disoit qu'il y avoit très-peu de choses vraies dans le livre de l'abbé du Bos sur l'*établissement de la monarchie française dans les Gaules*; et qu'il en auroit fait une réfutation suivie s'il ne lui avoit fallu le relire une troisième ou une quatrième fois, ce qu'il regardoit comme le plus grand des supplices.

L'importance des ouvrages dont nous avons eu à parler dans cet éloge nous en a fait passer sous silence de moins considérables, qui servoient à l'auteur comme de délassement, et qui auroient suffi pour l'éloge d'un autre. Le plus remarquable est le *Temple de Gnide*, qui suivit d'assez près les *Lettres persanes*. M. de Montesquieu, après avoir été dans celles-ci Horace, Théophraste et Lucien, fut Ovide et Anacréon dans ce nouvel essai. Ce n'est plus l'amour despotique de l'Orient qu'il se propose de peindre, c'est la délicatesse et la naïveté de l'amour pastoral, tel qu'il est dans une âme neuve que le commerce des hommes n'a point encore corrompue. L'auteur, craignant peut-être qu'un tableau si étranger à nos mœurs ne parût trop languissant et trop uniforme, a cherché à l'animer par les peintures les plus riantes. Il transporte le lecteur dans des lieux enchantés, dont à la vérité le spectacle intéresse peu l'amant heureux, mais dont la description flatte encore l'imagination quand les désirs sont satisfaits. Emporté par son sujet, il a répandu dans sa prose ce style animé, figuré et poétique, dont le roman de Télémaque a fourni parmi nous le premier modèle. Nous ignorons pourquoi quelques censeurs du *Temple de Gnide* ont dit à cette occasion qu'il auroit eu besoin d'être en vers. Le style poétique, si on entend, comme on le doit par ce mot, un style plein de chaleur et d'images, n'a pas besoin, pour être agréable, de la marche uniforme et cadencée de la versification ; mais si on ne fait consister ce style que dans une diction chargée d'épithètes oisives, dans les peintures froides et triviales des ailes et du carquois de l'Amour, et de semblables objets, la versification n'ajoutera presque aucun mérite à ces ornemens usés ; on y cherchera toujours en vain l'âme et la vie. Quoi qu'il en soit, le *Temple de Gnide* étant une espèce de poëme en prose, c'est à nos écrivains les plus célèbres en ce genre à fixer le rang qu'il doit occuper : il mérite de pareils juges. Nous croyons du moins que les peintures de cet ouvrage soutiendroient avec succès une des principales épreuves des descriptions poétiques, celle

de les représenter sur la toile. Mais ce qu'on doit surtout remarquer dans le *Temple de Gnide*, c'est qu'Anacréon même y est toujours observateur et philosophe: Dans le quatrième chant il paroît décrire les mœurs des Sibarites, et on s'aperçoit aisément que ces mœurs sont les nôtres. La préface porte surtout l'empreinte de l'auteur des *Lettres persanes*. En présentant le *Temple de Gnide* comme la traduction d'un manuscrit grec, plaisanterie défigurée depuis par tant de mauvais copistes, il en prend occasion de peindre d'un trait de plume l'ineptie des critiques et le pédantisme des traducteurs, et finit par ces paroles dignes d'être rapportées : « Si les gens graves désiroient de moi
« quelque ouvrage moins frivole, je suis en état de
« les satisfaire. Il y a trente ans que je travaille à
« un livre de douze pages, qui doit contenir tout
« ce que nous savons sur la métaphysique, la poli-
« tique et la morale, et tout ce que de très-grands
« auteurs ont oublié dans les volumes qu'ils ont
« donnés sur ces sciences-là. »

Nous regardons comme une des plus honorables récompenses de notre travail l'intérêt particulier que M. de Montesquieu prenoit à ce dictionnaire [1], dont toutes les ressources ont été jusqu'à présent dans le courage et l'émulation de

---

[1] L'Encyclopédie.

ses auteurs. Tous les gens de lettres, selon lui, devoient s'empresser de concourir à l'exécution de cette entreprise utile. Il en a donné l'exemple avec M. de Voltaire et plusieurs autres écrivains célèbres. Peut être les traverses que cet ouvrage a essuyées, et qui lui rappeloient les siennes propres, l'intéressoient-elles en notre faveur. Peut-être étoit-il sensible, sans s'en apercevoir, à la justice que nous avions osé lui rendre dans le premier volume de l'Encyclopédie, lorsque personne n'osoit encore élever sa voix pour le défendre. Il nous destinoit un article sur le *Goût*, qui a été trouvé imparfait dans ses papiers. Nous le donnerons en cet état au public, et nous le traiterons avec le même respect que l'antiquité témoigna autrefois pour les dernières paroles de Sénèque. La mort l'a empêché d'étendre plus loin ses bienfaits à notre égard; et en joignant nos propres regrets à ceux de l'Europe entière, nous pourrions écrire sur son tombeau :

Finis vitæ ejus nobis luctuosus, amicis [1] tristis, extraneis etiam ignotisque non sine curâ fuit.

TACIT., in Agricol., cap. XLIII.

[1] D'Alembert a substitué *patriæ* à *amicis*; on a cru devoir rétablir le texte de Tacite.

ÉLOGE
DE
MONTESQUIEU,

DISCOURS QUI A REMPORTÉ LE PRIX D'ÉLOQUENCE DÉCERNÉ PAR L'ACADÉMIE FRANÇAISE, DANS SA SÉANCE DU 25 AOUT 1816,

PAR M. VILLEMAIN,
PROFESSEUR A LA FACULTÉ DES LETTRES [1].

> Le genre humain avoit perdu ses titres; Montesquieu les a retrouvés, et les lui a rendus.
>
> VOLTAIRE.

Si toutes les nations de l'Europe, enfin réunies par l'intérêt de l'humanité et la fatigue de la guerre, vouloient élever un monument de leur réconciliation, et choisir un grand homme dont l'image, consacrée dans ce temple nouveau, parût un symbole de justice et d'alliance, elles ne le chercheroient ni parmi les héros ni parmi les rois qu'elles admirent; sans doute on ne pourroit pas introduire dans le sanctuaire de la paix la statue d'un capitaine fameux, quand même on en trou-

[1] L'auteur a été depuis reçu membre de l'Académie française.

veroit un seul qui n'eût jamais entrepris de guerres injustes ; on n'y recevroit pas un de ces politiques profonds qui, par leur génie, ont fait la grandeur de leur pays ; car il ne s'agiroit pas alors de la grandeur d'un état, mais du repos de l'Europe ; on n'accueilleroit pas même l'image révérée des plus grands rois : ils ont quelquefois sacrifié l'intérêt de l'humanité à celui de leurs peuples, ou plutôt de leur gloire ; et c'est à l'humanité qu'on voudroit élever un monument.

Mais si l'Europe avoit produit un sage dont la gloire fût un titre pour le genre humain, et dont les honneurs, au lieu de flatter une vanité nationale, paroîtroient un hommage décerné par tous les peuples au génie qui les éclaire, un philosophe assez profond pour n'être pas novateur, qui eût bien mérité de tous les siècles par des ouvrages composés avec tant de prévoyance et de réserve, que, sans avoir pu jamais servir de prétexte aux révolutions, ils pourroient en épurer les résultats, et devenir l'explication et l'apologie la plus éloquente de cette liberté sociale, qu'ils n'ont pas imprudemment réclamée ; si ce grand homme avoit à la fois recommandé le patriotisme et l'humanité ; s'il avoit flétri le despotisme d'un opprobre aussi durable que la raison humaine ; s'il avoit montré ce lien de politique qui doit rapprocher tous les peuples, et changer le but de l'ambition, en rendant le commerce et la paix plus profitables que ne l'étoit autrefois la conquête; s'il avoit modéré son siècle et devancé le siècle présent; si son ouvrage étoit le premier dépôt de toutes les idées généreuses qui ont résisté à tant de crimes commis en leur nom : ne seroit-ce pas l'image de ce véritable bienfaiteur de l'Europe, ne seroit-ce pas l'image de Montesquieu, qu'il faudroit aujourd'hui placer dans le temple de la paix, ou dans le sénat des rois qui l'ont jurée?

Avant de considérer Montesquieu sous ce noble aspect, avant d'admirer en lui le publiciste des peuples civilisés, nous devons chercher dans ses premiers ouvrages par quels degrés il s'est élevé si haut. Il sied mal, je ne l'ignore pas, de vouloir diviser en plusieurs parties le génie d'un homme supérieur. Le fond de ce génie, c'est toujours l'originalité, attribut simple et unique sous des formes quelquefois très-variées ; mais un homme supérieur se livre à des impressions ou à des études diverses qui lui donnent autant de caractères nouveaux.

Montesquieu a été tour à tour le peintre le plus exact, et le plus piquant modèle de l'esprit du dix-huitième siècle, l'historien et le juge des Romains, l'interprète des lois de tous les peuples; il a suivi son siècle, ses études et son génie. Les peintures spirituelles et satiriques des *Lettres per-*

sanes feront pressentir quelques-uns des défauts qu'on reproche à l'*Esprit des Lois;* mais nous y verrons percer les saillies d'une raison puissante et hardie, qui ne peut se contenir dans les bornes d'un sujet frivole, et franchit d'abord les points les plus élevés des disputes humaines.

Le plus beau triomphe d'un grand écrivain seroit de dominer ses contemporains, sans rien emprunter de leurs opinions et de leurs mœurs, et de plaire par la seule force de la raison ; mais le désir impatient de la gloire ne permet pas de tenter ce triomphe, peut-être impossible ; et les hommes qui doivent obtenir le plus d'autorité sur leur siècle, commencent par lui obéir. Telle est cette influence, que les mêmes génies, transportés à d'autres époques, changeroient le caractère de leurs écrits, et que l'ouvrage le plus original porte la marque du siècle autant que celle de l'auteur.

Montesquieu, nourri dans l'étude austère des lois, et revêtu d'une grave magistrature, publie, en essayant de cacher son nom, un ouvrage brillant et spirituel, où la hardiesse des opinions n'est interrompue que par les vives peintures de l'amour. Un nouveau siècle a remplacé le siècle de Louis XIV, et le génie de cette époque naissante anime les *Lettres persanes :* vous le retrouverez là plus étincelant que dans les écrits mêmes de Voltaire : c'est le siècle des opinions nouvelles, le siècle de *l'esprit*. L'ennui d'une longue contrainte, imposée par un grand monarque dont la piété s'attristoit dans la vieillesse et le malheur, les folies d'un gouvernement corrupteur et d'un prince aimable, tout avoit répandu dans la nation un goût de licence et de nouveauté qui favorisoit cette faculté heureuse à laquelle les Français ont donné, sans doute dans leur intérêt, le nom même de l'esprit, quoiqu'elle n'en soit que la partie la plus vive et la plus légère. C'est le caractère dont brillent, au premier coup d'œil, les *Lettres persanes*. C'est la superficie éblouissante d'un ouvrage quelquefois profond; portraits satiriques, exagérations ménagées avec un air de vraisemblance; décisions tranchantes, appuyées sur des saillies; contrastes inattendus; expressions fines et détournées; langage familier, rapide et moqueur, toutes les formes de l'esprit s'y montrent et s'y renouvellent sans cesse. Ce n'est pas l'esprit délicat de Fontenelle, l'esprit élégant de la Mothe: la raillerie de Montesquieu est sentencieuse et maligne comme celle de La Bruyère; mais elle a plus de force et de hardiesse. Montesquieu se livre à la gaieté de son siècle; il la partage pour mieux la peindre; et le style de son ouvrage est à la fois le trait le plus brillant et le plus vrai du tableau qu'il veut tracer. La Bruyère se plaignant (1)¹

---

¹ Voyez les notes à la fin du discours.

d'être renfermé dans un cercle trop étroit, avoit esquissé des caractères, parce qu'il n'osoit peindre des institutions et des peuples : Montesquieu porte plus haut la raillerie ; ses plaisanteries sont la censure d'un gouvernement ou d'une nation. Réunissant ainsi la grandeur des sujets et la frivolité hardie des opinions et du style, il peint encore les Français par sa manière de juger tous les peuples.

L'invention des *Lettres persanes* étoit si facile, que l'auteur l'avoit dérobée sans scrupule, et même sur un écrivain trop ingénieux pour être oublié. Mais, dans ce cadre vulgaire, avec plus d'esprit que Dufresny, Montesquieu pouvoit jeter de la passion et de l'éloquence ; et quelquefois le génie du législateur se révéloit au milieu des témérités du scepticisme et des jeux d'une imagination riante et libre. Le maître de Platon, le précepteur de la sagesse antique, avant de corriger les erreurs des hommes, avoit cultivé les arts ; mais la grave antiquité remarqua toujours que les statues des trois Grâces qui sortirent du ciseau de Socrate, jeune encore, étoient à demi voilées. Montesquieu n'a point imité cette pudeur. Nous n'oserons pas dire que, préoccupé du soin de retracer les coutumes des peuples, l'auteur des *Lettres persanes* se montroit seulement historien et moraliste dans la vive peinture de l'amour oriental ;

ou, s'il en est ainsi, nous avouerons qu'il a porté bien loin l'emploi de cet art ingénieux qui soutient l'intérêt de la fiction par la vérité des mœurs. Mais avec quel charme cette vérité des mœurs ne s'unit-elle pas quelquefois sous sa plume à des images chastes et passionnées? Un de ces Parsis proscrits sur leur terre natale retrace, avec l'exemple des grandes injustices de la société corrompue, le tableau de l'amour dans la simplicité des mœurs patriarchales. Le peintre qui reproduit avec tant de force la corruption sans politesse et le grossier despotisme de l'Orient, la corruption spirituelle et raffinée de l'Europe, se plaît à ces images puisées dans les mœurs poétiques de la société primitive.

On peut observer que les plus sérieux philosophes ont cherché, dans les rêves de leur imagination, le dédommagement des tristes connoissances qu'ils avoient acquises sur la vie humaine; comme si, plus on avoit étudié ce monde incorrigible, plus on s'élançoit vers un autre monde, dont toutes les lois et toute l'histoire sont à la disposition d'un cœur vertueux. Après avoir éprouvé les caprices de la démocratie et ceux du despotisme, après avoir vu dans Athènes des hommes libres, souillés par la mort d'un juste, Platon s'occupoit, tantôt à rêver l'Atlantide, tantôt à préparer les institutions de son impraticable république. Tacite, pour se consoler de la peinture trop fidèle de Rome, embellissoit l'histoire d'une peuplade sauvage, et faisoit sortir la sagesse et la vertu de ces forêts qui cachoient encore la liberté. Morus et Harington, dans des jours de fanatisme et de fureur, décrivoient le bonheur d'un état libre et sans faction, où la plus parfaite sécurité s'uniroit à la plus parfaite indépendance.

Des illusions plus instructives et plus vraisemblables ont inspiré à Montesquieu l'épisode des Troglodytes, de ce peuple si malheureux, quand il est insociable, qui passe du crime à la ruine, se renouvelle par les bonnes mœurs, et trop tôt fatigué de ne devoir sa félicité qu'à lui-même, va chercher dans l'autorité d'un maître un joug moins pesant que la vertu. Ces trois périodes, admirablement choisis, présentent tout le tableau de l'histoire du monde. Mais ce qui honore la sagesse de Montesquieu, c'est qu'ils renferment le plus bel éloge de la vie sociale. Tandis que Rousseau prononce anathème contre le premier auteur de la société; tandis que, par amour de l'indépendance, il veut arracher les premières bornes, qui, posées autour d'un champ, furent le symbole de la justice naissant avec la propriété, Montesquieu fonde le bonheur sur la justice, affermissant les droits de chacun pour l'indépendance de tous. A ses yeux, l'âge de la corruption et du malheur, c'est le moment où l'égoïsme armé se soulève contre les lois, où la violence des individus détruit les promesses que la société a faites à ses membres. L'âge de la liberté, c'est l'âge de la justice présidant au maintien des intérêts civils, à la sainteté des contrats, à l'équité des échanges, à la perfection de la vie sociale, c'est-à-dire, au respect de tous les droits consacrés par elle. Les images des vertus privées, les douces peintures d'une condition parée de l'innocence, viennent orner le tableau, pour ajouter à cette première leçon, qui place dans la vertu des citoyens la force de l'état, une autre leçon trop oubliée; c'est que la morale des familles fait les citoyens, et maintient ou remplace les lois. Vérites naïves, au delà desquelles n'auroient pas dû remonter les hardis investigateurs, qui, voulant creuser jusqu'aux racines de l'arbre social, l'ont renversé dans l'abîme qu'ils avoient ouvert !

Cette sagesse d'application et de principes que Montesquieu devoit porter dans l'histoire des intérêts civils, dans la théorie des lois établies, il l'annonce, il s'y prépare, pour ainsi dire, par d'ingénieuses allégories ; et sa politique romanesque est plus raisonnable et plus attentive à la vérité des choses, que la politique sérieuse de beaucoup d'écrivains célèbres. On sent que, dominé par un esprit juste et observateur, lors même qu'il se livre à des écarts d'imagination, il ne peut oublier la réalité des événemens et des mœurs qu'il a long-temps étudiés. Veut-il, dans l'épisode des Troglodytes, peindre le beau idéal de la vie humaine, il n'essaie pas, comme Rousseau, d'exagérer l'abrutissante liberté de la vie sauvage; il trace le tableau embelli de l'homme en société : et ce tableau, malgré l'éclat des couleurs, ressemble à quelques années de bonheur et de vertu, que l'on trouveroit éparses dans les annales des républiques naissantes; mais, en décrivant cette vertueuse félicité, il la montre prête à finir; et cet aveu est le dernier trait ajouté à la vraisemblance historique.

Essaie-t-il une seconde peinture du bonheur social, il le fait naître des vertus d'un monarque absolu, fiction qui seroit un blasphème, si Marc-Aurèle n'avoit pas régné. Montesquieu écrit le roman d'*Arsace et d'Isménie*, où le despotisme légitimé par la vertu, orné des plus puissantes séductions, l'amour et la gloire, se consacre et s'enchaîne au bonheur des humains.

Le despotisme? Un législateur a-t-il employé son génie à l'éloge d'une pareille puissance? Étoit-ce un caprice de son imagination, un mensonge de sa conscience? Pour lever ces doutes, il faut rappeler ce désespoir involontaire dans lequel sont tombés de grands et nobles génies, qui, mécontens de l'usage que les hommes faisoient de leur liberté, leur ont souhaité des maîtres, et ont invoqué contre nos erreurs et nos crimes la terrible protection du pouvoir absolu. Ce vœu s'est rencontré dans les cœurs les plus bienfaisans, comme dans ces âmes austères qui, en jugeant l'humanité, sembloient la haïr. Platon (2), qui s'étoit si long-temps flatté du projet d'une république parfaite, ne savoit plus enfin désirer pour l'espèce humaine qu'*un bon tyran aidé d'un bon législateur*. Quelle injure pour le genre humain qu'un pareil vœu ait pu sortir d'une âme vertueuse, en présence de Sparte, à la vue des côtes de la Perse!

Dans cet ouvrage immortel, que l'on a calomnié comme séditieux, parce que les maux des peuples y sont déplorés, Fénélon admet les monarchies absolues, et se réduit à enchaîner, par le charme de la bonté, ces rois auxquels il abandonne la puissance illimitée du bien et du mal. Sésostris n'est qu'un despote, modéré par la justice et l'amour de la gloire ; Idoménée n'est qu'un tyran corrigé par le malheur : croira-t-on cependant que l'âme élevée de Fénélon ne conçût rien de préférable à l'usage tempéré du pouvoir absolu? D'autres écrits de sa main (3) attestent les vœux qu'il formoit pour un ordre politique plus conforme à la dignité de l'homme. Mais en attendant la liberté des peuples, il cherchoit à mettre dans le cœur du monarque les barrières qui n'étoient pas encore dans la loi.

Je ne sais si telle étoit la pensée de Montesquieu, de cet ardent admirateur des vertus antiques. Peut-être, les yeux attachés sur son siècle et sur la monarchie française, voyant le calme naître du pouvoir absolu, il toléroit cette manière de rendre les hommes heureux; il consentoit même à l'embellir, et lui prêtoit des prestiges de grandeur qui manquèrent trop au siècle de Louis XV. Sans doute, lorsque la cause de la liberté est enfin apportée au tribunal des rois; lorsque, pour conduire les générations éclairées, il ne reste plus que les lois, barrière et soutien du pouvoir légitime, ou la force, instrument passager qui sert à toutes les puissances; honneur aux esprits élevés qui demandent que les nations soient associées à leur gouvernement, et concourent à leur propre salut! Quel que soit dans l'avenir le succès de ce noble effort, il faut le tenter; car toute autre voie seroit impossible ou odieuse. Mais s'il exista jadis pour nous un ordre politique dans lequel le pouvoir suprême, sans contre-poids et sans résistance, étoit modéré par l'esprit du siècle et la législation des mœurs, pourquoi les plus grands génies auroient-ils hâté la ruine de ce système, qui n'étoit point pénible pour l'orgueil tant qu'il étoit approuvé par l'opinion? Ceux qui pouvoient alors mesurer l'étendue des changemens une fois commencés, devoient reculer devant leurs propres espérances.

Souvenons-nous que le dix-huitième siècle fut particulièrement pour la France l'époque la plus paisible et la plus heureuse de la civilisation moderne, et nous croirons que la sagesse ne devoit pas calomnier un pouvoir absolu qui s'adoucissoit par le bonheur public. En recevant les mœurs et l'impression de son siècle, Montesquieu évita cet injuste dédain pour les institutions nationales, cet enthousiasme de l'esprit novateur, qui présageoit, dans l'oisiveté même d'un âge trop heureux, les agitations et les fureurs que renfermoit l'avenir. Mais alors même que Montesquieu adoptoit et se plaisoit à embellir ce gouvernement que bientôt il justifia par des raisonnemens, souvent les jeux de son esprit furent contraires aux opinions sur lesquelles ce gouvernement a besoin de s'appuyer.

La monarchie de Louis XIV ne pouvoit subsister qu'avec les mœurs, les principes, la religion, qui marquèrent le règne de ce prince. Lorsque la corruption et la licence descendirent du trône dans la nation, chaque jour ce pouvoir absolu devint moins juste et moins révéré. Le système politique de Louis XIV étoit un miracle de nobles illusions qui pouvoient à peine durer l'espace d'un siècle ou la vie même d'un homme. Mais surtout on ne devoit pas espérer d'en prolonger l'influence au profit du pouvoir, lorsqu'elles n'existoient plus au profit des mœurs. Si des écrivains libres et hardis ont préludé par une légère ironie à des attaques plus sérieuses, si la licence des mœurs a conduit à l'avilissement de l'autorité, cette progression étoit inévitable. En morale, en politique, une chose n'arrive pas précisément parce qu'il s'est rencontré un homme pour l'accomplir; mais il y avoit des causes qui la rendoient nécessaire, et devoient la faire sortir de telle ou telle main. Il étoit impossible que le dix-huitième siècle ne vît pas naître des écrivains animés d'un esprit d'indépendance et de curiosité, de hardis examinateurs de toutes les opinions, d'éloquens contradicteurs de la puissance, des hommes spirituels et moqueurs, qui jugeroient avec plus de liberté que de justice tout ce qu'on avoit révéré jusqu'alors (4).

La supériorité même des écrivains du grand siècle poussoit leurs successeurs dans ces routes nouvelles; car l'ambition de créer égale dans l'écrivain le besoin de variété qui tourmente et séduit le vulgaire des hommes. Il cherche par les saillies du paradoxe les succès que ne lui promet plus la vérité trop simple ou trop connue; il demande à la hardiesse, à la licence, au scandale même ce que lui refusent la décence et la religion. Si les vérités morales ne sont pas infinies comme les vérités géométriques, on peut concevoir que le génie, dans sa perpétuelle activité, attaquera quelquefois les premières, tandis qu'il augmente incessamment les autres. Semblable au conquérant qui se précipite plutôt que de s'arrêter, quand il est au terme de la vérité, il s'élance au delà, et il égare les hommes plutôt que de renoncer à les conduire.

Vous qui souffrez avec indignation la chute des anciennes maximes, n'accusez pas uniquement les écrivains célèbres dont les opinions hardies ont corrigé quelques erreurs et mis tant de vérités en problème. Ces opinions étoient de leur siècle autant que de leur choix; elles tenoient à cette mobilité générale de la pensée, qui ne permet ni à l'ambition de l'homme supérieur, ni à la curiosité de la foule, de suivre toujours les routes antiques.

Le caractère du dix-huitième siècle, c'est d'avoir mis les idées à la place des croyances : mouvement que l'on devoit pressentir, et qu'il ne faudroit pas accuser, s'il s'étoit arrêté devant les bornes éternelles de la religion et de la morale. L'esprit humain s'emploie d'abord à maintenir les croyances; plus tard, son activité le porte à les combattre. Les croyances une fois établies doivent rester immuables et entières. On les altère, en les touchant. Les idées sont pour l'homme un essai continuel de sa force, même dans ses erreurs. Les croyances, lorsqu'elles ne sont plus révérées, deviennent importunes par les sacrifices ou les vertus qu'elles commandent. Les idées n'imposent pas d'aussi pressans devoirs; elles éclairent sans retenir, rarement elles passent dans les actions, parce qu'elles ne sortent pas de la conscience. Le sophisme les dénature, la violence les falsifie; on les voit céder quelquefois si honteusement et si vite, qu'on s'effraie de la foiblesse morale d'un peuple qui n'auroit que des idées au lieu de vertus.

L'ordre politique se compose aussi de croyances, si l'on peut donner ce nom à toutes les opinions formées par le temps et l'habitude. Le clergé, la noblesse, étoient des croyances que Montesquieu, dans sa jeunesse, attaqua par des plaisanteries, et que plus tard il défendit par le raisonnement. Car les grands génies, placés entre le mouvement de leur siècle et leur raison, reviennent quelquefois sur leurs pas et s'efforcent de soutenir des institutions dont ils ne conçoivent l'utilité qu'après les avoir eux-mêmes ébranlées.

Cet effet, presque inévitable de la réflexion et de la maturité, explique la différence qui se trouve entre Montesquieu, soumis à l'influence de son siècle, et Montesquieu, discutant les lois de tous les peuples, entre la frivolité dédaigneuse des

Lettres persanes et la sage impartialité de l'*Esprit des Lois*.

L'influence contemporaine qui se montre dans les opinions de Montesquieu, je la retrouve tout entière dans quelques écrits échappés de sa plume. Les images libres et philosophiques du *Temple de Gnide* sont un sacrifice au goût d'un siècle sentencieux et poli. On seroit quelquefois tenté, plus que ne l'auroit voulu l'auteur, de croire à la fiction sous laquelle il annonçoit son ouvrage, et d'y reconnoître un de ces élégans sophistes de la Grèce dégénérée. Mais, quelques traits de génie auxquels ne peut atteindre la médiocrité la plus ingénieuse, préviennent cette méprise et décèlent la main d'un grand homme.

Il ne faut pas le dissimuler, ces grâces affectées, ces subtils raffinemens qui déparent quelquefois le style de Montesquieu, sont dictés par un système; car les fautes des grands écrivains sont rarement involontaires. En parcourant quelques théories sur le goût, esquissées par Montesquieu, on y retrouve une préférence marquée pour cette finesse délicate, pour ces pensées inattendues, ces contrastes brillans qui éblouissent l'esprit. N'oublions pas une pareille censure pour la gloire même de Montesquieu ; car, du milieu de ces petitesses, il s'est élevé à la hauteur du génie antique. Il sembl̂e que ce grand homme, tant qu'il ne traitoit pas des sujets dignes de sa pensée, se livroit à l'influence de son siècle; mais, lorsqu'il avoit rencontré un sujet égal à ses forces, alors il étoit libre, il n'appartenoit plus qu'à lui et redevenoit simple et naturel, parce qu'il pouvoit montrer toute sa grandeur.

Dégagé des devoirs de la magistrature, livré tout entier à la méditation, seul exercice qui soit digne d'un homme de génie et qui le fortifie en le rendant à lui-même, Montesquieu avoit visité les plus célèbres nations modernes et observé leurs mœurs, qui lui expliquoient leurs lois. C'est alors qu'il étend sa pensée sur les peuples anciens et qu'il s'attache de préférence à l'empire romain, qui, seul, ayant absorbé l'univers, pouvoit représenter à ses yeux l'antiquité tout entière. Depuis deux mille ans on lisoit l'histoire des Romains; on se racontoit les merveilles de leur grandeur. Peut-être l'esprit de l'homme, encore plus admirateur que curieux, se plaît-il à contempler les résultats incroyables de causes secrètes qu'il ne cherche pas à connoître. Le digne historien de la république romaine, Tite-Live, trop frappé de la gloire de sa patrie, avoit négligé d'en montrer les ressorts toujours agissans, comme s'il eût craint d'affoiblir le prodige en l'expliquant.

Tacite, qui, suivant l'éloge que lui a donné Montesquieu, *abrégeoit tout, parce qu'il voyoit tout*, Tacite n'a pas essayé de voir l'empire romain. Il a borné ses regards à un seul point de cet immense tableau. Il n'a montré que Rome avilie. Il n'a pas même expliqué cet inconcevable esclavage qui vengeoit l'univers ; et, quoiqu'il ait rendu service au genre humain en augmentant l'horreur de la tyrannie, il a fait un ouvrage au-dessous du génie qu'il montre dans cet ouvrage même.

Un seul écrivain de l'antiquité, un Grec, regardant l'empire romain qui marchoit à la conquête du monde d'un pas rapide et régulier, avoit averti que ce mouvement étoit conduit par des ressorts cachés qu'il falloit découvrir. Un homme, qui avoit porté la force de son génie sur une foule d'études diverses pour les subordonner à la théologie, et qui sembloit, en parcourant toutes les connoissances humaines, les conquérir au profit de la religion, Bossuet, examina la grandeur romaine avec cette sagacité et cette hauteur de raison qui le caractérisent ; mais, préoccupé d'une pensée dominante, attentif à une seule action dirigée par la Providence, l'origine et l'accomplissement de la foi chrétienne, il ne regarde les Romains eux-mêmes, il ne les aperçoit dans l'univers que comme les aveugles instrumens de cette grande révolution à laquelle tous les peuples lui paroissent également concourir. Cette pensée qui l'autorisoit, pour ainsi dire, à ne pas expliquer des effets ordonnés d'avance, par une volonté irrésistible et suprême, ne l'a pas empêché d'entrer dans les causes agissantes de la grandeur romaine; et telle est, pour un homme de génie, l'évidence et la réalité de ces causes que, pouvant tout renvoyer à Dieu, dont il interprétoit la volonté, Bossuet a cependant tout expliqué par la force des institutions et le génie des hommes.

Montesquieu adopte le plan tracé par Bossuet et se charge de le remplir sans y jeter d'autre intérêt que celui des événemens et des caractères. Il y a sans doute plus de grandeur apparente dans la rapide esquisse de Bossuet, qui ne fait des Romains qu'un épisode de l'histoire du monde. Rome se trouve plus étonnante dans Montesquieu, qui ne voit qu'elle au milieu de l'univers. Les deux écrivains expliquent sa grandeur et sa chute. L'un a saisi quelques traits primitifs avec une force qui lui donne la gloire de l'invention; l'autre, en réunissant tous les détails, a découvert des causes invisibles jusqu'à lui; il a rassemblé, comparé, opposé les faits avec cette sagacité laborieuse, moins admirable qu'une première vue de génie, mais qui donne des résultats plus certains et plus justes. L'un et l'autre ont porté la concision aussi loin qu'elle peut aller; car, dans un espace très-court, Bossuet a saisi toutes les grandes idées et

Montesquieu n'a oublié aucun fait qui pût donner matière à une pensée. Se hâtant de placer et d'enchaîner une foule de réflexions et de souvenirs, il n'a pas un moment pour les affectations du bel esprit et du faux goût, et la brièveté le force à la perfection. Bossuet, plus négligé, se contente d'être quelquefois sublime. Montesquieu, qui, dans son système, donne de l'importance à tous les faits, les exprime tous avec soin, et son style est aussi achevé que naturel et rapide.

Quelle est l'inspiration qui peut ainsi soutenir et régler la force d'un homme de génie? C'est une conviction lentement fortifiée par l'étude, c'est le sentiment de la vérité découverte. Montesquieu a pénétré tout le génie de la république romaine. Quelle connoissance des mœurs et des lois! Les événemens se trouvent expliqués par les mœurs, et les grands hommes naissent de la constitution de l'état. A l'intérêt d'une grandeur toujours croissante, il substitue ce triste contraste de la tyrannie recueillant tous les fruits de la gloire. Une nouvelle progression recommence : celle de l'esclavage précipitant un peuple à sa ruine par tous les degrés de la bassesse. On assiste avec l'historien à cette longue expiation de la conquête du monde; et les nations vaincues paroissent trop vengées. Si maintenant l'on veut connoître quelle gravité, quelle force de raison Montesquieu avoit puisées dans les anciens pour retracer ces grands événemens, on peut comparer son immortel chef-d'œuvre aux réflexions trop vantées qu'un écrivain brillant et ingénieux du siècle de Louis XIV écrivit sur le même sujet. On sentira davantage à quelle distance Montesquieu a laissé loin de lui tous les efforts du bel esprit dont il avoit d'abord dérobé toutes les grâces. Dans la grandeur et la décadence des Romains, Montesquieu n'a plus l'empreinte de son siècle; c'est un ouvrage dont la postérité ne pourroit deviner l'époque, et où elle ne verroit que le génie du peintre.

Tout entier dominé par ses études, l'auteur a pris le génie antique pour retracer le plus grand spectacle de l'antiquité. Ce génie est mâle, quelquefois mêlé de rudesse; on croit voir une de ces statues retrouvées parmi les ruines, et dont les formes correctes et sévères étonnent la mollesse de notre goût. Telle est la simplicité où Montesquieu s'élève par l'imitation des grands écrivains de Rome. Son âme trouve des expressions courageuses pour célébrer les résistances et les malheurs de la liberté, les entreprises et les morts héroïques. Il est sublime, en parlant de vertus que notre foiblesse moderne peut à peine concevoir. Il devient éloquent à la manière de Brutus.

Rien n'est plus étonnant et plus rare que ces créations du génie, qui semblent ainsi transposées d'un siècle à l'autre. Montesquieu en a donné plus d'un exemple qui décèle un rapport singulier entre son âme et ces grandes âmes de l'antiquité. Plutarque est le peintre des héros ; Tacite dévoile le cœur des tyrans : mais, dans Plutarque ou dans Tacite, est-il une peinture égale à cette révélation du cœur de Sylla, se découvrant lui-même avec une orgueilleuse naïveté? Comme œuvre historique, ce morceau est un incomparable modèle de l'art de pénétrer un caractère, et d'y saisir, à travers la diversité des actions, le principe unique et dominant qui faisoit agir. C'est un supplément *à la grandeur et à la décadence des Romains.* Il s'est trouvé des hommes qui ont exercé tant de puissance sur les autres hommes, que leur caractère habilement tracé complète le tableau de leur siècle. C'étoit d'abord un heureux trait de vérité de bien saisir et de marquer l'époque où la vie d'un homme pût occuper une si grande place dans l'histoire des Romains. Cette époque est décisive. Montesquieu n'a présenté que Sylla sur la scène ; mais Sylla rappelle Marius, et il prédit César. Rome est désormais moins forte que les grands hommes qu'elle produit : la liberté est perdue, et l'on découvre dans l'avenir toutes les tyrannies qui naîtront d'un esclavage passager, mais une fois souffert. Que dire de cette éloquence extraordinaire, inusitée, qui tient à l'alliance de l'imagination et de la politique, et prodigue à la fois les pensées profondes et les saillies d'enthousiasme; éloquence qui n'est pas celle de Pascal, ni celle de Bossuet, sublime cependant, et tout animée de ces passions républicaines qui sont les plus éloquentes de toutes, parce qu'elles mêlent à la grandeur des sentimens la chaleur d'une faction?

Ces passions se confondent dans Sylla avec la fureur de la domination; et de cet assemblage bizarre se forme ce sanguinaire et insolent mépris du genre humain qui respire dans le dialogue d'Eucrate et de Sylla. Jamais le dédain n'a été rendu plus éloquent; il s'agit en effet d'un homme qui a dédaigné et, pour ainsi dire, rejeté la servitude des Romains. Cette pensée, qui semble la plus haute que l'imagination puisse concevoir, est la première que Montesquieu fasse sortir de la bouche de Sylla; tant il est certain de surpasser encore l'étonnement qu'elle inspire! « Eucrate, dit Sylla, si je ne suis « plus en spectacle à l'univers, c'est la faute des « choses humaines qui ont des bornes, et non pas « la mienne. J'aime à remporter des victoires, à « fonder ou à détruire des états, à punir un usur- « pateur; mais pour ces minces détails du gou- « vernement, où les génies médiocres ont tant « d'avantage, cette lente exécution des lois, cette « discipline d'une milice tranquille, mon âme ne « sauroit s'en occuper. » L'âme de Sylla est déjà tout entière dans ces paroles; et cette âme étoit plus atroce que grande. Peut-être Montesquieu a-t-il caché l'horreur du nom de Sylla sous le faste imposant de sa grandeur; peut-être a-t-il trop secondé cette fatale et stupide illusion des hommes, qui leur fait admirer l'audace qui les écrase. Sylla paroît plus étonnant par les pensées que lui prête Montesquieu, que par ses actions mêmes. Cette éloquence renouvelle, pour ainsi dire, dans les âmes la terreur qu'éprouvèrent les Romains devant leur impitoyable dictateur. Comment jadis Sylla, chargé de tant de haines, osa-t-il abandonner l'asile de la tyrannie, et, simple citoyen, descendre sur la place publique qu'il avoit inondée de sang? Il vous répondra par un mot : « J'ai étonné les hommes. » Mais à côté de ce mot si simple et si profond, quelle menaçante peinture de ses victoires, de ses proscriptions! quelle éloquence! quelle vérité terrible! Le problème est expliqué. On conçoit la puissance et l'impunité de Sylla.

Ce talent singulier d'expliquer, de peindre et d'imiter l'antiquité, ne paroîtroit pas tout entier, si l'on oublioit un de ces précieux fragmens où l'homme supérieur révèle d'autant mieux sa force, qu'il l'a concentrée sur un espace plus borné; et Montesquieu ne seroit pas le peintre de l'antiquité le plus énergique et le plus vrai, s'il n'avoit point retracé cette philosophie stoïcienne, la plus haute conception de l'esprit humain, et parmi les erreurs populaires du paganisme, la seule et la véritable religion des grandes âmes. Quand on aura lu l'hymne sublime que Cléanthe le stoïcien adressoit à la divinité adorée sous tant de noms divers, au créateur qui *a tout fait dans le monde, excepté le mal qui sort du cœur du méchant*; quand on aura médité dans Platon la résignation du juste condamné; quand on saura par cœur les pensées d'Épictète et le règne de Marc-Aurèle, on devra s'étonner encore du langage retrouvé par Montesquieu dans l'épisode de Lysimaque. Ce spiritualisme altier, ce mépris de la terre, cet orgueil et cette joie de la douleur qui rendoient les âmes invincibles, qui les rendoient heureuses; toutes les grandeurs morales luttant contre la puissance, la cruauté d'Alexandre, Lysimaque que les dieux préparent pour consoler la terre; quelle vérité historique, quelle éloquence sans modèle, quels acteurs, et quel intérêt! Quelques pages ont suffi pour tout dire et tout peindre.

Cette admiration des grands caractères, cette haine de la tyrannie que Montesquieu recueilloit dans l'étude des anciens, transportées sur les temps modernes, auroient fait ressortir à nos yeux des âmes élevées, auxquelles il n'a manqué que des peintres, et donneroient à notre histoire un caractère de gravité et de morale qu'elle n'a jamais connu. Montesquieu avoit tenté ces deux essais; il n'a pas achevé l'essai du maréchal de Berwick, qui méritoit d'être peint comme les héros de Plutarque. Les fragmens de ce travail sont une ébauche de Michel-Ange. Il n'a manqué à Montesquieu que de le finir, pour égaler la vie d'Agricola.

La vie de Louis XI devoit sans doute mieux consacrer encore cette noble rivalité de Montesquieu et de Tacite. Le hasard, qui nous en a privés, ne peut rien ôter à la gloire de son auteur; des titres plus nombreux ne l'auroient pas augmentée. Il n'étoit pas au pouvoir de Montesquieu lui-même de rendre son nom plus immortel, et d'ajouter quelque chose à la renommée de l'*Esprit des Lois*.

L'*Esprit des Lois* apparoît au bout de sa carrière comme le terme de notre admiration et de ses efforts; et s'il m'est permis, pour célébrer ce peintre sublime de la Grèce et de Rome, d'emprunter une image à l'antiquité, en suivant le cours et la variété de ses ouvrages, il semble que nous arrivons au dernier monument de son génie par les mêmes détours qui conduisoient lentement aux temples des dieux. Nous avons d'abord traversé ces rians et heureux bocages, qui jadis cachoient la demeure sacrée; plus loin, en étudiant avec Montesquieu les souvenirs de l'histoire, nous avons, pour ainsi dire, rencontré sur notre passage ces statues des grands hommes et des héros qui occupoient la première enceinte des temples antiques, comme étant l'image de ce qu'il y a de plus noble après les dieux; nous touchons enfin au sanctuaire d'où la sagesse révèle ses oracles. Mais ce dernier trait de l'allégorie ne convient pas aux vérités simples et naturelles annoncées par le législateur français. Montesquieu s'adresse à la raison des peuples; la simplicité et l'universalité, voilà les deux attributs de son ouvrage. Ils indiquent à la fois la supériorité de son génie et les lumières de son siècle. Montesquieu ne se trouvoit pas dans l'heureuse condition de ces anciens législateurs qui donnoient à des peuples incultes et grossiers des institutions toujours suffisantes; il veut apprendre à tous les peuples civilisés à respecter et à perfectionner leurs lois; il ne néglige pas même les lois des peuples barbares, il les explique, et quelquefois les défend pour enseigner à toutes les nations une loi plus haute et plus sacrée, la tolérance.

Un grand homme, parmi les talens qu'il développe, est toujours dominé par une faculté particulière, que l'on peut appeler l'instinct de son génie. Les lois étoient pour Montesquieu cet objet de préférence, où se portoit naturellement sa pensée. Il n'a pas cherché dans cette étude un exercice pour le talent d'écrire. Il l'a choisie, parce qu'elle étoit conforme à toutes les vues de son esprit; il a tenté de l'approfondir, enfin, parce qu'une sorte de prédilection involontaire l'y ramenoit sans cesse. C'étoit l'œuvre de son choix, c'étoit la méditation de sa vie; et, malgré les censures de la haine ou de la frivolité, ce fut le plus beau titre de sa gloire. On s'étonne d'abord des immenses souvenirs qui remplissent l'*Esprit des Lois*; mais il faut admirer bien plus encore ces divisions ingénieusement arbitraires, qui renferment tant de faits et d'idées dans un ordre exact et régulier. Peut-être au premier abord supposeroit-on plus de génie dans un homme qui, sans s'arrêter aux lois positives, traceroit, d'après les règles de la justice éternelle, un code imaginaire pour le genre humain; mais cette idée, réalisée par un Anglais célèbre [1], est plus extraordinaire que grande. Quoique les lois positives soient quelquefois inconséquentes et bizarres, elles résultent de rapports nécessaires. Leur existence est une preuve de leur utilité relative : les lois que conserve un peuple sont les meilleures qu'il puisse avoir; et la pensée de renouveler, sur un seul principe, toutes les législations de la terre seroit aussi fausse qu'impraticable; mais les connoître et les discuter, choisir et recommander celles qui honorent le plus l'espèce humaine, voilà le travail qui doit occuper un sage, et qui peut épuiser toute la

---

[1] Bentham.

profondeur du plus vaste génie. Alors la connoissance des lois, appuyée sur l'histoire et sur la politique, s'éloigne également de la science du jurisconsulte et des rêves *de l'homme de bien*. Les pensées qu'elle fournit à un digne interprète entrent insensiblement dans le trésor des idées humaines ; et, en modifiant l'esprit d'un peuple, elles produisent de nouveaux rapports qui, dans l'avenir, produiront des lois, et changeront en nécessités morales les espérances et les projets d'un génie bienfaisant.

Cependant quel spectacle présente cette revue de l'univers ! C'est à la fois l'histoire et la morale de la société. Ce sont toutes les nations mortes et vivantes qui passent tour à tour, et donnent le secret de leurs destinées en montrant les lois qui les faisoient vivre ou les animent encore ; et, de même que la sagesse antique croyoit avoir deviné les ressorts du monde matériel en reconnoissant une céleste intelligence partout répandue, partout communiquée, partout agissante, ainsi le monde moral se trouve expliqué tout entier par l'action de la loi, providence des sociétés. Interprète et admirateur de l'instinct social, Montesquieu n'a pas craint d'avouer que l'état de guerre commence pour l'homme avec l'état de société. Mais cette vérité désolante, de laquelle Hobbes avoit abusé pour vanter le calme du despotisme, et Rousseau pour célébrer l'indépendance de la vie sauvage, le véritable philosophe en fait naître la nécessité salutaire des lois, qui sont un armistice entre les états et un traité de paix perpétuel pour les citoyens.

La première loi sera l'existence d'un gouvernement. Le gouvernement le plus convenable à chaque peuple est le plus conforme à la nature, et comme la durée prouve la convenance, cette maxime si libre est un gage de repos. Le philosophe admet tous les pouvoirs, et conçoit tous les systèmes politiques. L'*Esprit des Lois* est comme ce temple romain qui donnoit l'hospitalité à tous les dieux du monde idolâtre.

Elles seront sans doute retracées avec complaisance, ces belles institutions de la Grèce, où chaque homme se croyoit libre, parce qu'il concouroit à gouverner les autres; mais elles paroîtront nées de tant d'heureux hasards, limitées par tant de conditions, achetées par tant d'efforts et même d'injustices, que l'admiration nous préservera de l'exemple.

Suivant la méthode des anciens législateurs, Montesquieu placera l'éducation à la base de l'édifice social; et cette vérité expliquera les républiques anciennes et les monarchies, en montrant d'un côté cette éducation unique et dominante par les singularités mêmes, qui prenoit le citoyen au berceau pour lui imprimer les sentimens et les opinions de toute sa vie; et, d'une autre part, ces deux éducations contradictoires, où l'homme oublie les principes qu'avoit reçus l'enfant, où les idées du monde doivent remplacer les leçons de l'école; première différence, dont les suites se conservent partout; qui, donnant aux anciens plus d'indépendance politique, leur imposoit plus d'assujettissement personnel, et substituoit la gêne des coutumes à celle de l'autorité; comme si les hommes avoient toujours besoin d'obéir, comme si la liberté elle-même n'étoit qu'une certaine forme d'obéissance. De là naîtra cette vertu (5) que Montesquieu réservoit exclusivement pour les républiques, et que l'on peut définir, *l'amour de la modération et de l'égalité* : vertu peu durable par sa perfection même, vertu qui doit être protégée par une foule de lois politiques, morales et domestiques; qui ne peut se développer, si elle n'existe dans la racine des mœurs; qui ne peut animer l'état, si elle ne sort de chaque famille; et qui, formée de deux élémens presque inconciliables, se détruit rapidement, et fait place, soit à la fureur de l'égalité démocratique, soit au despotisme multiplié de l'aristocratie, soit au despotisme simple et terrible d'un chef militaire.

Ainsi les lois sont une des causes de l'histoire des peuples, et la forme de chaque gouvernement est la raison des lois. Cette vérité, manifeste à l'égard des lois politiques, se montre dans le caractère et l'application des lois criminelles et civiles ; le petit nombre ou la multiplicité des lois, la proportion des peines, la forme des tribunaux, la rigueur légale, ou la liberté des jugemens, tout est sous l'influence du principe de chaque gouvernement. Telle est l'influence de ces principes, qu'ils agissent sur les choses les plus immuables, les droits et les crimes des hommes. Les républiques énervent les lois criminelles, parce qu'enfin les coupables sont des hommes libres, et qu'il n'y auroit personne pour leur faire grâce. Les despotes se font législateurs, juges, et quelquefois bourreaux. La monarchie place trois degrés entre le coupable et la peine : la précision de la loi, l'indépendance des juges, et la clémence du souverain. Le principe de chaque gouvernement s'altère, et se détruit par la perte des lois civiles qui le soutenoient. La république où la législation est toute morale, périt par la ruine des mœurs; les mœurs, par l'agrandissement de l'état. La monarchie fondée sur l'honneur, se corrompt par la servitude et l'intérêt, les deux plus grands ennemis de l'honneur. Le despotisme n'a d'autre corruption que l'excès de sa puissance. A force d'avoir perfectionné la terreur, principe de son pouvoir, il est détruit par elle.

Quand on a considéré ces trois gouvernemens qui se partagent le monde, il faut les voir dans leurs rapports mutuels, la paix, la guerre et la conquête. C'est ici que Montesquieu unit la politique la plus haute à cette justice qui paroît sublime lorsqu'elle s'applique aux intérêts des peuples avec la même simplicité qu'aux intérêts privés. La guerre et les conquérans; ce funeste et incorrigible désordre des sociétés humaines, passent sous les yeux du législateur, qui comprend que les lois ne furent jamais dans un plus grand péril, et qui veut qu'elles soient assez fortes pour résister à la victoire. Cependant il reconnoît des conquérans qui *ont stipulé pour le genre humain.* Entendez-le parler d'Alexandre : il découvre de nouveaux points de vue dans une grandeur si anciennement admirée; par la plus difficile de toutes les épreuves, il décompose la gloire et le génie de son héros, de manière qu'un semblable éloge ajoute quelque chose à l'idée que donne le nom même d'Alexandre.

Ces lois que Montesquieu conserve et fait prévaloir jusqu'au milieu de la conquête, il les suit bientôt dans leur plus noble application; dans celle qui dépend le plus des pays et des peuples, la liberté politique et la liberté sociale. La liberté! c'est pour elle qu'écrivoit Montesquieu; c'est elle qu'il cherchoit, sans la nommer toujours. La liberté! la justice! chacune d'elles n'existe qu'en s'unissant à l'autre. Qu'on les sépare, l'une se détruit par ses fureurs, l'autre est dégradée par son esclavage.

Mais ce n'est pas en vain que l'observateur impartial a distingué la liberté sous deux formes. Quelquefois le citoyen est plus libre que la constitution ne paroît l'être. Quelquefois la liberté qui n'est pas dans l'ordre politique se retrouve dans les lois civiles, ou même dans les mœurs. Tout en réprimant, par cette vérité, les plaintes et la hardiesse des novateurs, Montesquieu retrace sans détour la véritable théorie de la liberté politique. Elle tient à la distinction de la puissance législative et de la puissance exécutive; distinction qui, même imparfaitement appliquée par les Romains, fonda toute leur grandeur; distinction admirable que, par le plus singulier contraste, on voit sortir avec une perfection nouvelle des ruines de la féodalité, et qui forme chez un peuple moderne le gouvernement le plus libre, le plus fort, et sans doute le plus durable, puisque les vices y trouvent leur emploi, et que la corruption même en fait partie.

L'existence de ces deux pouvoirs ne suppose pas un égal partage de forces. La puissance exécutive concourt à la formation des lois, sans que la puissance législative puisse concourir à leur action; mais aussi la puissance exécutive ne gardant pour elle que ce qui tient au gouvernement et au droit politique, abandonne l'exécution du droit civil aux citoyens eux-mêmes, parce que le pouvoir judiciaire doit être le pouvoir neutre de la société, parce que dans l'état tout doit être dépendant du souverain, excepté la justice.

Par quelle admirable analyse de la constitution anglaise Montesquieu n'a-t-il pas étendu et détaillé ces vérités premières ? Mais lorsque la liberté manque à l'institution politique, il la cherche dans les lois et dans les coutumes, où elle se réfugie quelquefois comme un dieu inconnu, ignoré du peuple qu'il protége. Législateur pour tous les états, Montesquieu montre ce qui seroit esclavage dans l'esclavage même, ce qui est liberté dans la monarchie la plus absolue. Sur le degré de liberté se mesure la richesse de l'état. Plus un peuple est libre, plus il peut supporter la grandeur des impôts. Il lui semble que chaque jour il paie la liberté, à mesure qu'il est enrichi par elle [1] ; plus un peuple est libre, plus l'impôt doit être égal et indirect, pour ménager à la fois son orgueil et sa liberté.

Une puissance qui n'influe pas moins que la liberté sur les lois, ou plutôt qui influe sur la liberté même, c'est le climat. Montesquieu prétend-il

---

[1] Ce que Tacite disoit de la servitude des Bretons : *Britannia servitutem suam quotidie emit, quotidie pascit*, on peut l'appliquer aujourd'hui à la liberté des Anglais.

assujettir les peuples à une sorte de fatalité, lorsqu'il reconnoît cet ascendant impérieux de la température et du sol? Cette hypothèse ne seroit-elle pas démentie par l'histoire? Le ciel de la Grèce n'a pas changé, et l'esclavage rampe sur la terre de la liberté. Il n'y a plus de Romains dans l'Italie; ce n'est pas le ciel qui manque, ce sont les lois et les mœurs. Triste et irrécusable exemple qui, sans détruire l'opinion de Montesquieu, prouve seulement la force des divers principes qu'il avoit reconnus, et nous atteste quel concours de faits et d'institutions est nécessaire pour former et pour maintenir un peuple libre. On ne sauroit nier, en effet, l'influence particulière du climat sur le plus grand scandale de l'injustice humaine, l'esclavage domestique. C'est sous ce rapport que le législateur examine une question qui ne pouvoit être étrangère à l'*Esprit des Lois*, puisque les lois modifiées par les vices de la société qu'elles répriment, sont devenues quelquefois la science du juste dans l'injustice même, l'art d'observer un certain droit, une certaine mesure dans la violation même du droit naturel. Cet esclavage, dont Montesquieu s'indignoit en le discutant, lui paroît si odieux, qu'il l'impute tout entier au despotisme de l'Orient [1], et le déclare incompatible avec la

---

[1] Dans la démocratie, où tout le monde est égal, et dans l'aris-

constitution d'un état libre, oubliant que toutes les démocraties de la Grèce avoient pris la servitude domestique pour base de l'indépendance sociale. Le caprice d'un sculpteur a fait porter par des esclaves la statue d'un grand roi dont l'Europe accusa l'orgueilleuse prospérité. C'est dans la Grèce, dans Rome, que la statue de la liberté pesoit tout entière sur les esclaves courbés et tremblans. Tant il est vrai que rien ne peut être extrême sans être injuste, et que l'excessive liberté, par sa nature même, a besoin, pour être servie, d'un excessif esclavage!

De l'influence du climat, Montesquieu voit naître une autre servitude qu'il avoit déjà désignée, celle de l'invasion et de la conquête. Ainsi les diverses parties de ce vaste ouvrage se touchent et se mêlent; mais chacune d'elles est traitée avec cette grandeur de vues générales qui éblouit la pensée, et ce choix infini de détails que l'analyse ne peut essayer d'atteindre; science d'observer qui devient une création de pensées, puisque chaque fait indiqué par l'auteur présente une idée, qui forme elle-même partie d'un système de gou-

tocratie où les lois doivent faire leurs efforts pour que tout le monde soit aussi égal que la nature du gouvernement peut le permettre, des esclaves sont contre l'esprit de la constitution. Ils ne servent qu'à donner aux citoyens une puissance et un luxe qu'ils ne doivent point avoir. Esprit des Lois, liv. XV, chap. I.

vernement, comme tous les gouvernemens avec leurs effets et leurs causes entrent dans l'histoire générale des lois. Si dans ce labyrinthe le fil se brise quelquefois, jamais le flambeau ne s'éteint; le philosophe avance, et se fait jour à travers les obstacles qu'il amasse et les routes qu'il semble confondre, jusqu'au moment où la lumière d'une seule idée vient rétablir l'ordre partout.

Quoique les lois agissent sur les mœurs, elles en dépendent. Ainsi Montesquieu corrige toujours, par quelque vérité nouvelle, une première pensée qui ne paroissoit excessive que parce qu'on la voyoit seule. La nature et le climat dominent presque exclusivement les sauvages; les peuples civilisés obéissent aux influences morales. La plus invincible de toutes, c'est l'esprit général d'une nation; il n'est au pouvoir de personne de le changer; il agit sur ceux qui voudroient le méconnoître; il fait les lois ou les rend inutiles : les lois ne peuvent l'attaquer, parce que ce sont deux puissances d'une nature diverse; il ne peut être modifié que par le temps et l'exemple; il échappe ou résiste à tout le reste.

Ce que la morale réprouve n'est pas toujours un vice politique. Il y a des défauts que le législateur doit ménager comme d'heureux accidens de la nature. La vanité si flexible quand on la flatte, la vanité qui s'enchaîne par les concessions qu'elle obtient, la vanité, de toutes les passions la plus irritable, et la plus facile à satisfaire, est un excellent ressort pour le gouvernement. L'orgueil varie dans ses effets, suivant qu'il tient au caractère seul, ou qu'il est secondé par la dignité des institutions. Chez l'Espagnol, il est le plus grand ennemi de l'activité sociale, et ne produit qu'une superbe insouciance; chez l'Anglais, il devient le patriotisme même. Cette Angleterre, dont Montesquieu avoit analysé l'admirable constitution, lui présente un nouvel aspect dans les mœurs de ses habitans, qui sont une partie de leur liberté. De la même main dont il décrit ces antiques nations de la Chine, esclaves de leurs manières comme un peuple libre doit l'être de ses lois, liées par leurs usages comme par autant de fils innombrables qui les attachent au despotisme, mais qui arrêtent et enveloppent la conquête, il peint les mœurs, les coutumes, les passions et les vices particuliers d'un peuple libre, où la liberté est invincible parce qu'elle est partout; originale et sublime peinture, dans laquelle les faits paroissant l'inévitable conséquence des principes, sortent de la pensée de l'auteur, autant que de la vérité de l'histoire.

Le lien de tous les peuples, c'est le commerce. En multipliant les relations, les besoins et les vices, il exige plus de lois que n'en produit le principe même du gouvernement. Tout à la fois instrument et gage de liberté, il est repoussé ou envahi par le despotisme. Il se développe sous l'abri des monarchies ; il anime, il soutient les états libres, et, par un contraste bizarre, il fait aujourd'hui sortir de l'intérêt tous les sacrifices que l'antiquité demandoit à la vertu. Les révolutions du commerce, qui tiennent à celles du monde ; la navigation, qui a civilisé et agrandi l'univers ; l'argent, signe de la civilisation et premier ressort des états modernes, voilà les points de vue qui s'ouvrent au législateur. Il semble que son génie, après avoir pénétré dans l'intérieur de chaque état, a besoin d'embrasser à la fois tous les temps et tous les lieux ; et dans l'activité du commerce, il voit d'un seul coup d'œil le mouvement du genre humain.

La population décroît et s'augmente dans un rapport nécessaire avec les institutions politiques, de manière que les mœurs paroissent aussi puissantes que la nature même sur la durée des peuples. Ce nouveau sujet enferme de grandes questions ; le mariage, fondement de la société ; l'immoralité, destructive comme la guerre. Là se présente un des exemples les plus tristes de l'histoire : c'est l'effort impuissant de la législation contre le vice d'un mauvais gouvernement et d'une société corrompue. Malgré les lois, l'empire romain dépeuplé mouroit de langueur. Singulière destinée! la sublimité contemplative du christianisme vient accomplir l'ouvrage commencé par la corruption. La piété des empereurs abolit les lois prudentes d'Auguste ; et la race romaine, à demi détruite, achève de disparoître dans les solitudes de la Thébaïde et dans les monastères de Constantin, comme pour effacer la trace des antiques oppresseurs de la terre, comme pour marquer le triomphe du christianisme par le renouvellement des peuples et le rajeunissement du monde.

Ainsi le législateur est conduit à examiner cette puissante et suprême influence des religions. En calculant les rapports de chaque croyance avec le génie de chaque pays, l'erreur même lui paroît quelquefois plus appropriée à la nature de l'homme; mais également convaincu que la vérité ne peut se montrer sans être bienfaisante, il nous fait voir la religion chrétienne, qui, *malgré la grandeur de l'empire et le vice du climat, empêche le despotisme de s'établir en Éthiopie, et porte au milieu de l'Afrique les mœurs de l'Europe et ses lois.* Cette religion, que, dans la vivacité de sa jeunesse et dans la politique légère de son premier ouvrage, il avoit trop peu respectée, partout dans l'*Esprit des Lois*, il la célèbre et la révère. C'est que maintenant il veut construire l'édifice social, et qu'il a besoin d'une colonne pour le soutenir. Sa pensée s'est agrandie comme sa tâche; s'il combat le sophisme d'un incrédule fameux, la calomnie qu'il repousse avant toutes les autres, c'est l'idée que la religion chrétienne n'est pas propre à former des citoyens. Il croyoit, au contraire, qu'elle étoit particulièrement la protectrice des monarchies tempérées; il la concevoit, il la vouloit amie de la liberté comme des lois, n'imaginant pas sans doute que ce qu'il y a de plus noble, de plus grand sur la terre, puisse mal s'accorder avec un présent du ciel. La religion, malgré sa sublime origine, par l'extrémité qui touche aux choses humaines, doit éprouver comme elles des vicissitudes et des retours; mais elle est le premier gage de la civilisation moderne, qui, en s'unissant à sa divine existence, partage la garantie de sa durée, et semble échapper à la loi commune de la mortalité des empires.

Ce n'est pas sans un judicieux motif que Montesquieu, en distinguant les lois de tous les pays, avoit pris soin aussi de reconnoître et de caractériser toutes les espèces différentes de lois qui régissent une même nation. Telles sont les bornes de la justice, ou plutôt de la prévoyance humaine, que, pour devenir injuste et tyrannique, il lui suffit de sortir un moment du cercle rigoureux qu'elle s'étoit prescrit. Le droit naturel, le droit ecclésiastique, le droit politique, le droit civil, ne peuvent être substitués l'un à l'autre dans l'application, sans troubler la société par ces lois mêmes qui doivent la maintenir : idée simple et grande qui prouve que la nature des choses est plus forte encore que les lois, ou plutôt que les lois ne sont fortes qu'autant qu'elles s'y conforment et la reproduisent. Ce principe, d'une immense étendue, explique et condamne toutes les bizarreries de quelques législations barbares, prévient les erreurs en indiquant leur source la plus commune, fixe la limite du pouvoir religieux, et arrête ses usurpations par sa nature même : mais, avant tout, il donne une garantie à la société entière, en ne souffrant pas que le droit politique soit juge des citoyens, et que les intérêts privés puissent jamais craindre une autre puissance que le droit civil; avantage qui est au fond ce que la liberté même renferme de meilleur, mais aussi ce qu'elle seule peut irrévocablement assurer.

Il restoit à fixer les conditions générales et nécessaires de la loi, à montrer ce qu'elle doit être dans la volonté du législateur et dans la forme qu'elle en reçoit; comment elle peut quelquefois tromper la main qui l'écrit, et revenir contre l'intention de son auteur ; comment elle doit être changée quand ses motifs n'existent plus; comment les lois diffèrent quelquefois malgré leur ressemblance. Montesquieu n'a prescrit qu'une règle pour la composition des lois, et cette règle renferme tout son ouvrage. *L'esprit de modération*, dit-il, *est celui du législateur.*

En effet, la loi n'est que le supplément de la modération qui manque aux hommes. La loi a tellement besoin d'être impartiale, que le législateur lui-même doit l'être, pour ne pas laisser dans son ouvrage l'empreinte de ses passions.

Ces principes généraux, avec quelle érudition pénétrante Montesquieu ne les a-t-il point appliqués à l'examen d'une partie de cette législation romaine qui a survécu si long-temps à l'empire qu'elle n'avoit pu sauver, et qui, servant de passage entre le monde ancien et le monde moderne, a empêché que dans le naufrage de la civilisation la justice ne vînt à périr? Avec une érudition plus étonnante encore, il entre dans le chaos de ces lois barbares qui avoient envahi l'Europe, et établi tant d'usages féroces sur les ruines de la sagesse romaine. Comme il le dit lui-même dans son langage allégorique, il voit les lois féodales telles qu'*un chêne immense* qui s'élève et domine. Animé d'une incroyable patience, il creuse jusqu'à ses profondes racines, qui étoient liées à tous les états de l'Europe; racines long-temps fortes et vivaces, lors même que le fer avoit abattu ce vaste ombrage, et qu'il ne restoit plus qu'un arbre mort et dépouillé. Dans les souvenirs innombrables de ces antiquités nationales, on retrouve l'origine et les révolutions de tout ce qui a péri sans retour, et le premier germe des institutions nouvelles qui régissent et sauveront la France. Ce vaste tableau présente partout les rois défenseurs du peuple, fortifiés chaque jour par sa reconnoissance, à mesure qu'ils le délivroient, et substituant enfin l'unité bienfaisante de leur pouvoir à la multitude des tyrannies féodales. Montesquieu a cru devoir à sa patrie d'entrer dans ce labyrinthe de nos mœurs antiques; l'admirateur des lois romaines ne pouvoit pénétrer qu'avec répugnance tant de coutumes confuses et barbares; mais de cet abime étoit sortie la France.

Tel est cet immense ouvrage dans lequel Montesquieu a embrassé le monde en s'occupant surtout de la France, dans lequel il a renfermé les maximes les plus hardies, sans avoir voulu détruire aucune maxime établie; car les changemens achetés par la destruction ne sont pas un titre à la reconnoissance des hommes. Nous n'avons rien à répondre à ceux qui lui reprochent d'avoir séparé la monarchie du pouvoir absolu. Oui, sans doute, dans cette division célèbre, Montesquieu ménageoit une place pour la France, et je lui en rendrai grâces. Je ne croirai pas que l'antique France se soit formée sous le despotisme, afin de conserver le droit de le haïr. Oui, sans doute, en faisant de l'honneur le principe de la monarchie, Montesquieu a désigné la France. Notre patrie a pu changer ses lois; ce qu'un tel changement a produit de juste et de salutaire appartient à Montesquieu; car ce grand homme, dans l'apologie même du système ancien, cherchoit à consacrer la liberté légale qui doit animer le système nouveau : quand il célébroit les corps intermédiaires de la monarchie, ce n'étoient pas des priviléges qu'il vouloit défendre, il réclamoit des barrières. Ces barrières lui paroissoient si désirables, qu'il les acceptoit même sous les formes les plus odieuses, et qu'il remercioit l'inquisition en faveur de la résistance qu'elle opposoit au despotisme; mais l'esprit de son ouvrage invoque et promet pour l'avenir des sauvegardes plus légitimes. En répandant les idées d'humanité, de tolérance et de modération dans les peines, il a disposé les peuples à recevoir des gouvernemens limités par les lois et l'intérêt public.

Dans la variété de son ouvrage, Montesquieu avoit séparé les peuples anciens des peuples modernes, en marquant ces différences insurmontables, qui devoient prévenir pour nous l'imitation insensée des républiques anciennes; mais, par les rapports qu'il reconnoissoit entre les peuples modernes, par cet esprit de commerce et d'industrie qu'il donnoit pour attribut à l'Europe, il avoit préparé le système représentatif (6), système qui ne devoit trouver d'obstacle que dans la tyrannie militaire, et qui triomphera, si la civilisation ne périt pas : et elle ne peut pas périr.

Montesquieu avoit aperçu le premier, peut-être, une grande vérité.

« La plupart des peuples de l'Europe sont en-
« core gouvernés par les mœurs ; mais si par un
« long abus de pouvoir ; si par une grande con-
« quête, le despotisme s'établissoit à un certain
« point, il n'y auroit pas de mœurs ni de climats
« qui tinssent ; et dans cette belle partie du monde,
« la nature humaine souffriroit, au moins pour
« un temps, les insultes qu'on lui fait dans les trois
« autres. » Que d'instruction dans ces belles et prévoyantes paroles ! Elles rendent justice au siècle de nos aïeux ; elles prédisoient ce que nous avons souffert ; elles nous apprennent à user de notre heureuse délivrance. Les mœurs ne gouvernent plus l'Europe, les traditions se sont effacées, les usages ont disparu, l'opinion a tout changé (7). Sur le débris de ces mœurs, de ces coutumes dont le retour deviendroit la plus difficile de toutes les innovations, et qui ne seroient plus assez puissantes pour tenir la place des lois, il faut donc élever les lois elles-mêmes.

Cette pensée n'a pas été comprise, lorsqu'on vouloit tout détruire ; elle avoit offensé ceux qui vouloient tout conserver. S'il peut arriver un temps où les esprits plus calmes cherchent à relever l'ordre social, n'écouteront-ils pas celui qui ne fut entendu ni par le préjugé ni par la fureur? Le système monarchique expliqué par Montesquieu a changé de forme, et toutes les idées de ce grand homme, plus fortes qu'une seule de ses opinions, combattent les institutions dont il a défendu l'existence, mais qui ne peuvent renaître. Il reste d'autres lois qui ont aussi l'autorité de son génie, lois qui ne sont pas la propriété d'un seul peuple, et qui, modifiées par les temps et les lieux, serviront désormais de fondement à toute liberté sociale. Oui sans doute, lorsque Montesquieu traçoit avec de si fortes couleurs le tableau d'un peuple libre, après tant de calamités et de discordes, il instruisoit tous les peuples à profiter de leurs révolutions; et il donnoit d'avance le remède à des maux qu'il n'avoit point préparés.

Dans un ouvrage où sont traités les intérêts du genre humain, on craindroit presque de remarquer ces beautés qui parlent sourtout à l'imagination du lecteur, et servent à la gloire de l'écrivain; et cependant, sans compter ce noble et ravissant plaisir qu'elles donnent à la pensée, on doit avouer qu'elles ont rendu plus intéressant et plus populaire le livre qui renferme tant de sérieuses vérités. Il faut reconnoître partout le pouvoir de l'éloquence. Vainement l'interprète des lois a-t-il montré que les hommes ne doivent pas se charger des offenses de Dieu, de peur que, devenant cruels par piété, ils ne soient tentés d'ordonner des supplices infinis, comme celui qu'ils prétendent venger. Quelle que soit la sublimité du raisonnement, l'âme n'est pas entraînée, et la superstition peut lutter encore; mais lorsque auprès du bûcher de la jeune Israélite, une voix s'élève, et s'adressant aux persécuteurs, leur dit, avec une naïveté pleine de force : « Vous voulez que nous « soyons chrétiens, et vous ne voulez pas l'être; « si vous ne voulez pas être chrétiens, soyez au « moins des hommes. » Lorsque cette voix éloquente unit le raisonnement au pathétique, et le sublime à la simplicité, on reste frappé de conviction et de douleur, et l'on sent que jamais plus beau plaidoyer ne fut prononcé en faveur de l'humanité. Montesquieu a compris qu'il avait besoin de reposer les yeux qui suivoient la hauteur et l'immensité de son vol dans les régions d'une politique abstraite. Les points d'appui qu'il présente à son lecteur, c'est Alexandre ou Charlemagne; à ces grands noms, à ces grands sujets, il redevient un moment sublime pour ranimer l'attention épuisée par tant de recherches savantes et de pensées profondes: puis il reprend le style impartial et sévère des lois. Aucun ouvrage ne présente une plus admirable variété; aucun ouvrage n'est plus rempli, plus animé de cette éloquence intérieuré, qui ne se révèle point par l'apprêt des mouvemens et des figures, mais qui donne aux pensées la vie et l'immortalité. Le seul reproche qu'on puisse faire à l'auteur, c'est d'avoir quelquefois cherché des diversions trop ingénieuses, comme s'il eût douté de l'intérêt attaché à la seule grandeur de ses pensées.

Faut-il parler de Montesquieu lui-même, lorsque le temps et l'admiration ne peuvent suffire à l'examen de ses écrits ? Que dire des grâces de son esprit à ceux qui ont lu ses ouvrages ? La simplicité piquante, la malice ingénieuse de sa conversation ne se retrouve-t-elle pas dans la défense qu'il fut obligé d'opposer aux détracteurs de son plus bel ouvrage ? Et toutes ses vertus ne sont-elles pas renfermées dans une anecdote touchante, aussi connue que sa gloire ? Ce qui reste de lui, après les œuvres de son génie, c'est leur immortelle influence : la reconnoître et la proclamer, ce seroit moins achever l'éloge de Montesquieu, qu'entreprendre le tableau de l'Europe.

Oui, sans doute, ce beau système qui, suivant Montesquieu, fut trouvé dans les bois de la Germanie, appartient à tous les peuples, qui sortirent, il y a quinze siècles, de ces forêts, aujourd'hui changées en royaumes florissans. Il est un des plus fermes remparts contre la barbarie ; il est la sauvegarde de l'Europe. De grands périls sembloient la menacer ; on a pu quelquefois être tenté de croire qu'elle touchoit à cette époque fatale qui termine les destinées des peuples, et ramène sur la terre de longs intervalles de barbarie, d'où renaît lentement une civilisation nouvelle ; mais cette première terreur se dissipe. L'Europe ne ressemble pas à l'empire romain. Les lumières plus grandes sont aussi plus communes : l'Europe les a distribuées dans l'univers. Partout sont des colonies qui nous renverroient la civilisation que nous leur avons transmise. L'Amérique est peuplée de nos arts. Nos arts eux-mêmes sont défendus par une invention qui ne leur permet pas de périr : une seule découverte a garanti toutes les autres. La corruption peut s'accroître ; le renouvellement du monde paroît impossible. De quel point de la terre partiroit la fausse lumière d'une religion nouvelle ? Quelle puissance prétendroit nous apporter d'autres idées ? Nous pouvons nous égarer ; mais qui pourroit nous instruire ? Ainsi l'Europe entière suivra la route qu'elle a prise ; il surviendra des guerres, il passera des révolutions ; tous les malheurs sont possibles, excepté la barbarie. Cependant on cherchera toujours la liberté par les lois. C'est une conquête que les arts et les lumières de l'Europe rendent inévitable, et qui paroît d'autant plus assurée, que chacun de nos malheurs nous en approche davantage. La France y sera conduite par la sagesse de son Roi; et l'ouvrage d'un Français, le livre impérissable de Montesquieu, sera compté parmi les monumens qui doivent la promettre et l'affermir.

NOTES

DE L'ÉLOGE DE MONTESQUIEU.

(1) PAGE 50.

« Un homme né chrétien et Français, se trouve contraint dans la sa-
« tire : les grands sujets lui sont défendus ; il les entame quelquefois, et
« se détourne ensuite sur de petites choses qu'il relève par la beauté de
« son génie et de son style. » La Bruyère, chap. Ier des ouvrages de l'Esprit.

Si on poussoit trop loin cette pensée, si on l'interprétoit avec la même rigueur que celle d'un auteur contemporain, on deviendroit injuste envers la Bruyère et le grand siècle où il a vécu. La Bruyère, faisant allusion à ses propres travaux, vouloit seulement expliquer par quel motif il bornoit aux détails de la vie, et aux ridicules privés, un talent d'observer et de peindre, qu'il auroit porté avec avantage sur les plus grands objets de l'ordre social. Louis XIV étoit monté sur le trône après des troubles civils, qui agitèrent l'état, sans jeter dans les esprits aucun principe de liberté, parce qu'ils ne tenoient qu'à des ambitions de cour, à des rivalités de pouvoir. Il se rendit la justice de croire qu'il sauroit par lui seul maintenir et élever la royauté. Comme le dit d'ailleurs la Bruyère, il fut lui-même *son principal ministre* : il reprit le rôle de Richelieu, et se montra seulement moins sévère, et plus généreux, parce qu'il n'étoit pas obligé de régner au nom d'un autre. La conduite des parlemens, sous Mazarin, avoit été si misérablement factieuse, qu'un roi jeune, habile, et bientôt victorieux, n'eut pas de peine à réduire au néant ces foibles barrières, et à réunir dans sa main le pouvoir absolu. Deux choses sauvèrent la France du despotisme : la magnanimité personnelle du monarque, et cet honneur, dont Montesquieu a fait le principe des monarchies ; honneur qui, nourri dans les heureux succès de la guerre, se fortifioit chaque jour avec la gloire du souverain, et arrêtoit ainsi la puissance arbitraire par ces victoires et ces triomphes mêmes qui servent ordinairement à l'augmenter. L'honneur fut donc sous Louis XIV le contre-poids du pouvoir.

Comme l'âme généreuse et la noble délicatesse de ce grand roi lui indiquoient toujours d'avance le point où il auroit rencontré cette barrière, il ne la heurta jamais, et il gouverna sans aucune apparence de contradiction et d'obstacle. Toutes les maximes du pouvoir absolu furent reçues et sanctifiées par la religion. Bossuet devint le publiciste du siècle de Louis XIV, comme il en étoit le prédicateur et le théologien. La politique de ce grand homme devoit être aussi impérieuse que la foi qu'il enseignoit. Son ardente imagination se laissoit ravir d'enthousiasme pour la splendeur du trône et du monarque; et son génie vaste ne pouvoit concevoir que dans l'exercice absolu d'une immense domination quelque chose d'égal à sa force, qu'il prenoit involontairement pour mesure de la force d'un roi. Ainsi, tandis que dans une île voisine, de factieux sectaires, par une interprétation perverse des saintes écritures, etablissoient la haine de toute primauté politique et religieuse, et ce qu'ils appeloient l'égalité primitive des hommes, Bossuet puisoit également dans les saintes écritures les maximes d'un pouvoir aussi absolu que les décisions de l'église : et ses leçons mêmes, données au nom de la religion, sembloient agrandir et consacrer les rois qui, ne pouvant être punis que par Dieu, n'etoient avertis que par ses ministres.

On n'a peut-être point assez remarqué l'influence de Bossuet sur l'esprit de son siècle. Cet homme, par ses doctrines, son caractère et son génie, étoit singulièrement propre à seconder le règne de Louis-le-Grand. Ce dedain qu'il exprimoit pour les vaines disputes des politiques ; cette hauteur de raison avec laquelle il abattoit les pensées de l'orgueil humain; cette habitude de ne rien voir d'important pour les hommes que la religion; cette autorité menaçante qui écrasoit à la fois les opinions théologiques et les raisonnemens républicains des protestans, de manière à rendre toujours la liberté complice de l'hérésie, tout, dans Bossuet, devoit servir à l'affermissement du pouvoir absolu, et éloigner les esprits de la discussion des intérêts civils. Cette disposition préparée par beaucoup de circonstances devint générale; et le siècle le plus rempli de l'esprit littéraire de l'antiquité parut en même temps le plus indifférent pour les maximes de liberté, qui, dans l'antiquité, sont inséparables de toute littérature. Le progrès rapide des arts, les créations multipliées du génie, présentoient d'ailleurs aux esprits une occupation enivrante et glorieuse, qui peut-être a besoin d'être exclusive, et qui ne pouvoit jamais contrarier un pouvoir absolu dont l'exercice etoit mêlé de grandeur et de honte. L'attention publique ne s'etoit point tournée vers ces sciences économiques, qui nécessairement conduisent aux idées de liberté, en inspirant l'envie de défendre des intérêts que l'on croit bien connoître. Enfin, cette portion d'independance, nécessaire à toute époque florissante, se retrouvoit dans les disputes religieuses où se jetèrent les plus grands esprits, et qui partageoient et passionnoient le public. Les Lettres provinciales offroient tout l'intérêt, tout le piquant, toute la hardiesse d'un pamphlet politique. Sans compter l'esprit, il y avoit alors plus de malice et de courage à désoler les jesuites, qu'il ne sera jamais possible d'en mettre à poursuivre des ministres. Les jansenistes formoient l'opposition, et la soutenoient par de grands noms, d'excellens écrits, d'illustres amitiés, et beaucoup de faveur populaire. L'indépendance de la pensée, ainsi concentrée, s'exerçoit, je le sais, sur des futilités, de vaines arguties. Mais l'indépendance tient moins à la grandeur des choses que l'on defend, qu'à la chaleur, à la publicité, à l'obstination avec laquelle il est permis de les défendre. On peut mettre la liberté partout, pourvu qu'on la conserve. Les controverses de Bossuet et de Fénelon, la résistance si longue et si visible d'une grande vertu persecutée, contre tout l'ascendant du pouvoir souverain, furent encore un heureux exemple d'independance. Voilà de ces traits qui distinguent la monarchie du despotisme. L'autorité, inaccessible dans son propre domaine, où l'on n'auroit pas même su l'attaquer, luttoit seulement pour des questions frivoles, agrandies par l'opinion; mais enfin elle connoissoit une résistance. Lorsque la raison et le temps ont fait disparoître ces premiers alimens offerts à l'activité des esprits, on a dû arriver à des questions plus sérieuses, à des interêts plus reels. On est sorti de la reserve dont se plaignoit la Bruyère : un homme né chrétien et Français a pu tout examiner et tout combattre. Que cette hardiesse ait produit du mal, elle n'en est pas moins un résultat obligé des circonstances ; elle nous a conduits à la nécessité invincible d'un gouvernement constitutionnel, elle a mis une des plus grandes forces de pouvoir dans cette liberté qui est un de ses périls.

(2) PAGE 56.

Montesquieu a dit que les anciens n'avoient pas une idée bien claire de la monarchie, « parce qu'ils ne connoissoient pas le gouvernement « fondé sur un corps de noblesse, et encore moins le gouvernement « fondé sur un corps législatif formé par les représentans d'une nation. » Cette seconde assertion est d'une exactitude rigoureuse. On a souvent cité le passage dans lequel Tacite parle de la réunion des trois elemens du pouvoir, comme d'une belle idée dont la réalité lui paroissoit impossible; et M. de Châteaubriand n'a pas craint d'avancer que, « chez « les modernes, le système représentatif étoit au nombre de ces trois ou « quatre grandes découvertes qui ont créé un autre univers. » Cependant on se feroit une fausse idée de l'antiquité, si l'on supposoit qu'elle n'a connu que la république ou la tyrannie. Aristote, dans ses ouvrages politiques, et même dans sa rhétorique, a parfaitement distingué la royauté de la tyrannie. Il est vrai qu'il établit cette différence plutôt par le caractère des princes et par la force des mœurs, que par des institutions fixes et reglees. L'antiquité, en reconnoissant la monarchie héréditaire et tempérée, n'a jamais essayé de mettre en pratique cette distinction de trois principes qui se mêlent et se modifient dans un seul gouvernement. Cependant on trouve dans les écrivains grecs de belles idées sur la nature du pouvoir monarchique. Les philosophes de la grande Grèce s'étoient particulièrement occupés de cette question; comme Fenelon, ils s'adressoient surtout à l'âme des rois. Ils faisoient de la royauté une sorte de providence terrestre qui devoit suppleer à l'imperfection et à l'imprévoyance des hommes. Ces idées étoient prises sur le modèle de la puissance paternelle, ennoblie par une bienfaisance plus étendue et par une sorte de vocation divine.

M. Hume, dans un de ses traités, a réuni toutes les vengeances, tous les meurtres, toutes les proscriptions, tous les supplices qui souillerent le plus bel âge des républiques de la Grèce : et ce calcul confond l'imagination et fait frémir l'humanité. On conçoit sans peine que des esprits calmes et doux, témoins de tant de crimes produits et excusés par les passions de la liberté, aient vu dans la force d'une autorité tutélaire la perfection idéale de la société, et que la philosophie ait réclamé dans l'antiquité l'ordre et le repos, comme elle demandoit parmi nous l'indépendance. D'ailleurs, depuis l'axiome vulgaire de Platon, la philosophie se croyoit intéressée au maintien des trônes dont elle devoit hériter tôt ou tard. Stobée nous a conservé des fragmens de trois traités sur la monarchie, composés par des philosophes de l'école italique. Tous ces morceaux respirent la sublimité morale que l'on remarque dans Platon. Je n'en citerai qu'un seul, tiré de Sthenida, pythagoricien. Je le traduis avec une rigoureuse fidélité.

« Un roi doit être un sage : à ce prix seulement il sera vénérable et
« paroîtra l'émule de Dieu lui-même. L'un est le premier roi, le premier
« maître : l'autre le devient par naissance et par imitation. L'un com-
« mande partout, l'autre sur la terre; l'un règne et vit toujours, pos-
« sédant la sagesse en lui-même; l'autre n'a qu'une science passagère. Il
« imitera surtout Dieu, s'il est facile, magnanime, satisfait de peu de
« chose pour lui-même, tandis qu'il montre à ses sujets une âme pater-
« nelle. En effet, si Dieu est regardé comme le père des dieux, comme
« le père des hommes, c'est particulièrement à cause de sa douceur pour
« tout ce qui respire sous sa loi, c'est parce que jamais il ne se lasse et ne
« néglige son empire, c'est parce qu'il ne lui a pas suffi d'être le créateur
« de l'univers, s'il n'étoit encore le nourricier de toutes les créatures,
« le précepteur de toutes les vérités, et le législateur impartial du genre
« humain. Tel doit paroître le mortel destiné à commander sur la terre
« et parmi les hommes, le roi. Rien n'est beau sans doute hors de la
« royauté, et dans l'anarchie; mais sans la sagesse et la science, il ne
« peut exister ni roi ni pouvoir. L'imitateur véritable, le ministre légitime
« de Dieu, c'est un sage sur le trône. » S*obée. Pag. 332.

(3) PAGE 56.

On a voulu faire de Fenelon un politique rêveur et dangereux. J'avoue qu'il m'est impossible de concevoir quelle espèce de danger pouvoient offrir ces belles imaginations de justice, de sagesse et de bonheur qui, dans le Télémaque, s'accordent avec toutes les formes de gouvernement, et se réalisent presque toujours par les vertus d'un bon roi. Sans doute Fénélon ne partageoit pas les idées politiques de Bossuet, chacun de ces deux grands hommes portoit dans ses systèmes l'empreinte de son caractère. Fénelon, plein de douceur et d'insinuation, auroit souhaité que l'unité du pouvoir absolu souffrît quelques tempéramens salutaires au peuple. Dans ses Directions pour la conscience d'un roi, ouvrage d'une politique sublime autant que d'une religion éclairée, il dit, en s'adressant au dauphin : « Vous savez qu'autrefois le roi ne prenoit jamais rien « sur ses peuples par sa seule autorité; c'étoit le parlement, c'est-à-dire « l'assemblée de la nation, qui lui accordoit les fonds nécessaires. « Qui est-ce qui a changé cet ordre, sinon l'autorité absolue que « les rois ont prise ? » Plus tard, lorsque les maux de la France firent douter qu'il y eût assez de force dans la main seule de Louis XIV pour sauver l'état, Fénelon proposa l'usage de ces assemblées, dont il avoit regretté la perte dans les jours les plus glorieux de la monarchie. Ce ne sont plus ici les spéculations d'un cœur vertueux. Fénelon s'arrête à des idées précises ; il veut que la nation soit appelée à se défendre elle-même, et pour cela, il n'a point recours à l'ancienne et unique représentation de la noblesse et du clergé. Il demande un choix de notables dans les classes industrieuses de la société. Cette politique étoit sage, étoit noble : il faut admirer Louis XIV d'avoir pu s'en passer. Ce grand roi connut bien alors le principe de la monarchie qu'il avoit créée : en donnant lui-même l'exemple de l'héroïsme, il ne s'adressa qu'à l'honneur, et il sauva la France. Ces illusions ne sont ni de tous les peuples ni de tous les temps.

(4) PAGE 59.

Cette fatalité, qui ne permet pas aux idées humaines de rester à la même place, soit qu'elles doivent avancer ou s'égarer, m'a paru supérieurement exprimée dans un passage que je vais citer. Il est tiré de l'ouvrage de M. de Barante, sur la littérature du dix-huitième siècle, ouvrage plein de bon sens, d'esprit et d'originalité, et qui renferme assez de vues et d'idées pour défrayer une vingtaine de nos discours académiques.

« C'étoit surtout par la marche des opinions humaines et par les pro-
« ductions de l'esprit que le dix-huitième siècle avoit été remarquable.
« Les contemporains eux-mêmes s'étoient fort enorgueillis de ce dévelop-
« pement de l'esprit humain, et en avoient fait le principal caractère de
« l'époque où ils vivoient.

« Aussi c'est contre les opinions françaises du dix-huitième siècle, et
« surtout contre les écrits où elles sont déposées, que l'accusation a été
« portée. Parmi les accusateurs, quelques-uns, se laissant emporter par
« un esprit d'exagération et d'animosité, sont tombés, ce nous semble,

« dans une erreur remarquable. Isolant ce dix-huitième siècle de tous les
« autres siècles, ils le regardent comme une époque maudite, où un génie
« malfaisant a inspiré aux écrivains des opinions qu'ils ont répandues
« parmi le peuple. On diroit, à les entendre, que, sans les livres de ces
« écrivains, tout seroit encore au même état que dans le dix-septième
« siècle; comme si un siècle pouvoit transmettre à son successeur l'héri-
« tage de l'esprit humain tel qu'il l'a reçu de son devancier. Mais il n'en
« est pas ainsi. Les opinions ont une marche nécessaire : de la réunion
« des hommes en nation, de leur communication habituelle, naît une
« certaine progression de sentimens, d'idées, de raisonnemens, que rien
« ne peut suspendre. C'est ce qu'on nomme la marche de la civilisation;
« elle amène tantôt des époques paisibles et vertueuses, tantôt crimi-
« nelles et agitées; quelquefois la gloire, d'autres fois l'opprobre ; et
« suivant que la Providence nous a jetés dans un temps ou dans un
« autre, nous recueillons le bonheur ou le malheur attaché à l'époque
« où nous vivons. Nos goûts, nos opinions, nos impressions habituelles,
« en dépendent en grande partie : nulle chose ne peut soustraire la so-
« ciété à cette variation progressive. Dans cette histoire des opinions
« humaines, toutes les circonstances sont enchaînées de manière qu'il
« est impossible de dire laquelle pouvoit ne pas résulter nécessairement
« de la précédente. »

Je ne crois pas qu'on ait rien écrit de plus instructif et de plus sage
sur le dix-huitième siècle, et mieux expliqué la littérature par la connoissance des hommes.

(5) PAGE 77.

On a beaucoup attaqué cette vertu que Montesquieu donnoit pour
attribut aux républiques. Il est manifeste qu'il s'agit moins ici de la vertu
morale que d'une vertu politique, dans laquelle il entre cependant plusieurs vertus privées. C'est le principe que Bossuet a reconnu et défini
sous un autre nom d'une manière admirable. « Le mot de civilité ne
« signifioit pas seulement parmi les Grecs la douceur et la déférence
« mutuelle qui rend les hommes sociables. L'homme civil n'étoit qu'un
« bon citoyen qui se regarde toujours comme membre de l'état, qui se
« laisse conduire par les lois, et conspire avec elles au bien public, sans
« rien entreprendre sur personne. »

(6) PAGE 92.

Quelquefois on demande : Qu'est-ce que le système représentatif? La réponse est fort simple, le système représentatif entre dans tous les gouvernemens qui admettent des assemblées délibérantes. Mais l'emploi de ces assemblées peut être plus ou moins heureusement ordonné. L'existence de deux assemblées, l'une héréditaire et aristocratique, l'autre élective et populaire, semble, par le raisonnement comme par l'exemple, offrir la meilleure combinaison. Voilà jusqu'à présent le système représentatif dans la perfection de sa forme. Il y a loin sans doute de cette perfection extérieure à la perfection de fait ; mille causes peuvent l'arrêter : l'éloquent auteur des Réflexions politiques, M. de Châteaubriand, a prévu et discuté la plupart de ces causes réelles ou possibles. Les événemens extraordinaires survenus depuis deux ans n'ont rien changé à la vérité de ces observations ; et l'admirable vivacité de son langage a donné un nouveau caractère de durée à des idées que le bon sens seul rendroit éternelles. « La vieille monarchie ne vit plus pour nous que dans
« l'histoire, comme l'oriflamme que l'on voyoit encore toute poudreuse
« dans le trésor de Saint-Denis, sous Henri IV. Le brave Crillon pouvoit
« toucher avec attendrissement et respect ce témoin de notre ancienne
« valeur; mais il servoit sous la cornette blanche, triomphante aux
« plaines d'Ivry, et il ne demandoit point qu'on allât prendre au milieu
« des tombeaux l'étendard des champs de Bouvines. »

M. de Châteaubriand avoit également reconnu la marche générale de l'Europe vers l'ordre constitutionnel. Dans ce mouvement commun il voyoit une nécessité et une garantie pour chaque état. On a depuis voulu affoiblir l'autorité de ces idées, auxquelles un grand écrivain avoit prêté toute la puissance de son éloquence et de son nom. Comme M. de Châteaubriand s'étoit quelquefois mépris sur les hommes, ce qui étoit inévitable, on a voulu reporter cette erreur sur le fond même des doctrines, et sur les principes : ces principes demeurent ce qu'ils étoient. Le progrès des arts utiles à la vie, la facile communication des peuples, le partage plus égal des connoissances et des lumières, l'imprimerie, voilà les causes qui justifient ces principes : ils ne pouvoient rencontrer d'obstacle que dans le plus horrible fléau de la société, la tyrannie militaire. C'est un bienfait pour l'Europe, que ces idées de liberté se trouvent si puissantes à l'époque même où la force des armes a pris partout un prodigieux accroissement. Dans l'état présent des choses, l'Europe n'aura jamais que des gouvernemens constitutionnels ou des gouvernemens militaires; et comme l'usurpation ne pourroit s'élever que par la force des armes, elle est essentiellement ennemie de toute constitution et de toute liberté. Ce sont les souverains héréditaires, les souverains légitimes, qui seuls peuvent établir la liberté, surtout dans les grands états où toute révolution ne sauroit arriver que par l'emploi de la force militaire, qui n'enfantera jamais qu'un pouvoir violent comme elle : ainsi les maximes de la liberté se confondent avec les intérêts des rois. Ces maximes ne sont plus, aujourd'hui, la suite de la révolution; elles sont nées de nouveau, pour ainsi dire, de l'horreur du despotisme impérial, elles ont en leur faveur l'exemple de dix ans de tyrannie; aussi sont-elles chères à des hommes qui n'ont jamais connu les premières théories de la révolution.

(7) PAGE 93.

En célébrant la loyauté chevaleresque de nos vieux temps, M. de Châteaubriand a marqué mieux que personne cette puissance des idées nouvelles, cette ruine irréparable des anciennes mœurs, des anciens priviléges. « L'esprit du siècle, dit-il, a pénétré de toutes parts; il est entré « dans les têtes, et jusque dans les cœurs de ceux qui s'en croient le « moins entachés. » M. de Châteaubriand expose partout cette vérité avec une justesse, une force, et quelquefois une expression de regret qui en augmente encore l'évidence; de cette vérité résulte le bienfait de l'ordre constitutionnel, établi par un monarque dont la modération est à la fois une grande vertu de cœur, et une rare supériorité de sagesse.

Il falloit à la France une loi de liberté qui pût satisfaire les idées et les espérances du siècle; il falloit une transaction solennelle qui garantît les intérêts nouveaux : le Roi a donné cette Charte, désormais inséparable de la monarchie légitime; plus elle sera puissante, plus la monarchie elle-même s'affermira. L'inviolabilité de la loi ajoute encore à celle du trône; et tel est l'avantage de la stabilité, que même, appliquée à des institutions de liberté, elle est utile au pouvoir.

FIN DES NOTES.

CONSIDÉRATIONS

SUR

LES CAUSES DE LA GRANDEUR

DES ROMAINS

ET DE LEUR DÉCADENCE.

CONSIDÉRATIONS

SUR

LES CAUSES DE LA GRANDEUR

DES ROMAINS

ET DE LEUR DÉCADENCE.

CHAPITRE I.

1. Commencemens de Rome. 2. Ses guerres.

Il ne faut pas prendre de la ville de Rome, dans ses commencemens, l'idée que nous donnent les villes que nous voyons aujourd'hui, à moins que ce ne soient celles de la Crimée, faites pour renfermer le butin, les bestiaux, et les fruits de la campagne. Les noms anciens des principaux lieux de Rome ont tous du rapport à cet usage.

La ville n'avoit pas même de rues, si l'on appelle de ce nom la continuation des chemins qui y aboutissoient. Les maisons étoient placées sans ordre, et très-petites; car les hommes, toujours au travail, ou dans la place publique, ne se tenoient guère dans les maisons.

Mais la grandeur de Rome parut bientôt dans

ses édifices publics. Les ouvrages qui ont donné, et qui donnent encore aujourd'hui la plus haute idée de sa puissance, ont été faits sous les rois [1]. On commençoit déjà à bâtir la ville éternelle.

Romulus et ses successeurs furent presque toujours en guerre avec leurs voisins pour avoir des citoyens, des femmes, ou des terres : ils revenoient dans la ville avec les dépouilles des peuples vaincus ; c'étoient des gerbes de blé et des troupeaux : cela y causoit une grande joie. Voilà l'origine des triomphes qui furent dans la suite la principale cause des grandeurs où cette ville parvint.

Rome accrut beaucoup ses forces par son union avec les Sabins, peuples durs et belliqueux comme les Lacédémoniens, dont ils étoient descendus. Romulus prit leur bouclier, qui étoit large, au lieu du petit bouclier argien dont il s'étoit servi jusqu'alors [2]. Et on doit remarquer que ce qui a le plus contribué à rendre les Romains les maîtres du monde, c'est qu'ayant combattu successivement contre tous les peuples, ils ont toujours renoncé à leurs usages sitôt qu'ils en ont trouvé de meilleurs.

On pensoit alors dans les républiques d'Italie

[1] Voyez l'étonnement de Denys d'Halicarnasse sur les égouts faits par Tarquin. *Ant. rom.* lib. III, pag. 144, édit. Bas., an 1549. Ils subsistent encore.

[2] Plutarque, Vie de Romulus.

que les traités qu'elles avoient faits avec un roi ne les obligeoient point envers son successeur ; c'étoit pour elles une espèce de droit des gens [1] : ainsi tout ce qui avoit été soumis par un roi de Rome se prétendoit libre sous un autre, et les guerres naissoient toujours des guerres.

Le règne de Numa, long et pacifique, étoit très-propre à laisser Rome dans sa médiocrité ; et, si elle eût eu dans ce temps-là un territoire moins borné et une puissance plus grande, il y a apparence que sa fortune eût été fixée pour jamais.

Une des causes de sa prospérité, c'est que ses rois furent tous de grands personnages. On ne trouve point ailleurs, dans les histoires, une suite non interrompue de tels hommes d'état et de tels capitaines.

Dans la naissance des sociétés ce sont les chefs des républiques qui font l'institution ; et c'est ensuite l'institution qui forme les chefs des républiques.

Tarquin prit la couronne sans être élu par le sénat ni par le peuple [2]. Le pouvoir devenoit héréditaire ; il le rendit absolu. Ces deux révolutions furent bientôt suivies d'une troisième.

---

[1] Cela paroît par toute l'histoire des rois de Rome.

[2] Le sénat nommoit un magistrat de l'interrègne qui élisoit le roi : cette élection devoit être confirmée par le peuple. Voyez Denys d'Halicarnasse, liv. II, III et IV.

Son fils Sextus, en violant Lucrèce, fit une chose qui a presque toujours fait chasser les tyrans d'une ville où ils ont commandé : car le peuple, à qui une action pareille fait si bien sentir sa servitude, prend d'abord une résolution extrême.

Un peuple peut aisément souffrir qu'on exige de lui de nouveaux tributs ; il ne sait pas s'il ne retirera point quelque utilité de l'emploi qu'on fera de l'argent qu'on lui demande : mais, quand on lui fait un affront, il ne sent que son malheur, et il y ajoute l'idée de tous les maux qui sont possibles.

Il est pourtant vrai que la mort de Lucrèce ne fut que l'occasion de la révolution qui arriva : car un peuple fier, entreprenant, hardi, et renfermé dans des murailles, doit nécessairement secouer le joug, ou adoucir ses mœurs.

Il devoit arriver de deux choses l'une ; ou que Rome changeroit son gouvernement, ou qu'elle resteroit une petite et pauvre monarchie.

L'histoire moderne nous fournit un exemple de ce qui arriva pour lors à Rome; et ceci est bien remarquable : car, comme les hommes ont eu dans tous les temps les mêmes passions, les occasions qui produisent les grands changemens sont différentes, mais les causes sont toujours les mêmes.

Comme Henri VII, roi d'Angleterre, augmenta le pouvoir des communes pour avilir les grands,

Servius Tullius, avant lui, avoit étendu les priviléges du peuple pour abaisser le sénat [1]. Mais le peuple, devenu d'abord plus hardi, renversa l'une et l'autre monarchie.

Le portrait de Tarquin n'a point été flatté ; son nom n'a échappé à aucun des orateurs qui ont eu à parler contre la tyrannie : mais sa conduite avant son malheur, que l'on voit qu'il prévoyoit ; sa douceur pour les peuples vaincus ; sa libéralité envers les soldats ; cet art qu'il eut d'intéresser tant de gens à sa conservation ; ses ouvrages publics ; son courage à la guerre ; sa constance dans son malheur ; une guerre de vingt ans, qu'il fit ou qu'il fit faire au peuple romain, sans royaume et sans biens ; ses continuelles ressources, font bien voir que ce n'étoit pas un homme méprisable.

Les places que la postérité donne sont sujettes, comme les autres, aux caprices de la fortune. Malheur à la réputation de tout prince qui est opprimé par un parti qui devient le dominant, ou qui a tenté de détruire un préjugé qui lui survit !

Rome, ayant chassé les rois, établit des consuls annuels ; c'est encore ce qui la porta à ce haut degré de puissance. Les princes ont dans leur vie des périodes d'ambition ; après quoi, d'autres passions, et l'oisiveté même, succèdent : mais la ré-

---

[1] Voyez Zonare, et Denys d'Halicarnasse, liv. IV.

publique ayant des chefs qui changeoient tous les ans, et qui chèrchoient à signaler leur magistrature pour en obtenir de nouvelles, il n'y avoit pas un moment de perdu pour l'ambition; ils engageoient le sénat à proposer au peuple la guerre, et lui montroient tous les jours de nouveaux ennemis.

Ce corps y étoit déjà assez porté de lui-même; car, étant fatigué sans cesse par les plaintes et les demandes du peuple, il cherchoit à le distraire de ses inquiétudes, et à l'occuper au dehors ¹.

Or, la guerre étoit presque toujours agréable au peuple, parce que, par la sage distribution du butin, on avoit trouvé le moyen de la lui rendre utile.

Rome étant une ville sans commerce, et presque sans arts, le pillage étoit le seul moyen que les particuliers eussent pour s'enrichir.

On avoit donc mis de la discipline dans la manière de piller, et on y observoit à peu près le même ordre qui se pratique aujourd'hui chez les petits Tartares.

Le butin étoit mis en commun ², et on le distribuoit aux soldats : rien n'étoit perdu, parce que, avant de partir, chacun avoit juré qu'il ne détour-

---

¹ D'ailleurs l'autorité du sénat étoit moins bornée dans les affaires du dehors que dans celles de la ville.

² Voyez Polybe, liv. X, chap. XVI.

neroit rien à son profit. Or, les Romains étoient le peuple du monde le plus religieux sur le serment, qui fut toujours le nerf de leur discipline militaire.

Enfin les citoyens qui restoient dans la ville jouissoient aussi des fruits de la victoire. On confisquoit une partie des terres du peuple vaincu, dont on faisoit deux parts : l'une se vendoit au profit du public ; l'autre étoit distribuée aux pauvres citoyens, sous la charge d'une rente en faveur de la république.

Les consuls, ne pouvant obtenir l'honneur du triomphe que par une conquête ou une victoire, faisoient la guerre avec une impétuosité extrême : on alloit droit à l'ennemi, et la force décidoit d'abord.

Rome étoit donc dans une guerre éternelle et toujours violente : or, une nation toujours en guerre, et par principe de gouvernement, devoit nécessairement périr, ou venir à bout de toutes les autres, qui, tantôt en guerre, tantôt en paix, n'étoient jamais si propres à attaquer, ni si préparées à se défendre.

Par-là les Romains acquirent une profonde connaissance de l'art militaire. Dans les guerres passagères, la plupart des exemples sont perdus ; la paix donne d'autres idées, et on oublie ses fautes, et ses vertus mêmes.

Une autre suite du principe de la guerre continuelle fut que les Romains ne firent jamais la paix que vainqueurs : en effet, à quoi bon faire une paix honteuse avec un peuple pour en aller attaquer un autre ?

Dans cette idée, ils augmentoient toujours leurs prétentions à mesure de leurs défaites : par-là ils consternoient les vainqueurs, et s'imposoient à eux-mêmes une plus grande nécessité de vaincre.

Toujours exposés aux plus affreuses vengeances, la constance et la valeur leur devinrent nécessaires; et ces vertus ne purent être distinguées chez eux de l'amour de soi-même, de sa famille, de sa patrie, et de tout ce qu'il y a de plus cher parmi les hommes.

Les peuples d'Italie n'avoient aucun usage des machines propres à faire les siéges [1]; et, de plus, les soldats n'ayant point de paye, on ne pouvoit pas les retenir long-temps devant une place : ainsi peu de leurs guerres étoient décisives. On se battoit pour avoir le pillage du camp ennemi ou de ses terres; après quoi le vainqueur et le vaincu

---

[1] Denys d'Halicarnasse le dit formellement, liv. IX; et cela paroît par l'histoire. Ils ne savoient point faire de galeries pour se mettre à couvert des assiégés. Ils tâchoient de prendre les villes par escalade. Éphorus a écrit qu'Artémon, ingénieur, inventa les grosses machines pour battre les plus fortes murailles. Périclès s'en servit le premier au siége de Samos, dit Plutarque, Vie de Périclès.

se retiroient chacun dans sa ville. C'est ce qui fit la résistance des peuples d'Italie, et en même temps l'opiniâtreté des Romains à les subjuguer; c'est ce qui donna à ceux-ci des victoires qui ne les corrompirent point, et qui leur laissèrent toute leur pauvreté.

S'ils avoient rapidement conquis toutes les villes voisines, ils se seroient trouvés dans la décadence à l'arrivée de Pyrrhus, des Gaulois, et d'Annibal; et, par la destinée de presque tous les états du monde, ils auroient passé trop vite de la pauvreté aux richesses, et des richesses à la corruption.

Mais Rome, faisant toujours des efforts, et trouvant toujours des obstacles, faisoit sentir sa puissance sans pouvoir l'étendre, et, dans une circonférence très-petite, elle s'exerçoit à des vertus qui devoient être si fatales à l'univers.

Tous les peuples d'Italie n'étoient pas également belliqueux : les Toscans étoient amollis par leurs richesses et par leur luxe; les Tarentins, les Capouans, presque toutes les villes de la Campanie et de la grande Grèce, languissoient dans l'oisiveté et dans les plaisirs : mais les Latins, les Herniques, les Sabins, les Eques, et les Volsques, aimoient passionnément la guerre; ils étoient autour de Rome; ils lui firent une résistance inconcevable, et furent ses maîtres en fait d'opiniâtreté.

Les villes latines étoient des colonies d'Albe, qui furent fondées par Latinus Sylvius[1]. Outre une origine commune avec les Romains, elles avoient encore des rites communs; et Servius Tullius[2] les avoit engagées à faire bâtir un temple dans Rome pour être le centre de l'union des deux peuples. Ayant perdu une grande bataille auprès du lac Régille, elles furent soumises à une alliance et une société de guerres avec les Romains[3].

On vit manifestement, pendant le peu de temps que dura la tyrannie des décemvirs, à quel point l'agrandissement de Rome dépendoit de sa liberté. L'état sembla avoir perdu l'âme qui le faisoit mouvoir[4].

Il n'y eut plus dans la ville que deux sortes de gens : ceux qui souffroient la servitude, et ceux qui, pour leurs intérêts particuliers, cherchoient à la faire souffrir. Les sénateurs se retirèrent de Rome comme d'une ville étrangère ; et les peuples voisins ne trouvèrent de résistance nulle part.

---

[1] Comme on le voit dans le traité intitulé : *Origo gentis romanæ*, qu'on croit être d'Aurelius Victor, chap. XVII.

[2] Denys d'Halicarnasse, liv. IV.

[3] Voyez dans Denys d'Halicarnasse, liv. IV, un des traités faits avec eux.

[4] Sous prétexte de donner au peuple des lois écrites, ils se saisirent du gouvernement. Voyez Denys d'Halicarnasse, liv. XI, page 480 et suiv.

Le sénat ayant eu le moyen de donner une paye aux soldats, le siége de Véies fut entrepris : il dura dix ans. On vit un nouvel art chez les Romains, et une autre manière de faire la guerre ; leurs succès furent plus éclatans ; ils profitèrent mieux de leurs victoires ; ils firent de plus grandes conquêtes ; ils envoyèrent plus de colonies : enfin la prise de Véies fut une espèce de révolution.

Mais les travaux ne furent pas moindres. S'ils portèrent de plus rudes coups aux Toscans, aux Eques, et aux Volsques, cela même fit que les Latins et les Herniques, leurs alliés, qui avoient les mêmes armes et la même discipline qu'eux, les abandonnèrent ; que des ligues se formèrent chez les Toscans ; et que les Samnites, les plus belliqueux de tous les peuples d'Italie, leur firent la guerre avec fureur.

Depuis l'établissement de la paye, le sénat ne distribua plus aux soldats les terres des peuples vaincus : il imposa d'autres conditions ; il les obligea, par exemple, de fournir à l'armée une solde pendant un certain temps, de lui donner du blé et des habits [1].

La prise de Rome par les Gaulois ne lui ôta rien de ses forces : l'armée, plus dissipée que vaincue,

---

[1] Voyez les traités qui furent faits.

se retira presque entière à Véies; le peuple se sauva dans les villes voisines, et l'incendie de la ville ne fut que l'incendie de quelques cabanes de pasteurs.

CHAPITRE II.

De l'art de la guerre chez les Romains.

Les Romains se destinant à la guerre, et la regardant comme le seul art, ils mirent tout leur esprit et toutes leurs pensées à le perfectionner. C'est sans doute un dieu, dit Végèce [1], qui leur inspira la légion.

Ils jugèrent qu'il falloit donner aux soldats de la légion des armes offensives et défensives plus fortes et plus pesantes que celles de quelque autre peuple que ce fût [2].

Mais, comme il y a des choses à faire dans la guerre dont un corps pesant n'est pas capable, ils voulurent que la légion contînt dans son sein une troupe légère qui pût en sortir pour engager le combat, et, si la nécessité l'exigeoit, s'y retirer;

---

[1] Livre II, chap. 1.

[2] Voyez dans Polybe, et dans Josèphe, *de Bello judaico*, lib. III, cap. IV, quelles étoient les armes du soldat romain. Il y a peu de différence, dit ce dernier, entre les chevaux chargés et les soldats romains. « Ils portent, dit Cicéron, leur nourriture pour plus de « quinze jours, tout ce qui est à leur usage, tout ce qu'il faut pour « se fortifier; et, à l'égard de leurs armes, ils n'en sont pas plus « embarrassés que de leurs mains. » *Tuscul.*, liv. II, page 200, édit. in-4°.

qu'elle eût encore de la cavalerie, des hommes de trait et des frondeurs, pour poursuivre les fuyards et achever la victoire; qu'elle fût défendue par toutes sortes de machines de guerre qu'elle traînoit avec elle; que chaque fois elle se retranchât, et fût, comme dit Végèce [1], une espèce de place de guerre.

Pour qu'ils pussent avoir des armes plus pesantes que celles des autres hommes, il falloit qu'ils se rendissent plus qu'hommes; c'est ce qu'ils firent par un travail continuel qui augmentoit leur force, et par des exercices qui leur donnoient de l'adresse, laquelle n'est autre chose qu'une juste dispensation des forces que l'on a.

Nous remarquons aujourd'hui que nos armées périssent beaucoup par le travail immodéré des soldats [2]; et cependant c'étoit par un travail immense que les Romains se conservoient. La raison en est, je crois, que leurs fatigues étoient continuelles; au lieu que nos soldats passent sans cesse d'un travail extrême à une extrême oisiveté; ce qui est la chose du monde la plus propre à les faire périr.

Il faut que je rapporte ici ce que les auteurs nous disent de l'éducation des soldats romains [3].

---

[1] Liv. II, chap. xxv.

[2] Surtout par le fouillement des terres.

[3] Voy. Végèce, liv. I. Voy. dans Tite-Live, liv. XXVI, chap. LI,

On les accoutumoit à aller le pas militaire, c'est-à-dire à faire en cinq heures vingt milles et quelquefois vingt-quatre. Pendant ces marches on leur faisoit porter des poids de soixante livres. On les entretenoit dans l'habitude de courir et de sauter tout armés : ils prenoient dans leurs exercices des épées, des javelots, des flèches, d'une pesanteur double des armes ordinaires, et ces exercices étoient continuels [1].

Ce n'étoit pas seulement dans le camp qu'étoit l'école militaire ; il y avoit dans la ville un lieu où les citoyens alloient s'exercer (c'étoit le champ de Mars). Après le travail, ils se jetoient dans le Tibre, pour s'entretenir dans l'habitude de nager, et nettoyer la poussière et la sueur [2].

Nous n'avons plus une juste idée des exercices du corps : un homme qui s'y applique trop nous paroît méprisable, par la raison que la plupart de ces exercices n'ont plus d'autre objet que les agrémens ; au lieu que, chez les anciens, tout, jusqu'à la danse, faisoit partie de l'art militaire.

les exercices que Scipion l'Africain faisoit faire aux soldats après la prise de Carthage la neuve. Marius, malgré sa vieillesse, alloit tous les jours au champ de Mars. Pompée, à l'âge de cinquante-huit ans, alloit combattre tout armé avec les jeunes gens ; il montoit à cheval, couroit à bride abattue, et lançoit ses javelots. Plutarque, Vie de Marius et de Pompée.

[1] Végèce, liv. I, chap. XI, XII, XIV.
[2] *Idem*, liv. I, chap. X.

Il est même arrivé, parmi nous, qu'une adresse trop recherchée dans l'usage des armes dont nous nous servons à la guerre est devenue ridicule, parce que, depuis l'introduction de la coutume des combats singuliers, l'escrime a été regardée comme la science des querelleurs ou des poltrons.

Ceux qui critiquent Homère de ce qu'il relève ordinairement dans ses héros la force, l'adresse ou l'agilité du corps, devroient trouver Salluste bien ridicule, qui loue Pompée « de ce qu'il cou-« roit, sautoit, et portoit un fardeau aussi bien « qu'homme de son temps [1]. »

Toutes les fois que les Romains se crurent en danger, ou qu'ils voulurent réparer quelque perte, ce fut une pratique constante chez eux d'affermir la discipline militaire. Ont-ils à faire la guerre aux Latins, peuples aussi aguerris qu'eux-mêmes; Manlius songe à augmenter la force du commandement, et fait mourir son fils, qui avoit vaincu sans son ordre. Sont-ils battus à Numance; Scipion Émilien les prive d'abord de tout ce qui les avoit amollis [2]. Les légions romaines ont-elles passé

---

[1] *Cum alacribus saltu, cum velocibus cursu, cum validis vecte certabat.* Fragment de Salluste rapporté par Végèce, liv. I, chap. IX.

[2] Il vendit toutes les bêtes de somme de l'armée, et fit porter à chaque soldat du blé pour trente jours, et sept pieux. *Somm. de Florus*, liv. LVII.

sous le joug en Numidie; Métellus répare cette honte dès qu'il leur a fait reprendre les institutions anciennes. Marius, pour battre les Cimbres et les Teutons, commence par détourner les fleuves; et Sylla fait si bien travailler les soldats de son armée effrayée de la guerre contre Mithridate, qu'ils lui demandent le combat comme la fin de leurs peines [1].

Publius Nasica, sans besoin, leur fit construire une armée navale. On craignoit plus l'oisiveté que les ennemis.

Aulu-Gelle [2] donne d'assez mauvaises raisons de la coutume des Romains de faire saigner les soldats qui avoient commis quelque faute : la vraie est que, la force étant la principale qualité du soldat, c'étoit le dégrader que de l'affoiblir.

Des hommes si endurcis étoient ordinairement sains. On ne remarque pas, dans les auteurs, que les armées romaines, qui faisoient la guerre en tant de climats, périssent beaucoup par les maladies; au lieu qu'il arrive presque continuellement aujourd'hui que des armées, sans avoir combattu, se fondent, pour ainsi dire, dans une campagne.

Parmi nous, les désertions sont fréquentes, parce que les soldats sont la plus vile partie de

[1] Frontin, Stratagèmes, liv. I, chap. xi et xx.
[2] Liv. X, chap. viii.

chaque nation, et qu'il n'y en a aucune qui ait ou qui croie avoir un certain avantage sur les autres. Chez les Romains, elles étoient plus rares : des soldats tirés du sein d'un peuple si fier, si orgueilleux, si sûr de commander aux autres, ne pouvoient guère penser à s'avilir jusqu'à cesser d'être Romains.

Comme leurs armées n'étoient pas nombreuses, il étoit aisé de pourvoir à leur subsistance; le chef pouvoit mieux les connoître, et voyoit plus aisément les fautes et les violations de la discipline.

La force de leurs exercices, les chemins admirables qu'ils avoient construits, les mettoient en état de faire des marches longues et rapides[1]. Leur présence inopinée glaçoit les esprits : ils se montroient surtout après un mauvais succès, dans le temps que leurs ennemis étoient dans cette négligence que donne la victoire.

Dans nos combats d'aujourd'hui un particulier n'a guère de confiance qu'en la multitude : mais chaque Romain, plus robuste et plus aguerri que son ennemi, comptoit toujours sur lui-même; il avoit naturellement du courage, c'est-à-dire de cette vertu qui est le sentiment de ses propres forces.

Leurs troupes étant toujours les mieux disci-

---

[1] Voyez surtout la défaite d'Asdrubal, et leur diligence contre Viriatus.

plinées, il étoit difficile que dans le combat le plus malheureux ils ne se ralliassent quelque part, ou que le désordre ne se mît quelque part chez les ennemis. Aussi les voit-on continuellement dans les histoires, quoique surmontés dans le commencement par le nombre ou par l'ardeur des ennemis, arracher enfin la victoire de leurs mains.

Leur principale attention étoit d'examiner en quoi leur ennemi pouvoit avoir de la supériorité sur eux, et d'abord ils y mettoient ordre. Ils s'accoutumèrent à voir le sang et les blessures dans les spectacles des gladiateurs, qu'ils prirent des Étrusques [1].

Les épées tranchantes des Gaulois [2], les éléphans de Pyrrhus, ne les surprirent qu'une fois. Ils suppléèrent à la foiblesse de leur cavalerie [3], d'abord en ôtant les brides des chevaux pour que l'impétuosité n'en pût être arrêtée, ensuite en y mêlant des vélites [4]. Quand ils eurent connu l'épée

[1] Fragment de Nicolas de Damas, liv. X, tiré d'Athénée, liv. IV, chap. XIII. Avant que les soldats partissent pour l'armée, on leur donnoit un combat de gladiateurs. Jules Capitolin, Vie de Maxime et de Balbin.

[2] Les Romains présentoient leurs javelots, qui recevoient les coups des épées gauloises, et les émoussoient.

[3] Elle fut encore meilleure que celle des petits peuples d'Italie. On la formoit des principaux citoyens, à qui le public entretenoit un cheval. Quand elle mettoit pied à terre, il n'y avoit point d'infanterie plus redoutable, et très-souvent elle déterminoit la victoire.

[4] C'étoient de jeunes hommes légèrement armés, et les plus

espagnole, ils quittèrent la leur [1]. Ils éludèrent la science des pilotes par l'invention d'une machine que Polybe nous a décrite. Enfin, comme dit Josèphe [2], la guerre étoit pour eux une méditation, la paix un exercice.

Si quelque nation tint de la nature ou de son institution quelque avantage particulier, ils en firent d'abord usage : ils n'oublièrent rien pour avoir des chevaux numides, des archers crétois, des frondeurs baléares, des vaisseaux rhodiens.

Enfin jamais, nation ne prépara la guerre avec tant de prudence, et ne la fit avec tant d'audace.

---

agiles de la légion, qui au moindre signal sautoient sur la croupe des chevaux, ou combattoient à pied. Valère Maxime, liv. II, chap. III, § 3; Tite-Live, liv. XXVI, chap. IV.

[1] Fragment de Polybe, rapporté par Suidas, au mot μάχαιρα.

[2] *De Bello judaico*, lib. III, cap. VI.

CHAPITRE III.

Comment les Romains purent s'agrandir.

Comme les peuples de l'Europe ont dans ces temps-ci à peu près les mêmes arts, les mêmes armes, la même discipline, et la même manière de faire la guerre, la prodigieuse fortune des Romains nous paroît inconcevable. D'ailleurs il y a aujourd'hui une telle disproportion dans la puissance, qu'il n'est pas possible qu'un petit état sorte par ses propres forces de l'abaissement où la Providence l'a mis.

Ceci demande qu'on y réfléchisse, sans quoi nous verrions des événemens sans les comprendre; et, ne sentant pas bien la différence des situations, nous croirions, en lisant l'histoire ancienne, voir d'autres hommes que nous.

Une expérience continuelle a pu faire connoître en Europe qu'un prince qui a un million de sujets ne peut, sans se détruire lui-même, entretenir plus de dix mille hommes de troupes : il n'y a donc que les grandes nations qui aient des armées.

Il n'en étoit pas de même dans les anciennes républiques; car cette proportion des soldats au reste du peuple, qui est aujourd'hui comme d'un à cent, y pouvoit être aisément comme d'un à huit.

Les fondateurs des anciennes républiques avaient également partagé les terres : cela seul faisoit un peuple puissant, c'est-à-dire une société bien réglée; cela faisoit aussi une bonne armée, chacun ayant un égal intérêt, et très-grand, à défendre sa patrie.

Quand les lois n'étoient plus rigidement observées, les choses revenoient au point où elles sont à présent parmi nous : l'avarice de quelques particuliers, et la prodigalité des autres, faisoient passer les fonds de terre dans peu de mains, et d'abord les arts s'introduisoient pour les besoins mutuels des riches et des pauvres. Cela faisoit qu'il n'y avoit presque plus de citoyens ni de soldats; car les fonds de terre, destinés auparavant à l'entretien de ces derniers, étoient employés à celui des esclaves et des artisans, instrumens du luxe des nouveaux possesseurs : sans quoi, l'état, qui, malgré son déréglement, doit subsister, auroit péri. Avant la corruption, les revenus primitifs de l'état étoient partagés entre les soldats, c'est-à-dire les laboureurs : lorsque la république étoit corrompue, ils passoient d'abord à des hommes riches, qui les rendoient aux esclaves et aux artisans, d'où on en retiroit, par le moyen des tributs, une partie pour l'entretien des soldats.

Or, ces sortes de gens n'étoient guère propres à la guerre : ils étoient lâches, et déjà corrompus par le luxe des villes, et souvent par leur art même ; outre que, comme ils n'avoient point proprement de patrie, et qu'ils jouissoient de leur industrie partout, ils avoient peu à perdre ou à conserver.

Dans un dénombrement de Rome fait quelque temps après l'expulsion des rois [1], et dans celui que Démétrius de Phalère fit à Athènes [2], il se trouva à peu près le même nombre d'habitans : Rome en avoit quatre cent quarante mille, Athènes quatre cent trente et un mille. Mais ce dénombrement de Rome tombe dans un temps où elle étoit dans la force de son institution, et celui d'Athènes dans un temps où elle étoit entièrement corrompue. On trouva que le nombre des citoyens pubères faisoit à Rome le quart de ses habitans, et qu'il faisoit à Athènes un peu moins du vingtième : la puissance de Rome étoit donc à celle d'Athènes, dans ces divers temps, à peu près comme un quart est à un vingtième, c'est-à-dire qu'elle étoit cinq fois plus grande.

[1] C'est le dénombrement dont parle Denys d'Halicarnasse dans le livre IX, p. 402, et qui me paroit être le même que celui qu'il rapporte à la fin de son sixième livre, qui fut fait seize ans après l'expulsion des rois.

[2] Ctésiclès, dans Athénée, liv. VI, chap. xix.

Les rois Agis et Cléomènes voyant qu'au lieu de neuf mille citoyens qui étoient à Sparte du temps de Lycurgue [1], il n'y en avoit plus que sept cents, dont à peine cent possédoient des terres [2], et que tout le reste n'étoit qu'une populace sans courage, ils entreprirent de rétablir les lois à cet égard [3], et Lacédémone reprit sa première puissance, et redevint formidable à tous les Grecs.

Ce fut le partage égal des terres qui rendit Rome capable de sortir d'abord de son abaissement, et cela se sentit bien quand elle fut corrompue.

Elle étoit une petite république, lorsque les Latins ayant refusé le secours de troupes qu'ils étoient obligés de donner, on leva sur-le-champ dix légions dans la ville [4]. « A peine à présent, dit « Tite-Live, Rome, que le monde entier ne peut « contenir, en pourroit-elle faire autant si un en-

---

[1] C'étoient des citoyens de la ville appelés proprement Spartiates. Lycurgue fit pour eux neuf mille parts; il en donna trente mille aux autres habitans. Voyez Plutarque, Vie de Lycurgue, tom. I, pag. 177, édition de Cussac.

[2] Voyez Plutarque, Vie d'Agis et de Cléomène, tom. VII, pag. 365.

[3] Voyez Plutarque, *ibid.*, tom. VII, pag. 410, 411.

[4] Tite-Live, première décade, liv. VII, chap. xxv. Ce fut quelque temps après la prise de Rome, sous le consulat de L. Furius Camillus, et de Ap. Claudius Crassus.

« nemi paroissoit tout-à-coup devant ses murailles;
« marque certaine que nous ne nous sommes point
« agrandis, et que nous n'avons fait qu'augmenter
« le luxe et les richesses qui nous travaillent. »

« Dites-moi, disoit Tibérius Gracchus aux no-
« bles [1], qui vaut mieux, un citoyen, ou un es-
« clave perpétuel; un soldat, ou un homme inutile
« à la guerre? Voulez-vous, pour avoir quelques
« arpens de terre plus que les autres citoyens,
« renoncer à l'espérance de la conquête du reste
« du monde, ou vous mettre en danger de vous
« voir enlever par les ennemis ces terres que vous
« nous refusez? »

[1] Appien, de la guerre civile, liv. I, chap. XI.

CHAPITRE IV.

1. Des Gaulois. 2. De Pyrrhus. 3. Parallèle de Carthage et de Rome. 4. Guerre d'Annibal.

Les Romains eurent bien des guerres avec les Gaulois. L'amour de la gloire, le mépris de la mort, l'obstination pour vaincre, étoient les mêmes dans les deux peuples; mais les armes étoient différentes. Le bouclier des Gaulois étoit petit, et leur épée mauvaise : aussi furent-ils traités à peu près comme, dans les derniers siècles, les Mexicains l'ont été par les Espagnols. Et, ce qu'il y a de surprenant, c'est que ces peuples, que les Romains rencontrèrent dans presque tous les lieux et dans presque tous les temps, se laissèrent détruire les uns après les autres, sans jamais connoître, chercher, ni prévenir la cause de leurs malheurs.

Pyrrhus vint faire la guerre aux Romains dans le temps qu'ils étoient en état de lui résister et de s'instruire par ses victoires : il leur apprit à se retrancher, à choisir et à disposer un camp : il les accoutuma aux éléphans, et les prépara pour de plus grandes guerres.

La grandeur de Pyrrhus ne consistoit que dans

ses qualités personnelles [1]. Plutarque nous dit qu'il fut obligé de faire la guerre de Macédoine parce qu'il ne pouvoit entretenir huit mille hommes de pied et cinq cents chevaux qu'il avoit [2]. Ce prince, maître d'un petit état dont on n'a plus entendu parler après lui, étoit un aventurier qui faisoit des entreprises continuelles, parce qu'il ne pouvoit subsister qu'en entreprenant.

Tarente, son alliée, avoit bien dégénéré de l'institution des Lacédémoniens, ses ancêtres [3]. Il auroit pu faire de grandes choses avec les Samnites; mais les Romains les avoient presque détruits.

Carthage, devenue riche plus tôt que Rome, avoit aussi été plus tôt corrompue : ainsi, pendant qu'à Rome les emplois publics ne s'obtenoient que par la vertu, et ne donnoient d'utilité que l'honneur et une préférence aux fatigues, tout ce que le public peut donner aux particuliers se vendoit à Carthage, et tout service rendu par les particuliers y étoit payé par le public.

La tyrannie d'un prince ne met pas un état plus près de sa ruine que l'indifférence pour le bien commun n'y met une république. L'avantage d'un état libre est que les revenus y sont mieux admi-

---

[1] Voyez un fragment du livre I de Dion, dans l'extrait des vertus et des vices.

[2] Vie de Pyrrhus. Plutarque, tom. IV, pag. 196.

[3] Justin, liv. XX, chap. 1.

nistrés; mais, lorsqu'ils le sont plus mal, l'avantage d'un état libre est qu'il n'y a point de favoris; mais quand cela n'est pas, et qu'au lieu des amis et des parens du prince, il faut faire la fortune des amis et des parens de tous ceux qui ont part au gouvernement, tout est perdu; les lois sont éludées plus dangereusement qu'elles ne sont violées par un prince qui, étant toujours le plus grand citoyen de l'état, a le plus d'intérêt à sa conservation.

Des anciennes mœurs, un certain usage de la pauvreté, rendoient à Rome les fortunes à peu près égales; mais à Carthage des particuliers avoient les richesses des rois.

De deux factions qui régnoient à Carthage, l'une vouloit toujours la paix, et l'autre toujours la guerre; de façon qu'il étoit impossible d'y jouir de l'une, ni d'y bien faire l'autre.

Pendant qu'à Rome la guerre réunissoit d'abord tous les intérêts, elle les séparoit encore plus à Carthage [1].

Dans les états gouvernés par un prince les divi-

---

[1] La présence d'Annibal fit cesser parmi les Romains toutes les divisions; mais la présence de Scipion aigrit celles qui étoient déjà parmi les Carthaginois : elle ôta au gouvernement tout ce qui lui restoit de force : les généraux, le sénat, les grands, devinrent plus suspects au peuple, et le peuple devint plus furieux. (Voyez dans Appien toute cette guerre du premier Scipion.)

sions s'apaisent aisément, parce qu'il a dans ses mains une puissance coërcitive qui ramène les deux partis; mais, dans une république, elles sont plus durables, parce que le mal attaque ordinairement la puissance même qui pourroit le guérir.

A Rome, gouvernée par les lois, le peuple souffroit que le sénat eût la direction des affaires; à Carthage, gouvernée par des abus, le peuple vouloit tout faire par lui-même.

Carthage, qui faisoit la guerre avec son opulence contre la pauvreté romaine, avoit, par cela même, du désavantage : l'or et l'argent s'épuisent; mais la vertu, la constance, la force et la pauvreté, ne s'épuisent jamais.

Les Romains étoient ambitieux par orgueil, et les Carthaginois par avarice : les uns vouloient commander, les autres vouloient acquérir; et ces derniers, calculant sans cesse la recette et la dépense, firent toujours la guerre sans l'aimer.

Des batailles perdues, la diminution du peuple, l'affoiblissement du commerce, l'épuisement du trésor public, le soulèvement des nations voisines, pouvoient faire accepter à Carthage les conditions de paix les plus dures : mais Rome ne se conduisoit point par le sentiment des biens et des maux; elle ne se déterminoit que par sa gloire; et, comme elle n'imaginoit point qu'elle pût être si elle ne commandoit pas, il n'y avoit point d'espérance, ni de crainte, qui pût l'obliger à faire une paix qu'elle n'auroit point imposée.

Il n'y a rien de si puissant qu'une république où l'on observe les lois, non pas par crainte, non pas par raison, mais par passion, comme furent Rome et Lacédémone; car pour lors il se joint à la sagesse d'un bon gouvernement toute la force que pourroit avoir une faction.

Les Carthaginois se servoient de troupes étrangères, et les Romains employoient les leurs. Comme ces derniers n'avoient jamais regardé les vaincus que comme des instrumens pour des triomphes futurs, ils rendirent soldats tous les peuples qu'ils avoient soumis; et plus ils eurent de peine à les vaincre, plus ils les jugèrent propres à être incorporés dans leur république. Ainsi nous voyons les Samnites, qui ne furent subjugués qu'après vingt-quatre triomphes [1], devenir les auxiliaires des Romains : et, quelque temps avant la seconde guerre punique, ils tirèrent d'eux et de leurs alliés, c'est-à-dire d'un pays qui n'étoit guère plus grand que les états du pape et de Naples, sept cent mille hommes de pied, et soixante et dix mille de cheval, pour opposer aux Gaulois [2].

Dans le fort de la seconde guerre punique,

---

[1] Florus, liv. I, chap. xvi.

[2] Voyez Polybe. Le sommaire de Florus dit qu'ils levèrent trois cent mille hommes dans la ville et chez les Latins.

Rome eut toujours sur pied de vingt-deux à vingt-quatre légions; cependant il paroît par Tite-Live que le cens n'étoit pour lors que d'environ cent trente-sept mille citoyens.

Carthage employoit plus de forces pour attaquer; Rome, pour se défendre : celle-ci, comme on vient de dire, arma un nombre d'hommes prodigieux contre les Gaulois et Annibal qui l'attaquoient, et elle n'envoya que deux légions contre les plus grands rois : ce qui rendit ses forces éternelles.

L'établissement de Carthage dans son pays étoit moins solide que celui de Rome dans le sien : cette dernière avoit trente colonies autour d'elle, qui en étoient comme les remparts [1]. Avant la bataille de Cannes, aucun allié ne l'avoit abandonnée : c'est que les Samnites et les autres peuples d'Italie étoient accoutumés à sa domination.

La plupart des villes d'Afrique étant peu fortifiées, se rendoient d'abord à quiconque se présentoit pour les prendre : aussi tous ceux qui y débarquèrent, Agathocle, Régulus, Scipion, mirent-ils d'abord Carthage au désespoir.

On ne peut guère attribuer qu'à un mauvais gouvernement ce qui leur arriva dans toute la guerre que leur fit le premier Scipion : leur ville

---

[1] Tite-Live, liv. XXVII, chap. IX et X.

et leurs armées même étoient affamées, tandis que les Romains étoient dans l'abondance de toutes choses [1].

Chez les Carthaginois, les armées qui avoient été battues devenoient plus insolentes; quelquefois elles mettoient en croix leurs généraux, et les punissoient de leur propre lâcheté. Chez les Romains, le consul décimoit les troupes qui avoient fui, et les ramenoit contre les ennemis.

Le gouvernement des Carthaginois étoit très-dur [2] : ils avoient si fort tourmenté les peuples d'Espagne, que, lorsque les Romains y arrivèrent, ils furent regardés comme des libérateurs; et, si l'on fait attention aux sommes immenses qu'il leur en coûta pour soutenir une guerre où ils succombèrent, on verra bien que l'injustice est mauvaise ménagère, et qu'elle ne remplit pas même ses vues.

La fondation d'Alexandrie avoit beaucoup diminué le commerce de Carthage. Dans les premiers temps la superstition bannissoit en quelque façon les étrangers de l'Égypte; et, lorsque les Perses l'eurent conquise, ils n'avoient songé qu'à affoiblir leurs nouveaux sujets; mais, sous les rois grecs, l'Égypte fit presque tout le commerce du

[1] Voyez Appien, *lib. libyc. seu de Rebus punicis*, cap. xxv.

[2] Voyez ce que dit Polybe de leurs exactions, surtout dans le fragment du livre IX. Extrait des vertus et des vices.

monde, et celui de Carthage commença à déchoir.

Les puissances établies par le commerce peuvent subsister long-temps dans leur médiocrité; mais leur grandeur est de peu de durée. Elles s'élèvent peu à peu, et sans que personne s'en aperçoive; car elles ne font aucun acte particulier qui fasse du bruit et signale leur puissance : mais, lorsque la chose est venue au point qu'on ne peut plus s'empêcher de la voir, chacun cherche à priver cette nation d'un avantage qu'elle n'a pris pour ainsi dire que par surprise.

La cavalerie carthaginoise valoit mieux que la romaine, par deux raisons : l'une, que les chevaux numides et espagnols étoient meilleurs que ceux d'Italie; et l'autre, que la cavalerie romaine étoit mal armée; car ce ne fut que dans les guerres que les Romains firent en Grèce qu'ils changèrent de manière, comme nous l'apprenons de Polybe [1].

Dans la première guerre punique, Régulus fut battu dès que les Carthaginois choisirent les plaines pour faire combattre leur cavalerie; et, dans la seconde, Annibal dut à ses Numides ses principales victoires [2].

Scipion ayant conquis l'Espagne, et fait alliance avec Massinisse, ôta aux Carthaginois cette supé-

[1] Liv. VI, chap. xxv.
[2] Des corps entiers de Numides passèrent du côté des Romains, qui dès lors commencèrent à respirer.

riorité. Ce fut la cavalerie numide qui gagna la bataille de Zama, et finit la guerre.

Les Carthaginois avoient plus d'expérience sur la mer, et connoissoient mieux la manœuvre que les Romains; mais il me semble que cet avantage n'étoit pas pour lors si grand qu'il le seroit aujourd'hui.

Les anciens n'ayant pas la boussole, ne pouvoient guère naviguer que sur les côtes; aussi ils ne se servoient que de bâtimens à rames, petits et plats; presque toutes les rades étoient pour eux des ports; la science des pilotes étoit très-bornée, et leur manœuvre très-peu de chose : aussi Aristote disoit-il [1] qu'il étoit inutile d'avoir un corps de mariniers, et que les laboureurs suffisoient pour cela.

L'art étoit si imparfait qu'on ne faisoit guère avec mille rames que ce qui se fait aujourd'hui avec cent [2].

Les grands vaisseaux étoient désavantageux, en ce qu'étant difficilement mus par la chiourme, ils ne pouvoient pas faire les évolutions nécessaires. Antoine en fit à Actium une funeste expérience [3] : ses navires ne pouvoient se remuer,

---

[1] Politique, liv. VII, chap. VI.

[2] Voyez ce que dit Perrault sur les rames des anciens. Essai de physique, tit. 3, Mécanique des animaux.

[3] La même chose arriva à la bataille de Salamine. Plutarque,

pendant que ceux d'Auguste, plus légers, les attaquoient de toutes parts.

Les vaisseaux anciens étant à rames, les plus légers brisoient aisément celles des plus grands, qui pour lors n'étoient plus que des machines immobiles, comme sont aujourd'hui nos vaisseaux démâtés.

Depuis l'invention de la boussole, on a changé de manière; on a abandonné les rames [1], on a fui les côtes, on a construit de gros vaisseaux; la machine est devenue plus composée, et les pratiques se sont multipliées.

L'invention de la poudre a fait une chose qu'on n'auroit pas soupçonnée; c'est que la force des armées navales a plus que jamais consisté dans l'art; car, pour résister à la violence du canon, et ne pas essuyer un feu supérieur, il a fallu de gros navires. Mais à la grandeur de la machine on a dû proportionner la puissance de l'art.

Les petits vaisseaux d'autrefois s'accrochoient soudain, et les soldats combattoient des deux parts; on mettoit sur une flotte toute une armée de terre. Dans la bataille navale que Régulus et son col-

---

Vie de Thémistocle, tom. II, pag. 34. L'histoire est pleine de faits pareils.

[1] En quoi on peut juger de l'imperfection de la marine des anciens, puisque nous avons abandonné une pratique dans laquelle nous avions tant de supériorité sur eux.

lègue gagnèrent, on vit combattre cent trente mille Romains contre cent cinquante mille Carthaginois. Pour lors les soldats étoient pour beaucoup, et les gens de l'art pour peu; à présent les soldats sont pour rien, ou pour peu, et les gens de l'art pour beaucoup.

La victoire du consul Duillius fait bien sentir cette différence. Les Romains n'avoient aucune connoissance de la navigation : une galère carthaginoise échoua sur leurs côtes; ils se servirent de ce modèle pour en bâtir : en trois mois de temps leurs matelots furent dressés, leur flotte fut construite, équipée, elle mit à la mer, elle trouva l'armée navale des Carthaginois et la battit.

A peine à présent toute une vie suffit-elle à un prince pour former une flotte capable de paroître devant une puissance qui a déjà l'empire de la mer; c'est peut-être la seule chose que l'argent seul ne peut pas faire. Et si de nos jours un grand prince réussit d'abord [1], l'expérience a fait voir à d'autres que c'est un exemple qui peut être plus admiré que suivi [2].

La seconde guerre punique est si fameuse que tout le monde la sait. Quand on examine bien cette foule d'obstacles qui se présentèrent devant

---

[1] Louis XIV.
[2] L'Espagne et la Moscovie.

Annibal, et que cet homme extraordinaire surmonta tous, on a le plus beau spectacle que nous ait fourni l'antiquité.

Rome fut un prodige de constance. Après les journées du Tésin, de Trébies et de Trasimène ; après celle de Cannes, plus funeste encore, abandonnée de presque tous les peuples d'Italie, elle ne demanda point la paix. C'est que le sénat ne se départoit jamais des maximes anciennes : il agissoit avec Annibal comme il avoit agi autrefois avec Pyrrhus, à qui il avoit refusé de faire aucun accommodement tandis qu'il seroit en Italie : et je trouve dans Denys d'Halicarnasse [1] que, lors de la négociation de Coriolan, le sénat déclara qu'il ne violeroit point ses coutumes anciennes ; que le peuple romain ne pouvoit faire de paix tandis que les ennemis étoient sur ses terres; mais que si les Volsques se retiroient, on accorderoit tout ce qui seroit juste.

Rome fut sauvée par la force de son institution. Après la bataille de Cannes, il ne fut pas permis aux femmes même de verser des larmes : le sénat refusa de racheter les prisonniers, et envoya les misérables restes de l'armée faire la guerre en Sicile, sans récompense, ni aucun honneur militaire, jusqu'à ce qu'Annibal fût chassé d'Italie.

---

[1] Antiquités romaines, liv. VIII.

D'un autre côté, le consul Térentius Varron avoit fui honteusement jusqu'à Venouse : cet homme, de la plus basse naissance, n'avoit été élevé au consulat que pour mortifier la noblesse. Mais le sénat ne voulut pas jouir de ce malheureux triomphe : il vit combien il étoit nécessaire qu'il s'attirât dans cette occasion la confiance du peuple : il alla au-devant de Varron, et le remercia de ce qu'il n'avoit pas désespéré de la république.

Ce n'est pas ordinairement la perte réelle que l'on fait dans une bataille (c'est-à-dire celle de quelques milliers d'hommes) qui est funeste à un état, mais la perte imaginaire et le découragement qui le prive des forces mêmes que la fortune lui avoit laissées.

Il y a des choses que tout le monde dit, parce qu'elles ont été dites une fois. On croit qu'Annibal fit une faute insigne de n'avoir point été assiéger Rome après la bataille de Cannes. Il est vrai que d'abord la frayeur y fut extrême ; mais il n'en est pas de la consternation d'un peuple belliqueux, qui se tourne presque toujours en courage, comme de celle d'une vile populace qui ne sent que sa foiblesse. Une preuve qu'Annibal n'auroit pas réussi, c'est que les Romains se trouvèrent encore en état d'envoyer partout du secours.

On dit encore qu'Annibal fit une grande faute de mener son armée à Capoue, où elle s'amollit; mais l'on ne considère point que l'on ne remonte pas à la vraie cause. Les soldats de cette armée, devenus riches après tant de victoires, n'auroient-ils pas trouvé partout Capoue? Alexandre, qui commandoit à ses propres sujets, prit dans une occasion pareille un expédient qu'Annibal, qui n'avoit que des troupes mercenaires, ne pouvoit pas prendre : il fit mettre le feu au bagage de ses soldats, et brûla toutes leurs richesses et les siennes. On nous dit que Koulikan, après la conquête des Indes, ne laissa à chaque soldat que cent roupies d'argent [1]..

Ce furent les conquêtes mêmes d'Annibal qui commencèrent à changer la fortune de cette guerre. Il n'avoit pas été envoyé en Italie par les magistrats de Carthage; il recevoit très-peu de secours, soit par la jalousie d'un parti, soit par la trop grande confiance de l'autre. Pendant qu'il resta avec son armée ensemble, il battit les Romains; mais lorsqu'il fallut qu'il mît des garnisons dans les villes, qu'il défendît ses alliés, qu'il assiégeât les places, ou qu'il les empêchât d'être assiégées, ses forces se trouvèrent trop petites, et il perdit en détail une grande partie de son ar-

---

[1] Histoire de sa vie, Paris, 1742, pag. 402.

mée. Les conquêtes sont aisées à faire, parce qu'on les fait avec toutes ses forces; elles sont difficiles à conserver, parce qu'on ne les défend qu'avec une partie de ses forces.

CHAPITRE V.

De l'état de la Grèce, de la Macédoine, de la Syrie et de l'Égypte, après l'abaissement des Carthaginois.

Je m'imagine qu'Annibal disoit très-peu de bons mots, et qu'il en disoit encore moins en faveur de Fabius et de Marcellus contre lui-même. J'ai du regret de voir Tite-Live jeter ses fleurs sur ces énormes colosses de l'antiquité : je voudrois qu'il eût fait comme Homère, qui néglige de les parer, et qui sait si bien les faire mouvoir.

Encore faudroit-il que les discours qu'on fait tenir à Annibal fussent sensés. Que si, en apprenant la défaite de son frère, il avoua qu'il en prévoyoit la ruine de Carthage, je ne sache rien de plus propre à désespérer des peuples qui s'étoient donnés à lui, et à décourager une armée qui attendoit de si grandes récompenses après la guerre.

Comme les Carthaginois en Espagne, en Sicile et en Sardaigne, n'opposoient aucune armée qui ne fût malheureuse, Annibal, dont les ennemis se fortifioient sans cesse, fut réduit à une guerre défensive. Cela donna aux Romains la pensée de porter la guerre en Afrique : Scipion y descendit. Les succès qu'il y eut obligèrent les Carthaginois à rappeler d'Italie Annibal, qui pleura de douleur en cédant aux Romains cette terre où il les avoit tant de fois vaincus.

Tout ce que peut faire un grand homme d'état et un grand capitaine, Annibal le fit pour sauver sa patrie : n'ayant pu porter Scipion à la paix, il donna une bataille où la fortune sembla prendre plaisir à confondre son habileté, son expérience et son bon sens.

Carthage reçut la paix, non pas d'un ennemi, mais d'un maître ; elle s'obligea de payer dix mille talens en cinquante années, à donner des otages, à livrer ses vaisseaux et ses éléphans, à ne faire la guerre à personne sans le consentement du peuple romain ; et, pour la tenir toujours humiliée, on augmenta la puissance de Massinisse, son ennemi mortel.

Après l'abaissement des Carthaginois, Rome n'eut presque plus que de petites guerres et de grandes victoires ; au lieu qu'auparavant elle avoit eu de petites victoires et de grandes guerres.

Il y avoit dans ce temps-là comme deux mondes séparés : dans l'un combattoient les Carthaginois et les Romains ; l'autre étoit agité par des querelles qui duroient depuis la mort d'Alexandre : on n'y pensoit point à ce qui se passoit en Occident [1] ; car, quoique Philippe, roi de Macédoine,

---

[1] Il est surprenant, comme Josèphe le remarque dans le liv. I,

eût fait un traité avec Annibal, il n'eut presque point de suite; et ce prince, qui n'accorda aux Carthaginois que de très-foibles secours, ne fit que témoigner aux Romains une mauvaise volonté inutile.

Lorsqu'on voit deux grands peuples se faire une guerre longue et opiniâtre, c'est souvent une mauvaise politique de penser qu'on peut demeurer spectateur tranquille; car celui des deux peuples qui est le vainqueur entreprend d'abord de nouvelles guerres, et une nation de soldats va combattre contre des peuples qui ne sont que citoyens.

Ceci parut bien clairement dans ces temps-là; car les Romains eurent à peine dompté les Carthaginois, qu'ils attaquèrent de nouveaux peuples, et parurent dans toute la terre pour tout envahir.

Il n'y avoit pour lors dans l'Orient que quatre puissances capables de résister aux Romains : la Grèce, et les royaumes de Macédoine, de Syrie et d'Égypte. Il faut voir quelle étoit la situation de ces deux premières puissances, parce que les Romains commencèrent par les soumettre.

Il y avoit dans la Grèce, trois peuples considérables; les Étoliens, les Achaïens et les Béotiens :

chap. IV, contre Appion, qu'Hérodote ni Thucydide n'aient jamais parlé des Romains, quoiqu'ils eussent fait de si grandes guerres.

c'étoient des associations de villes libres, qui avoient des assemblées générales et des magistrats communs. Les Étoliens étoient belliqueux, hardis, téméraires, avides du gain, toujours libres de leur parole et de leurs sermens; enfin faisant la guerre sur la terre comme les pirates la font sur la mer. Les Achaïens étoient sans cesse fatigués par des voisins ou des défenseurs incommodes. Les Béotiens, les plus épais de tous les Grecs, prenoient le moins de part qu'ils pouvoient aux affaires générales : uniquement conduits par le sentiment présent du bien et du mal, ils n'avoient pas assez d'esprit pour qu'il fût facile aux orateurs de les agiter; et, ce qu'il y a d'extraordinaire, leur république se maintenoit dans l'anarchie même [1].

Lacédémone avoit conservé sa puissance, c'est-à-dire cet esprit belliqueux que lui donnoient les institutions de Lycurgue. Les Thessaliens étoient en quelque façon asservis par les Macédoniens. Les rois d'Illyrie avoient déjà été extrêmement abattus par les Romains. Les Acarnaniens et les Athamanes étoient ravagés tour à tour par les forces de la Macédoine et de l'Étolie. Les Athé-

---

[1] Les magistrats, pour plaire à la multitude, n'ouvroient plus les tribunaux : les mourans léguoient à leurs amis leur bien pour être employé en festins. Voyez un fragment du livre XX de Polybe, dans l'Extrait des vertus et des vices.

niens, sans force par eux-mêmes et sans alliés [1], n'étonnoient plus le monde que par leurs flatteries envers les rois; et l'on ne montoit plus sur la tribune où avoit parlé Démosthène que pour proposer les décrets les plus lâches et les plus scandaleux.

D'ailleurs la Grèce étoit redoutable par sa situation, la force, la multitude de ses villes, le nombre de ses soldats, sa police, ses mœurs, ses lois : elle aimoit la guerre, elle en connoissoit l'art, et elle auroit été invincible si elle avoit été unie.

Elle avoit bien été étonnée par le premier Philippe, Alexandre et Antipater, mais non pas subjuguée; et les rois de Macédoine, qui ne pouvoient se résoudre à abandonner leurs prétentions et leurs espérances, s'obstinoient à travailler à l'asservir.

La Macédoine étoit presque entourée de montagnes inaccessibles; les peuples en étoient très-propres à la guerre, courageux, obéissans, industrieux, infatigables; et il falloit bien qu'ils tinssent ces qualités-là du climat, puisque encore aujourd'hui les hommes de ces contrées sont les meilleurs soldats de l'empire des Turcs.

La Grèce se maintenoit par une espèce de ba-

---

[1] Ils n'avoient aucune alliance avec les autres peuples de la Grèce. Polybe, lib. VIII.

lance : les Lacédémoniens étoient pour l'ordinaire alliés des Étoliens, et les Macédoniens l'étoient des Achaïens. Mais, par l'arrivée des Romains, tout équilibre fut rompu.

Comme les rois de Macédoine ne pouvoient pas entretenir un grand nombre de troupes [1], le moindre échec étoit de conséquence ; d'ailleurs ils pouvoient difficilement s'agrandir, parce que leurs desseins n'étant pas inconnus, on avoit toujours les yeux ouverts sur leurs démarches ; et les succès qu'ils avoient dans les guerres entreprises pour leurs alliés étoient un mal que ces mêmes alliés cherchoient d'abord à réparer.

Mais les rois de Macédoine étoient ordinairement des princes habiles. Leur monarchie n'étoit pas du nombre de celles qui vont par une espèce d'allure donnée dans le commencement. Continuellement instruits par les périls et par les affaires, embarrassés dans tous les démêlés des Grecs, il leur falloit gagner les principaux des villes, éblouir les peuples, et diviser ou réunir les intérêts ; enfin ils étoient obligés de payer de leur personne à chaque instant.

Philippe, qui dans le commencement de son règne s'étoit attiré l'amour et la confiance des Grecs par sa modération, changea tout-à-coup ;

---

[1] Voyez Plutarque, Vie de Flaminius, tom. IV.

il devint un cruel tyran dans un temps où il auroit dû être juste par politique et par ambition [1]. Il voyoit, quoique de loin, les Carthaginois et les Romains, dont les forces étoient immenses; il avoit fini la guerre à l'avantage de ses alliés, et s'étoit réconcilié avec les Étoliens. Il étoit naturel qu'il pensât à unir toute la Grèce avec lui pour empêcher les étrangers de s'y établir : mais il l'irrita au contraire par de petites usurpations; et, s'amusant à discuter de vains intérêts quand il s'agissoit de son existence, par trois ou quatre mauvaises actions, il se rendit odieux et détestable à tous les Grecs.

Les Étoliens furent les plus irrités; et les Romains, saisissant l'occasion de leur ressentiment, ou plutôt de leur folie, firent alliance avec eux, entrèrent dans la Grèce, et l'armèrent contre Philippe.

Ce prince fut vaincu à la journée des Cynocéphales; et cette victoire fut due en partie à la valeur des Étoliens. Il fut si fort consterné, qu'il se réduisit à un traité qui étoit moins une paix qu'un abandon de ses propres forces; il fit sortir ses garnisons de toute la Grèce, livra ses vaisseaux, et s'obligea de payer mille talens en dix années.

Polybe, avec son bon sens ordinaire, com-

---

[1] Voyez dans Polybe les injustices et les cruautés par lesquelles Philippe se décrédita.

pare l'ordonnance des Romains avec celle des Macédoniens, qui fut prise par tous les rois successeurs d'Alexandre. Il fait voir les avantages et les inconvéniens de la phalange et de la légion ; il donne la préférence à l'ordonnance romaine ; et il y a apparence qu'il a raison, si l'on en juge par tous les événemens de ces temps-là.

Ce qui avoit beaucoup contribué à mettre les Romains en péril dans la seconde guerre punique, c'est qu'Annibal arma d'abord ses soldats à la romaine ; mais les Grecs ne changèrent ni leurs armes, ni leur manière de combattre ; il ne leur vint point dans l'esprit de renoncer à des usages avec lesquels ils avoient fait de si grandes choses.

Le succès que les Romains eurent contre Philippe fut le plus grand de tous les pas qu'ils firent pour la conquête générale. Pour s'assurer de la Grèce, ils abaissèrent par toutes sortes de voies les Étoliens, qui les avoient aidés à vaincre ; de plus, ils ordonnèrent que chaque ville grecque qui avoit été à Philippe, ou à quelque autre prince, se gouverneroit désormais par ses propres lois.

On voit bien que ces petites républiques ne pouvoient être que dépendantes. Les Grecs se livrèrent à une joie stupide, et crurent être libres en effet, parce que les Romains les déclaroient tels.

Les Étoliens, qui s'étoient imaginé qu'ils domineroient dans la Grèce, voyant qu'ils n'avoient fait que se donner des maîtres, furent au désespoir; et comme ils prenoient toujours des résolutions extrêmes, voulant corriger leurs folies par leurs folies, ils appelèrent dans la Grèce Antiochus, roi de Syrie, comme ils y avoient appelé les Romains.

Les rois de Syrie étoient les plus puissans des successeurs d'Alexandre, car ils possédoient presque tous les états de Darius, à l'Égypte près; mais il étoit arrivé des choses qui avoient fait que leur puissance s'étoit beaucoup affoiblie.

Séleucus, qui avoit fondé l'empire de Syrie, avoit, à la fin de sa vie, détruit le royaume de Lysimaque. Dans la confusion des choses, plusieurs provinces se soulevèrent : les royaumes de Pergame, de Cappadoce et de Bithynie se formèrent. Mais ces petits états timides regardèrent toujours l'humiliation de leurs anciens maîtres comme une fortune pour eux.

Comme les rois de Syrie virent toujours avec une envie extrême la félicité du royaume d'Égypte, ils ne songèrent qu'à le conquérir, ce qui fit que, négligeant l'Orient, ils y perdirent plusieurs provinces, et furent fort mal obéis dans les autres.

Enfin les rois de Syrie tenoient la haute et la basse Asie; mais l'expérience a fait voir que dans ce cas, lorsque la capitale et les principales forces sont dans les provinces basses de l'Asie, on ne peut pas conserver les hautes ; et que, quand le siége de l'empire est dans les hautes, on s'affoiblit en voulant garder les basses. L'empire des Perses et celui de Syrie ne furent jamais si forts que celui des Parthes, qui n'avoit qu'une partie des provinces des deux premiers. Si Cyrus n'avoit pas conquis le royaume de Lydie, si Séleucus étoit resté à Babylone, et avoit laissé les provinces maritimes aux successeurs d'Antigone, l'empire des Perses auroit été invincible pour les Grecs, et celui de Séleucus pour les Romains. Il y a de certaines bornes que la nature a données aux états pour mortifier l'ambition des hommes. Lorsque les Romains les passèrent, les Parthes les firent presque toujours périr[1] : quand les Parthes osèrent les passer, ils furent d'abord obligés de revenir ; et de nos jours, les Turcs, qui ont avancé au-delà de ces limites, ont été contraints d'y rentrer.

Les rois de Syrie et d'Égypte avoient dans leurs pays deux sortes de sujets, les peuples conquérans et les peuples conquis. Ces premiers, encore pleins de l'idée de leur origine, étoient très-difficilement gouvernés ; ils n'avoient point cet esprit d'indépendance qui nous porte à secouer le joug,

[1] J'en dirai les raisons au chapitre xv. Elles sont tirées en partie de la disposition géographique des deux empires.

mais cette impatience qui nous fait désirer de changer de maître.

Mais la foiblesse principale du royaume de Syrie venoit de celle de la cour où régnoient des successeurs de Darius, et non pas d'Alexandre. Le luxe, la vanité et la mollesse, qui en aucun siècle n'a quitté les cours d'Asie, régnoient surtout dans celle-ci. Le mal passa aux peuples et aux soldats, et devint contagieux pour les Romains mêmes, puisque la guerre qu'ils firent contre Antiochus est la vraie époque de leur corruption.

Telle étoit la situation du royaume de Syrie, lorsqu'Antiochus, qui avoit fait de grandes choses, entreprit la guerre contre les Romains : mais il ne se conduisit pas même avec la sagesse que l'on emploie dans les affaires ordinaires. Annibal vouloit qu'on renouvelât la guerre en Italie, et qu'on gagnât Philippe ou qu'on le rendît neutre. Antiochus ne fit rien de cela : il se montra dans la Grèce avec une petite partie de ses forces ; et comme s'il avoit voulu y voir la guerre et non pas la faire, il ne fut occupé que de ses plaisirs. Il fut battu, et s'enfuit en Asie plus effrayé que vaincu.

Philippe, dans cette guerre, entraîné par les Romains comme par un torrent, les servit de tout son pouvoir, et devint l'instrument de leurs victoires. Le plaisir de se venger et de ravager l'Étolie, la promesse qu'on lui diminueroit le tribut et qu'on lui laisseroit quelques villes, des jalousies qu'il eut d'Antiochus, enfin de petits motifs le déterminèrent; et n'osant concevoir la pensée de secouer le joug, il ne songea qu'à l'adoucir.

Antiochus jugea si mal des affaires, qu'il s'imagina que les Romains le laisseroient tranquille en Asie. Mais ils l'y suivirent : il fut vaincu encore; et dans sa consternation, il consentit au traité le plus infâme qu'un grand prince ait jamais fait.

Je ne sache rien de si magnanime que la résolution que prit un monarque qui a régné de nos jours [1], de s'ensevelir plutôt sous les débris du trône, que d'accepter des propositions qu'un roi ne doit pas entendre : il avoit l'âme trop fière pour descendre plus bas que ses malheurs ne l'avoient mis; et il savoit bien que le courage peut raffermir une couronne, et que l'infamie ne le fait jamais.

C'est une chose commune de voir des princes qui savent donner une bataille. Il y en a bien peu qui sachent faire une guerre, qui soient également capables de se servir de la fortune et de l'attendre, et qui, avec cette disposition d'esprit qui

[1] Louis XIV.

donne de la méfiance avant que d'entreprendre, aient celle de ne craindre plus rien après avoir entrepris.

Après l'abaissement d'Antiochus, il ne restoit plus que de petites puissances, si l'on en excepte l'Égypte, qui, par sa situation, sa fécondité, son commerce, le nombre de ses habitans, ses forces de mer et de terre, auroit pu être formidable; mais la cruauté de ses rois, leur lâcheté, leur avarice, leur imbécillité, leurs affreuses voluptés, les rendirent si odieux à leurs sujets, qu'ils ne se soutinrent la plupart du temps que par la protection des Romains.

C'étoit en quelque façon une loi fondamentale de la couronne d'Égypte, que les sœurs succédoient avec les frères; et afin de maintenir l'unité dans le gouvernement, l'on marioit le frère avec la sœur. Or, il est difficile de rien imaginer de plus pernicieux dans la politique qu'un pareil ordre de succession : car tous les petits démêlés domestiques devenant des désordres dans l'état, celui des deux qui avoit le moindre chagrin soulevoit d'abord contre l'autre le peuple d'Alexandrie; populace immense toujours prête à se joindre au premier des rois qui vouloit l'agiter. De plus, les royaumes de Cyrène et de Chypre étant ordinairement entre les mains d'autres princes de cette maison, avec des droits réciproques sur le tout, il arrivoit qu'il y avoit presque toujours des princes régnans et des prétendans à la couronne; que ces rois étoient sur un trône chancelant; et que, mal établis au dedans, ils étoient sans pouvoir au dehors.

Les forces des rois d'Égypte, comme celles des autres rois d'Asie, consistoient dans leurs auxiliaires grecs. Outre l'esprit de liberté, d'honneur et de gloire qui animoit les Grecs, ils s'occupoient sans cesse à toutes sortes d'exercices du corps: ils avoient dans leurs principales villes des jeux établis, où les vainqueurs obtenoient des couronnes aux yeux de toute la Grèce, ce qui donnoit une émulation générale. Or, dans un temps où l'on combattoit avec des armes dont le succès dépendoit de la force et de l'adresse de celui qui s'en servoit, on ne peut douter que des gens ainsi exercés n'eussent de grands avantages sur cette foule de barbares pris indifféremment, et menés sans choix à la guerre, comme les armées de Darius le firent bien voir.

Les Romains, pour priver les rois d'une telle milice, et leur ôter sans bruit leurs principales forces, firent deux choses: premièrement, ils établirent peu à peu, comme une maxime chez les Grecs, qu'ils ne pourroient avoir aucune alliance, accorder du secours, ou faire la guerre à qui que ce fût sans leur consentement; de plus, dans leurs traités avec les rois, ils leur défendirent de faire aucunes levées chez les alliés des Romains; ce qui les réduisit à leurs troupes nationales [1].

[1] Ils avoient déjà eu cette politique avec les Carthaginois, qu'ils obligèrent par le traité à ne plus se servir de troupes auxiliaires, comme on le voit dans un fragment de Dion.

CHAPITRE VI.

De la conduite que les Romains tinrent pour soumettre tous les peuples.

Dans le cours de tant de prospérités, où l'on se néglige pour l'ordinaire, le sénat agissoit toujours avec la même profondeur; et pendant que les armées consternoient tout, il tenoit à terre ceux qu'il trouvoit abattus.

Il s'érigea en tribunal qui jugea tous les peuples : à la fin de chaque guerre, il décidoit des peines et des récompenses que chacun avoit méritées. Il ôtoit une partie du domaine du peuple vaincu pour la donner aux alliés ; en quoi il faisoit deux choses : il attachoit à Rome des rois dont elle avoit peu à craindre et beaucoup à espérer, et il en affoiblissoit d'autres dont elle n'avoit rien à espérer et tout à craindre.

On se servoit des alliés pour faire la guerre à un ennemi; mais, d'abord, on détruisit les destructeurs. Philippe fut vaincu par le moyen des Étoliens, qui furent anéantis d'abord après pour s'être joints à Antiochus. Antiochus fut vaincu par le secours des Rhodiens : mais après qu'on leur eut donné des récompenses éclatantes, on les humilia pour jamais, sous prétexte qu'ils avoient demandé qu'on fît la paix avec Persée.

Quand ils avoient plusieurs ennemis sur les bras, ils accordoient une trêve au plus foible, qui se croyoit heureux de l'obtenir, comptant pour beaucoup d'avoir différé sa ruine.

Lorsque l'on étoit occupé à une grande guerre, le sénat dissimuloit toutes sortes d'injures, et attendoit dans le silence que le temps de la punition fût venu ; que si quelque peuple lui envoyoit les coupables, il refusoit de les punir, aimant mieux tenir toute la nation pour criminelle, et se réserver une vengeance utile.

Comme ils faisoient à leurs ennemis des maux inconcevables, il ne se formoit guère de ligue contre eux ; car celui qui étoit le plus éloigné du péril ne vouloit pas en approcher.

Par-là ils recevoient rarement la guerre, mais la faisoient toujours dans le temps, de la manière et avec ceux qu'il leur convenoit ; et de tant de peuples qu'ils attaquèrent, il y en a bien peu qui n'eussent souffert toutes sortes d'injures si l'on avoit voulu les laisser en paix.

Leur coutume étant de parler toujours en maîtres, les ambassadeurs qu'ils envoyoient chez les peuples qui n'avoient point encore senti leur puissance étoient sûrement maltraités ; ce qui étoit un prétexte sûr pour faire une nouvelle guerre [1].

---

[1] Un des exemples de cela, c'est leur guerre contre les Dalmates. Voyez Polybe.

Comme ils ne faisoient jamais la paix de bonne foi, et que, dans le dessein d'envahir tout, leurs traités n'étoient proprement que des suspensions de guerres, ils y mettoient des conditions qui commençoient toujours la ruine de l'état qui les acceptoit. Ils faisoient sortir les garnisons des places fortes, ou bornoient le nombre des troupes de terre, ou se faisoient livrer les chevaux ou les éléphans; et si ce peuple étoit puissant sur la mer, ils l'obligeoient de brûler ses vaisseaux, et quelquefois d'aller habiter plus avant dans les terres.

Après avoir détruit les armées d'un prince, ils ruinoient ses finances par des taxes excessives, ou un tribut, sous prétexte de lui faire payer les frais de la guerre : nouveau genre de tyrannie, qui le forçoit d'opprimer ses sujets et de perdre leur amour.

Lorsqu'ils accordoient la paix à quelque prince, ils prenoient quelqu'un de ses frères ou de ses enfans en otage; ce qui leur donnoit le moyen de troubler son royaume à leur fantaisie. Quand ils avoient le plus proche héritier, ils intimidoient le possesseur; s'ils n'avoient qu'un prince d'un degré éloigné, ils s'en servoient pour animer les révoltes des peuples.

Quand quelque prince, ou quelque peuple, s'étoit soustrait de l'obéissance de son souverain, ils lui accordoient d'abord le titre d'allié du peuple romain [1] ; et par-là ils le rendoient sacré et inviolable : de manière qu'il n'y avoit point de roi, quelque grand qu'il fût, qui pût un moment être sûr de ses sujets, ni même de sa famille.

Quoique le titre de leur allié fût une espèce de servitude, il étoit néanmoins très-recherché [2] ; car on étoit sûr que l'on ne recevoit d'injures que d'eux, et l'on avoit sujet d'espérer qu'elles seroient moindres : ainsi il n'y avoit point de services que les peuples et les rois ne fussent prêts à rendre, ni de bassesses qu'ils ne fissent pour l'obtenir.

Ils avoient plusieurs sortes d'alliés. Les uns leur étoient unis par des priviléges, et une participation de leur grandeur, comme les Latins et les Herniques; d'autres, par l'établissement même, comme leurs colonies; quelques-uns par les bienfaits, comme furent Massinisse, Euménès et Attalus, qui tenoient d'eux leur royaume ou leur agrandissement; d'autres, par des traités libres; et ceux-là devenoient sujets par un long usage de l'alliance, comme les rois d'Égypte, de Bithynie, de Cappadoce, et la plupart des villes grecques; plusieurs enfin, par des traités forcés, et par la loi de leur sujétion, comme Philippe et Antiochus :

---

[1] Voyez surtout leur traité avec les Juifs, au premier livre des Machabées, chap. VIII, v. 23 et suiv.

[2] Ariarathe fit un sacrifice aux dieux, dit Polybe, pour les remercier de ce qu'il avoit obtenu cette alliance.

car ils n'accordoient point de paix à un ennemi, qui ne contînt une alliance; c'est-à-dire qu'ils ne soumettoient point de peuple qui ne leur servît à en abaisser d'autres.

Lorsqu'ils laissoient la liberté à quelques villes, ils y faisoient d'abord naître deux factions [1] : l'une défendoit les lois et la liberté du pays; l'autre soutenoit qu'il n'y avoit de lois que la volonté des Romains : et, comme cette dernière faction étoit toujours la plus puissante, on voit bien qu'une pareille liberté n'étoit qu'un nom.

Quelquefois ils se rendoient maîtres d'un pays sous prétexte de succession : ils entrèrent en Asie, en Bithynie, en Libye, par les testamens d'Attalus, de Nicomède [2] et d'Appion; et l'Égypte fut enchaînée par celui du roi de Cyrène.

Pour tenir les grands princes toujours foibles, ils ne vouloient pas qu'ils reçussent dans leur alliance ceux à qui ils avoient accordé la leur [3], et comme ils ne la refusoient à aucun des voisins d'un prince puissant, cette condition, mise dans un traité de paix, ne lui laissoit plus d'alliés.

De plus, lorsqu'ils avoient vaincu quelque prince considérable, ils mettoient dans le traité qu'il ne pourroit faire la guerre pour ses diffé-

---

[1] Voyez Polybe sur les villes de Grèce.
[2] Fils de Philopator.
[3] Ce fut le cas d'Antiochus.

rends avec les alliés des Romains (c'est-à-dire ordinairement avec tous ses voisins), mais qu'il les mettroit en arbitrage : ce qui lui ôtoit pour l'avenir la puissance militaire.

Et, pour se la réserver toute, ils en privoient leurs alliés mêmes : dès que ceux-ci avoient le moindre démêlé, ils envoyoient des ambassadeurs qui les obligeoient de faire la paix. Il n'y a qu'à voir comme ils terminèrent les guerres d'Attalus et de Prusias.

Quand quelque prince avoit fait une conquête qui souvent l'avoit épuisé, un ambassadeur romain survenoit d'abord, qui la lui arrachoit des mains. Entre mille exemples, on peut se rappeler comment, avec une parole, ils chassèrent d'Égypte Antiochus.

Sachant combien les peuples d'Europe étoient propres à la guerre, ils établirent comme une loi qu'il ne seroit permis à aucun roi d'Asie d'entrer en Europe, et d'y assujettir quelque peuple que ce fût [1]. Le principal motif de la guerre qu'ils firent à Mithridate fut que, contre cette défense, il avoit soumis quelques peuples barbares [2].

Lorsqu'ils voyoient que deux peuples étoient en guerre, quoiqu'ils n'eussent aucune alliance,

---

[1] La défense faite à Antiochus, même avant la guerre, de passer en Europe, devint générale contre les autres rois.

[2] Appien, *de bello Mithridatico*, cap. XIII.

ni rien à démêler avec l'un ni avec l'autre, ils ne laissoient pas de paroître sur la scène, et, comme nos chevaliers errans, ils prenoient le parti du plus foible. C'étoit, dit Denys d'Halicarnasse [1], une ancienne coutume des Romains d'accorder toujours leur secours à quiconque venoit l'implorer.

Ces coutumes des Romains n'étoient point quelques faits particuliers arrivés par hasard, c'étoient des principes toujours constans : et cela se peut voir aisément ; car les maximes dont ils firent usage contre les plus grandes puissances, furent précisément celles qu'ils avoient employées dans les commencemens contre les petites villes qui étoient autour d'eux.

Ils se servirent d'Euménès et de Massinisse pour subjuguer Philippe et Antiochus, comme ils s'étoient servis des Latins et des Herniques pour subjuguer les Volsques et les Toscans ; ils se firent livrer les flottes de Carthage et des rois d'Asie, comme ils s'étoient fait donner les barques d'Antium ; ils ôtèrent les liaisons politiques et civiles entre les quatre parties de la Macédoine, comme ils avoient autrefois rompu l'union des petites villes latines [2].

Mais surtout leur maxime constante fut de diviser. La république d'Achaïe étoit formée par une

---

[1] Fragment de Denys, tiré de l'Extrait des ambassades.
[2] Tite-Live, liv. VII.

association de villes libres ; le sénat déclara que chaque ville se gouverneroit dorénavant par ses propres lois, sans dépendre d'une autorité commune.

La république des Béotiens étoit pareillement une ligue de plusieurs villes : mais comme, dans la guerre contre Persée, les unes suivirent le parti de ce prince, les autres celui des Romains, ceux-ci les reçurent en grâce, moyennant la dissolution de l'alliance commune.

Si un grand prince qui a régné de nos jours avoit suivi ces maximes, lorsqu'il vit un de ses voisins détrôné, il auroit employé de plus grandes forces pour le soutenir, le borner dans l'île qui lui resta fidèle : en divisant la seule puissance qui pût s'opposer à ses desseins, il auroit tiré d'immenses avantages du malheur même de son allié.

Lorsqu'il y avoit quelques disputes dans un état, ils jugeoient d'abord l'affaire ; et par-là, ils étoient sûrs de n'avoir contre eux que la partie qu'ils avoient condamnée. Si c'étoient des princes du même sang qui se disputoient la couronne, ils les déclaroient quelquefois tous deux rois [1] : si l'un d'eux étoit en bas âge [2], ils décidoient en sa faveur, et ils en prenoient la tutelle, comme protecteurs

---

[1] Comme il arriva à Ariarathe et Holopherne, en Cappadoce. Appian., *in Siriac*, cap. XLVII.

[2] Pour pouvoir ruiner la Syrie en qualité de tuteurs, ils se déclarèrent pour le fils d'Antiochus, encore enfant, contre Démétrius

de l'univers. Car ils avoient porté les choses au point que les peuples et les rois étoient leurs sujets, sans savoir précisément par quel titre; étant établi que c'étoit assez d'avoir ouï parler d'eux pour devoir leur être soumis.

Ils ne faisoient jamais de guerres éloignées sans s'être procuré quelque allié auprès de l'ennemi qu'ils attaquoient, qui pût joindre ses troupes à l'armée qu'ils envoyoient : et, comme elle n'étoit jamais considérable par le nombre, ils observoient toujours d'en tenir une autre dans la province la plus voisine de l'ennemi, et une troisième dans Rome, toujours prête à marcher [1]. Ainsi ils n'exposoient qu'une très-petite partie de leurs forces, pendant que leur ennemi mettoit au hasard toutes les siennes [2].

Quelquefois ils abusoient de la subtilité des termes de leur langue. Ils détruisirent Carthage, disant qu'ils avoient promis de conserver la cité, et non pas la ville. On sait comment les Étoliens, qui s'étoient abandonnés à leur foi, furent trompés : les Romains prétendirent que la signification de ces mots, *s'abandonner à la foi d'un ennemi*, em-

qui étoit chez eux en otage, et qui les conjuroit de lui rendre justice, disant que Rome étoit sa mère, et les sénateurs ses pères.

[1] C'étoit une pratique constante, comme on peut voir par l'histoire.

[2] Voyez comme ils se conduisirent dans la guerre de Macédoine.

portoit la perte de toutes sortes de choses, des personnes, des terres, des villes, des temples, et des sépultures même.

Ils pouvoient même donner à un traité une interprétation arbitraire : ainsi, lorsqu'ils voulurent abaisser les Rhodiens, ils dirent qu'ils ne leur avoient pas donné autrefois la Lycie comme présent, mais comme amie et alliée.

Lorsqu'un de leurs généraux faisoit la paix pour sauver son armée prête à périr, le sénat, qui ne la ratifioit point, profitoit de cette paix, et continuoit la guerre. Ainsi, quand Jugurtha eut enfermé une armée romaine, et qu'il l'eut laissée aller sous la foi d'un traité, on se servit contre lui des troupes mêmes qu'il avoit sauvées : et lorsque les Numantins eurent réduit vingt mille Romains, prêts à mourir de faim, à demander la paix, cette paix, qui avoit sauvé tant de citoyens, fut rompue à Rome; et l'on éluda la foi publique en envoyant le consul qui l'avoit signée [1].

Quelquefois ils traitoient de la paix avec un prince sous des conditions raisonnables; et, lorsqu'il les avoit exécutées, ils en ajoutoient de telles qu'il étoit forcé de recommencer la guerre. Ainsi, quand ils se furent fait livrer par Jugurtha ses

---

[1] Ils en agirent de même avec les Samnites, les Lusitaniens, et les peuples de Corse. Voyez, sur ces derniers, un fragment du livre Ier de Dion.

éléphans, ses chevaux, ses trésors, ses transfuges, ils lui demandèrent de livrer sa personne; chose qui, étant pour un prince le dernier des malheurs, ne peut jamais faire une condition de paix [1].

Enfin ils jugèrent les rois pour leurs fautes et leurs crimes particuliers. Ils écoutèrent les plaintes de tous ceux qui avoient quelques démêlés avec Philippe; ils envoyèrent des députés pour pourvoir à leur sûreté : et ils firent accuser Persée devant eux pour quelques meurtres et quelques querelles avec des citoyens des villes alliées.

Comme on jugeoit de la gloire d'un général par la quantité de l'or et de l'argent qu'on portoit à son triomphe, il ne laissoit rien à l'ennemi vaincu. Rome s'enrichissoit toujours, et chaque guerre la mettoit en état d'en entreprendre une autre.

Les peuples qui étoient amis ou alliés se ruinoient tous par les présens immenses qu'ils faisoient pour conserver la faveur, ou l'obtenir plus grande; et la moitié de l'argent qui fut envoyé pour ce sujet aux Romains auroit suffi pour les vaincre [2].

---

[1] Ils en agirent de même avec Viriate : après lui avoir fait rendre les transfuges, on lui demanda qu'il rendît les armes; à quoi ni lui ni les siens ne purent consentir. (Fragment de Dion.)

[2] Les présens que le sénat envoyoit aux rois n'étoient que des bagatelles, comme une chaise et un bâton d'ivoire, ou quelque robe de magistrature.

Maîtres de l'univers, ils s'en attribuèrent tous les trésors : ravisseurs moins injustes en qualité de conquérans qu'en qualité de législateurs. Ayant su que Ptolomée, roi de Chypre, avoit des richesses immenses, ils firent une loi, sur la proposition d'un tribun, par laquelle ils se donnèrent l'hérédité d'un homme vivant, et la confiscation d'un prince allié ¹.

Bientôt la cupidité des particuliers acheva d'enlever ce qui avoit échappé à l'avarice publique. Les magistrats et les gouverneurs vendoient aux rois leurs injustices. Deux compétiteurs se ruinoient à l'envi pour acheter une protection toujours douteuse contre un rival qui n'étoit pas entièrement épuisé : car on n'avoit pas même cette justice des brigands, qui portent une certaine probité dans l'exercice du crime. Enfin les droits légitimes ou usurpés ne se soutenant que par de l'argent, les princes, pour en avoir, dépouilloient les temples, confisquoient les biens des plus riches citoyens : on faisoit mille crimes pour donner aux Romains tout l'argent du monde.

Mais rien ne servit mieux Rome que le respect qu'elle imprima à la terre. Elle mit d'abord les rois dans le silence, et les rendit comme stupides. Il ne s'agissoit pas du degré de leur puissance; mais

---

¹ Florus, liv. III, chap. IX.

leur personne propre étoit attaquée. Risquer une guerre, c'étoit s'exposer à la captivité, à la mort, à l'infamie du triomphe. Ainsi des rois qui vivoient dans le faste et dans les délices n'osoient jeter des regards fixes sur le peuple romain; et, perdant le courage, ils attendoient, de leur patience et de leurs bassesses, quelque délai aux misères dont ils étoient menacés [1].

Remarquez, je vous prie, la conduite des Romains. Après la défaite d'Antiochus, ils étoient maîtres de l'Afrique, de l'Asie et de la Grèce, sans y avoir presque de villes en propre. Il sembloit qu'ils ne conquissent que pour donner : mais ils restoient si bien les maîtres que, lorsqu'ils faisoient la guerre à quelque prince, ils l'accabloient, pour ainsi dire, du poids de tout l'univers.

Il n'étoit pas temps encore de s'emparer des pays conquis. S'ils avoient gardé les villes prises à Philippe, ils auroient fait ouvrir les yeux aux Grecs : si, après la seconde guerre punique, ou celle contre Antiochus, ils avoient pris des terres en Afrique ou en Asie, ils n'auroient pu conserver des conquêtes si peu solidement établies [2].

---

[1] Ils cachoient autant qu'ils pouvoient leur puissance et leurs richesses aux Romains. (Voyez là-dessus un fragment du premier livre de Dion.)

[2] Ils n'osèrent y exposer leurs colonies : ils aimèrent mieux mettre une jalousie éternelle entre les Carthaginois et Massinisse,

Il falloit attendre que toutes les nations fussent accoutumées à obéir, comme libres et comme alliées, avant de leur commander comme sujettes, et qu'elles eussent été se perdre peu à peu dans la république romaine.

Voyez le traité qu'ils firent avec les Latins après la victoire du lac Régille [1] : il fut un des principaux fondemens de leur puissance. On n'y trouve pas un seul mot qui puisse faire soupçonner l'empire.

C'étoit une manière lente de conquérir. On vainquoit un peuple, et on se contentoit de l'affoiblir ; on lui imposoit des conditions qui le minoient insensiblement ; s'il se relevoit, on l'abaissoit encore davantage ; et il devenoit sujet sans qu'on pût donner une époque de sa sujétion.

Ainsi Rome n'étoit pas proprement une monarchie ou une république, mais la tête du corps formé par tous les peuples du monde.

Si les Espagnols, après la conquête du Mexique et du Pérou, avoient suivi ce plan, ils n'auroient pas été obligés de tout détruire pour tout conserver.

C'est la folie des conquérans de vouloir donner

et se servir du secours des uns et des autres pour soumettre la Macédoine et la Grèce.

[1] Denys d'Halicarnasse le rapporte, liv. VI, pag. 294, édit. de Bâle, 1549.

à tous les peuples leurs lois et leurs coutumes : cela n'est bon à rien ; car dans toute sorte de gouvernement on est capable d'obéir.

Mais Rome n'imposant aucunes lois générales, les peuples n'avoient point entre eux de liaisons dangereuses ; ils ne faisoient un corps que par une obéissance commune ; et, sans être compatriotes, ils étoient tous Romains.

On objectera peut-être que les empires fondés sur les lois des fiefs n'ont jamais été durables ni puissans. Mais il n'y a rien au monde de si contradictoire que le plan des Romains et celui des barbares : et, pour n'en dire qu'un mot, le premier étoit l'ouvrage de la force ; l'autre, de la foiblesse ; dans l'un, la sujétion étoit extrême ; dans l'autre, l'indépendance. Dans les pays conquis par les nations germaniques, le pouvoir étoit dans la main des vassaux ; le droit seulement, dans la main du prince : c'étoit tout le contraire chez les Romains.

CHAPITRE VII.

Comment Mithridate put leur résister.

De tous les rois que les Romains attaquèrent, Mithridate seul se défendit avec courage, et les mit en péril.

La situation de ses états étoit admirable pour leur faire la guerre. Ils touchoient au pays inaccessible du Caucase, rempli de nations féroces dont on pouvoit se servir; de là ils s'étendoient sur la mer du Pont : Mithridate la couvroit de ses vaisseaux, et alloit continuellement acheter de nouvelles armées de Scythes ; l'Asie étoit ouverte à ses invasions : il étoit riche, parce que ses villes sur le Pont-Euxin faisoient un commerce avantageux avec des nations moins industrieuses qu'elles.

Les proscriptions, dont la coutume commença dans ces temps-là, obligèrent plusieurs Romains de quitter leur patrie. Mithridate les reçut à bras ouverts : il forma des légions, où il les fit entrer, qui furent ses meilleures troupes [1].

---

[1] Frontin, Stratagèmes, liv. II, chap. III, ex. 27, dit qu'Archélaüs, lieutenant de Mithridate, combattant contre Sylla, mit au premier rang ses chariots à faux ; au second, sa phalange ; au troisième, les auxiliaires armés à la romaine : « *Mixtis fugitivis*

D'un autre côté, Rome, travaillée par ses dissensions civiles, occupée de maux plus pressans, négligea les affaires d'Asie, et laissa Mithridate suivre ses victoires, ou respirer après ses défaites.

Rien n'avoit plus perdu la plupart des rois que le désir manifeste qu'ils témoignoient de la paix; ils avoient détourné par-là tous les autres peuples de partager avec eux un péril dont ils vouloient tant sortir eux-mêmes. Mais Mithridate fit d'abord sentir à toute la terre qu'il étoit ennemi des Romains, et qu'il le seroit toujours.

Enfin les villes de Grèce et d'Asie, voyant que le joug des Romains s'appesantissoit tous les jours sur elles, mirent leur confiance dans ce roi barbare, qui les appeloit à la liberté.

Cette disposition des choses produisit trois grandes guerres, qui forment un des beaux morceaux de l'histoire romaine; parce qu'on n'y voit pas de princes déjà vaincus par les délices et l'orgueil, comme Antiochus et Tigrane, ou par la crainte, comme Philippe, Persée et Jugurtha, mais un roi magnanime, qui, dans les adversités, tel qu'un lion qui regarde ses blessures, n'en étoit que plus indigné.

« *Italiæ, quorum pervicaciæ multùm fidebat.* » Mithridate fit même une alliance avec Sertorius. Voyez aussi Plutarque, Vie de Sertorius, tom. V, p. 445.

Elles sont singulières, parce que les révolutions y sont continuelles et toujours inopinées : car, si Mithridate pouvoit aisément réparer ses armées, il arrivoit aussi que, dans les revers, où l'on a plus besoin d'obéissance et de discipline, ses troupes barbares l'abandonnoient : s'il avoit l'art de solliciter les peuples, et de faire révolter les villes, il éprouvoit à son tour des perfidies de la part de ses capitaines, de ses enfans et de ses femmes; enfin, s'il eut affaire à des généraux romains malhabiles, on envoya contre lui, en divers temps, Sylla, Lucullus et Pompée.

Ce prince, après avoir battu les généraux romains, et fait la conquête de l'Asie, de la Macédoine et de la Grèce, ayant été vaincu à son tour par Sylla, réduit, par un traité, à ses anciennes limites, fatigué par les généraux romains, devenu encore une fois leur vainqueur et le conquérant de l'Asie, chassé par Lucullus, et suivi dans son propre pays, fut obligé de se retirer chez Tigrane; et, le voyant perdu sans ressource après sa défaite, ne comptant plus que sur lui-même, il se réfugia dans ses propres états, et s'y rétablit.

Pompée succéda à Lucullus, et Mithridate en fut accablé : il fuit de ses états, et passant l'Araxe, il marcha de péril en péril par le pays des Laziens; et, ramassant dans son chemin ce qu'il trouva de barbares, il parut dans le Bosphore, devant son fils Maccharès, qui avoit fait sa paix avec les Romains[1].

Dans l'abîme où il étoit, il forma le dessein de porter la guerre en Italie, et d'aller à Rome avec les mêmes nations qui l'asservirent quelques siècles après, et par le même chemin qu'elles tinrent[2].

Trahi par Pharnace, un autre de ses fils, et par une armée effrayée de la grandeur de ses entreprises et des hasards qu'il alloit chercher, il mourut en roi.

Ce fut alors que Pompée, dans la rapidité de ses victoires, acheva le pompeux ouvrage de la grandeur de Rome. Il unit au corps de son empire des pays infinis; ce qui servit plus au spectacle de la magnificence romaine qu'à sa vraie puissance; et, quoiqu'il parût par les écriteaux portés à son triomphe qu'il avoit augmenté le revenu du fisc de plus d'un tiers, le pouvoir n'augmenta pas, et la liberté publique n'en fut que plus exposée[3].

---

[1] Mithridate l'avoit fait roi du Bosphore. Sur la nouvelle de l'arrivée de son père, il se donna la mort.

[2] Voyez Appien, *de bello Mithridatico*, cap. CIX.

[3] Voyez Plutarque, dans la Vie de Pompée; et Zonoras, liv. II.

CHAPITRE VIII.

Des divisions qui furent toujours dans la ville.

Pendant que Rome conquéroit l'univers, il y avoit dans ses murailles une guerre cachée; c'étoient des feux comme ceux de ces volcans, qui sortent sitôt que quelque matière vient en augmenter la fermentation.

Après l'expulsion des rois le gouvernement étoit devenu aristocratique : les familles patriciennes obtenoient seules toutes les magistratures, toutes les dignités [1], et par conséquent tous les honneurs militaires et civils [2].

Les patriciens, voulant empêcher le retour des rois, cherchèrent à augmenter le mouvement qui étoit dans l'esprit du peuple : mais ils firent plus qu'ils ne voulurent : à force de lui donner de la haine pour les rois, ils lui donnèrent un désir immodéré de la liberté. Comme l'autorité royale

---

[1] Les patriciens avoient même en quelque façon un caractère sacré : il n'y avoit qu'eux qui pussent prendre les auspices. Voyez dans Tite-Live, liv. VI, chap. XL, XLI, la harangue d'Appius Claudius.

[2] Par exemple, il n'y avoit qu'eux qui pussent triompher, puisqu'il n'y avoit qu'eux qui pussent être consuls et commander les armées.

avoit passé tout entière entre les mains des consuls, le peuple sentit que cette liberté dont on vouloit lui donner tant d'amour, il ne l'avoit pas: il chercha donc à abaisser le consulat, à avoir des magistrats plébéiens, et à partager avec les nobles les magistratures curules. Les patriciens furent forcés de lui accorder tout ce qu'il demanda; car, dans une ville où la pauvreté étoit la vertu publique, où les richesses, cette voie sourde pour acquérir la puissance, étoient méprisées, la naissance et les dignités ne pouvoient pas donner de grands avantages. La puissance devoit donc revenir au plus grand nombre, et l'aristocratie se changer peu à peu en un état populaire.

Ceux qui obéissent à un roi sont moins tourmentés d'envie et de jalousie que ceux qui vivent dans une aristocratie héréditaire. Le prince est si loin de ses sujets qu'il n'en est presque pas vu; et il est si fort au-dessus d'eux, qu'ils ne peuvent imaginer aucun rapport qui puisse les choquer : mais les nobles qui gouvernent sont sous les yeux de tous, et ne sont pas si élevés que des comparaisons odieuses ne se fassent sans cesse : aussi a-t-on vu de tout temps, et le voit-on encore, le peuple détester les sénateurs. Les républiques, où la naissance ne donne aucune part au gouvernement, sont à cet égard les plus heureuses; car le peuple peut moins envier une autorité qu'il donne à qui il veut, et qu'il reprend à sa fantaisie.

Le peuple, mécontent des patriciens, se retira sur le Mont-Sacré : on lui envoya des députés qui l'apaisèrent; et comme chacun se promit secours l'un à l'autre en cas que les patriciens ne tinssent pas les paroles données [1], ce qui eût causé à tous les instans des séditions, et auroit troublé toutes les fonctions des magistrats, on jugea qu'il valoit mieux créer une magistrature qui pût empêcher les injustices faites à un plébéien [2]. Mais, par une maladie éternelle des hommes, les plébéiens, qui avoient obtenu des tribuns pour se défendre, s'en servirent pour attaquer; ils enlevèrent peu à peu toutes les prérogatives des patriciens : cela produisit des contestations continuelles. Le peuple étoit soutenu, ou plutôt animé par ses tribuns, et les patriciens étoient défendus par le sénat, qui étoit presque tout composé de patriciens, qui étoit plus porté pour les maximes anciennes, et qui craignoit que la populace n'élevât à la tyrannie quelque tribun.

Le peuple employoit pour lui ses propres forces, et sa supériorité dans les suffrages, ses refus d'aller à la guerre, ses menaces de se retirer, la partialité de ses lois, enfin ses jugemens contre ceux qui lui avoient fait trop de résistance. Le sénat

---

[1] Zonaras, liv. II.

[2] Origine des tribuns du peuple.

se défendoit par sa sagesse, sa justice, et l'amour qu'il inspiroit pour la patrie; par ses bienfaits, et une sage dispensation des trésors de la république; par le respect que le peuple avoit pour la gloire des principales familles et la vertu des grands personnages [1]; par la religion même, les institutions anciennes, et la suppression des jours d'assemblée, sous prétexte que les auspices n'avoient pas été favorables; par les cliens; par l'opposition d'un tribun à un autre; par la création d'un dictateur [2], les occupations d'une nouvelle guerre, ou les malheurs qui réunissoient tous les intérêts; enfin par une condescendance paternelle à accorder au peuple une partie de ses

[1] Le peuple, qui aimoit la gloire, composé de gens qui avoient passé leur vie à la guerre, ne pouvoit refuser ses suffrages à un grand homme sous lequel il avoit combattu. Il obtenoit le droit d'élire des plebéiens, et il élisoit des patriciens. Il fut obligé de se lier les mains, en établissant qu'il y auroit toujours un consul plébéien : aussi les familles plébéiennes qui entrèrent dans les charges y furent-elles ensuite continuellement portées; et quand le peuple éleva aux honneurs quelque homme de néant, comme Varron et Marius, ce fut une espèce de victoire qu'il remporta sur lui-même.

[2] Les patriciens, pour se défendre, avoient coutume de créer un dictateur; ce qui leur réussissoit admirablement bien : mais les plébéiens, ayant obtenu de pouvoir être élus consuls, purent aussi être élus dictateurs; ce qui déconcerta les patriciens. Voyez dans Tite-Live, liv. VIII, chap. xii, comment Publius Philo les abaissa dans sa dictature : il fit trois lois qui leur furent très-préjudiciables.

demandes pour lui faire abandonner les autres, et cette maxime constante de préférer la conservation de la république aux prérogatives de quelque ordre ou de quelque magistrature que ce fût.

Dans la suite des temps, lorsque les plébéiens eurent tellement abaissé les patriciens que cette distinction de familles devint vaine [1], et que les unes et les autres furent indifféremment élevées aux honneurs, il y eut de nouvelles disputes entre le bas peuple, agité par ses tribuns, et les principales familles patriciennes ou plébéiennes, qu'on appela les nobles, et qui avoient pour elles le sénat qui en étoit composé. Mais, comme les mœurs anciennes n'étoient plus, que des particuliers avoient des richesses immenses, et qu'il est impossible que les richesses ne donnent du pouvoir, les nobles résistèrent avec plus de force que les patriciens n'avoient fait; ce qui fut cause de la mort des Gracques et de plusieurs de ceux qui travaillèrent sur leur plan [2].

Il faut que je parle d'une magistrature qui contribua beaucoup à maintenir le gouvernement de Rome : ce fut celle des censeurs. Ils faisoient le dénombrement du peuple; et de plus, comme la

---

[1] Les patriciens ne conservèrent que quelques sacerdoces, et le droit de créer un magistrat qu'on appeloit *entre-roi*.

[2] Comme Saturninus et Glaucias.

force de la république consistoit dans la discipline, l'austérité des mœurs, et l'observation constante de certaines coutumes, ils corrigeoient les abus que la loi n'avoit pas prévus, ou que le magistrat ordinaire ne pouvoit pas punir [1]. Il y a de mauvais exemples qui sont pires que les crimes; et plus d'états ont péri parce qu'on a violé les mœurs que parce qu'on a violé les lois. A Rome, tout ce qui pouvoit introduire des nouveautés dangereuses, changer le cœur ou l'esprit du citoyen, et en empêcher, si j'ose me servir de ce terme, la perpétuité, les désordres domestiques ou publics étoient réformés par les censeurs : ils pouvoient chasser du sénat qui ils vouloient, ôter à un chevalier le cheval qui lui étoit entretenu par le public, mettre un citoyen dans une autre tribu, et même parmi ceux qui payoient les charges de la ville sans avoir part à ses priviléges [2].

M. Livius nota le peuple même; et de trente-cinq tribus il en mit trente-quatre au rang de ceux qui n'avoient point de part aux priviléges de la

[1] On peut voir comme ils dégradèrent ceux qui, après la bataille de Cannes, avoient été d'avis d'abandonner l'Italie ; ceux qui s'étoient rendus à Annibal; ceux qui, par une mauvaise interprétation, lui avoient manqué de parole.

[2] Cela s'appeloit *Aerarium aliquem facere*, *aut in cœritum tabulas referre*. On étoit mis hors de sa centurie, et on n'avoit plus le droit de suffrage.

ville ¹. « Car, disoit-il, après m'avoir condamné
« vous m'avez fait consul et censeur : il faut donc
« que vous ayez prévariqué une fois en m'infli-
« geant une peine, ou deux fois, en me créant
« consul, et ensuite censeur. »

M. Duronius, tribun du peuple, fut chassé du
sénat par les censeurs, parce que pendant sa magistrature il avoit abrogé la loi qui bornoit les
dépenses des festins ².

C'étoit une institution bien sage. Ils ne pouvoient ôter à personne une magistrature, parce
que cela auroit troublé l'exercice de la puissance
publique ³ ; mais ils faisoient déchoir de l'ordre et
du rang, et privoient pour ainsi dire un citoyen
de sa noblesse particulière.

Servius Tullius avoit fait la fameuse division par
centuries, que Tite-Live ⁴ et Denys d'Halicarnasse ⁵
nous ont si bien expliquée. Il avoit distribué cent
quatre-vingt-treize centuries en six classes, et
mis tout le bas peuple dans la dernière centurie,
qui formoit seule la sixième classe. On voit que
cette disposition excluoit le bas peuple du suffrage,
non pas de droit, mais de fait. Dans la suite on

---

¹ Tite-Live, liv. XXIX, chap. XXXVII.
² Valère-Maxime, liv. II, chap. IX, art. 6.
³ La dignité de sénateur n'étoit pas une magistrature.
⁴ Liv. I, chap. XLIII.
⁵ Liv. IV, art 15 et suiv.

régla qu'excepté dans quelques cas particuliers on suivroit dans les suffrages la division par tribus. Il y en avoit trente-cinq qui donnoient chacune leur voix, quatre de la ville, et trente-une de la campagne. Les principaux citoyens, tous laboureurs, entrèrent naturellement dans les tribus de la campagne; et celles de la ville reçurent le bas peuple [1] qui, y étant enfermé, influoit très-peu dans les affaires; et cela étoit regardé comme le salut de la république. Et quand Fabius remit dans les quatre tribus de la ville le menu peuple qu'Appius Claudius avoit répandu dans toutes, il en acquit le surnom de très-grand [2]. Les censeurs jetoient les yeux tous les cinq ans sur la situation actuelle de la république, et distribuoient de manière le peuple dans ses diverses tribus, que les tribuns et les ambitieux ne pussent pas se rendre maîtres des suffrages, et que le peuple même ne pût pas abuser de son pouvoir.

Le gouvernement de Rome fut admirable en ce que depuis sa naissance sa constitution se trouva telle, soit par l'esprit du peuple, la force du sénat, ou l'autorité de certains magistrats, que tout abus du pouvoir y put toujours être corrigé.

Carthage périt parce que lorsqu'il fallut retrancher les abus, elle ne put souffrir la main de

[1] Appelé *Turba forensis*.
[2] Voyez Tite-Live, liv. IX, chap. XLVI.

son Annibal même. Athènes tomba parce que ses erreurs lui parurent si douces qu'elle ne voulut pas en guérir. Et parmi nous les républiques d'Italie, qui se vantent de la perpétuité de leur gouvernement, ne doivent se vanter que de la perpétuité de leurs abus : aussi n'ont-elles pas plus de liberté que Rome n'en eut du temps des décemvirs ¹.

Le gouvernement d'Angleterre est plus sage, parce qu'il y a un corps qui l'examine continuellement, et qui s'examine continuellement lui-même : et telles sont ses erreurs qu'elles ne sont jamais longues, et que par l'esprit d'attention qu'elles donnent à la nation, elles sont souvent utiles.

En un mot, un gouvernement libre, c'est-à-dire toujours agité, ne sauroit se maintenir s'il n'est par ses propres lois capable de correction.

¹ Ni même plus de puissance.

CHAPITRE IX.

Deux causes de la perte de Rome.

Lorsque la domination de Rome étoit bornée dans l'Italie, la république pouvoit facilement subsister. Tout soldat étoit également citoyen; chaque consul levoit une armée; et d'autres citoyens alloient à la guerre sous celui qui succédoit. Le nombre de troupes n'étant pas excessif, on avoit attention à ne recevoir dans la milice que des gens qui eussent assez de bien pour avoir intérêt à la conservation de la ville [1]. Enfin le sénat voyoit de près la conduite des généraux, et leur ôtoit la pensée de rien faire contre leur devoir.

Mais lorsque les légions passèrent les Alpes et

---

[1] Les affranchis, et ceux qu'on appeloit *capite censi*, parce que, ayant très-peu de bien, ils n'étoient taxés que pour leur tête, ne furent point d'abord enrôlés dans la milice de terre, excepté dans les cas pressans. Servius Tullius les avoit mis dans la sixième classe, et on ne prenoit des soldats que dans les cinq premières. Mais Marius, partant contre Jugurtha, enrôla indifféremment tout le monde. « *Milites scribere*, dit Salluste, *non more majorum, « neque classibus, sed uti cujusque libido erat, capite censos « plerosque.* » (De bello Jugurth. § 4.) Remarquez que, dans la division par tribus, ceux qui étoient dans les quatre tribus de la ville étoient à peu près les mêmes que ceux qui, dans la division par centuries, étoient dans la sixième classe.

la mer, les gens de guerre, qu'on étoit obligé de laisser pendant plusieurs campagnes dans les pays que l'on soumettoit, perdirent peu à peu l'esprit de citoyens; et les généraux, qui disposèrent des armées et des royaumes, sentirent leur force, et ne purent plus obéir.

Les soldats commencèrent donc à ne reconnoître que leur général, à fonder sur lui toutes leurs espérances, et à voir de plus loin la ville. Ce ne furent plus les soldats de la république, mais de Sylla, de Marius, de Pompée, de César. Rome ne put plus savoir si celui qui étoit à la tête d'une armée dans une province étoit son général ou son ennemi.

Tandis que le peuple de Rome ne fut corrompu que par ses tribuns, à qui il ne pouvoit accorder que sa puissance même, le sénat put aisément se défendre, parce qu'il agissoit constamment; au lieu que la populace passoit sans cesse de l'extrémité de la fougue à l'extrémité de la foiblesse. Mais quand le peuple put donner à ses favoris une formidable autorité au dehors, toute la sagesse du sénat devint inutile, et la république fut perdue.

Ce qui fait que les états libres durent moins que les autres, c'est que les malheurs et les succès qui leur arrivent leur font presque toujours perdre la liberté; au lieu que les succès et les malheurs d'un état où le peuple est soumis confirment également sa servitude. Une république sage ne doit rien hasarder qui l'expose à la bonne ou à la mauvaise fortune : le seul bien auquel elle doit aspirer, c'est à la perpétuité de son état.

Si la grandeur de l'empire perdit la république, la grandeur de la ville ne la perdit pas moins.

Rome avoit soumis tout l'univers avec le secours des peuples d'Italie, auxquels elle avoit donné en différens temps divers priviléges [1]. La plupart de ces peuples ne s'étoient pas d'abord fort souciés du droit de bourgeoisie chez les Romains; et quelques-uns aimèrent mieux garder leurs usages [2]. Mais lorsque ce droit fut celui de la souveraineté universelle, qu'on ne fut rien dans le monde si l'on n'étoit citoyen romain, et qu'avec ce titre on étoit tout, les peuples d'Italie résolurent de périr ou d'être Romains : ne pouvant en venir à bout par leurs brigues et par leurs prières, ils prirent la voie des armes; ils se révoltèrent dans tout ce côté qui regarde la mer Ionienne; les autres alliés alloient les suivre [3]. Rome, obligée de combattre

---

[1] *Jus Latii, jus italicum.*

[2] Les Éques disoient dans leurs assemblées : Ceux qui ont pu choisir ont préféré leurs lois au droit de la cité romaine, qui a été une peine nécessaire pour ceux qui n'ont pu s'en défendre. Tite-Live, liv. IX, chap. XLV.

[3] Les Asculans, les Marses, les Vestins, les Marrucins, les Fé-

contre ceux qui étoient, pour ainsi dire, les mains avec lesquelles elle enchaînoit l'univers, étoit perdue; elle alloit être réduite à ses murailles : elle accorda ce droit tant désiré aux alliés qui n'avoient pas encore cessé d'être fidèles [1]; et peu à peu elle l'accorda à tous.

Pour lors Rome ne fut plus cette ville dont le peuple n'avoit eu qu'un même esprit, un même amour pour la liberté, une même haine pour la tyrannie, où cette jalousie du pouvoir du sénat et des prérogatives des grands, toujours mêlée de respect, n'étoit qu'un amour de l'égalité. Les peuples d'Italie étant devenus ses citoyens, chaque ville y apporta son génie, ses intérêts particuliers, et sa dépendance de quelque grand protecteur [2]. La ville déchirée ne forma plus un tout ensemble; et, comme on n'en étoit citoyen que par une espèce de fiction, qu'on n'avoit plus les mêmes magistrats, les mêmes murailles, les mêmes dieux, les

---

rentans, les Hirpins, les Pompéians, les Vénusiens, les Japyges, les Lucaniens, les Samnites, et autres. Appien, de la guerre civile, liv. I, chap. XXIX.

[1] Les Toscans, les Ombriens, les Latins. Cela porta quelques peuples à se soumettre; et, comme on les fit aussi citoyens, d'autres posèrent encore les armes; et enfin il ne resta que les Samnites, qui furent exterminés.

[2] Qu'on s'imagine cette tête monstrueuse des peuples d'Italie, qui, par le suffrage de chaque homme, conduisoit le reste du monde.

mêmes temples, les mêmes sépultures, on ne vit plus Rome des mêmes yeux, on n'eut plus le même amour pour la patrie, et les sentimens romains ne furent plus.

Les ambitieux firent venir à Rome des villes et des nations entières pour troubler les suffrages, ou se les faire donner; les assemblées furent de véritables conjurations; on appela *comices* une troupe de quelques séditieux; l'autorité du peuple, ses lois, lui-même, devinrent des choses chimériques; et l'anarchie fut telle, qu'on ne put plus savoir si le peuple avoit fait une ordonnance, ou s'il ne l'avoit point faite [1].

On n'entend parler, dans les auteurs, que des divisions qui perdirent Rome; mais on ne voit pas que ces divisions y étoient nécessaires, qu'elles y avoient toujours été, et qu'elles y devoient toujours être. Ce fut uniquement la grandeur de la république qui fit le mal et qui changea en guerres civiles les tumultes populaires. Il falloit bien qu'il y eût à Rome des divisions : et ces guerriers si fiers, si audacieux, si terribles au dehors, ne pouvoient pas être bien modérés au dedans. Demander, dans un état libre, des gens hardis dans la guerre, et timides dans la paix, c'est vouloir des choses impossibles; et, pour règle générale, toutes

---

[1] Voyez les Lettres de Cicéron à Atticus, liv. IV, lettres xv.

les fois qu'on verra tout le monde tranquille dans un état qui se donne le nom de république, on peut être assuré que la liberté n'y est pas.

Ce qu'on appelle union, dans un corps politique, est une chose très-équivoque; la vraie est une union d'harmonie, qui fait que toutes les parties, quelque opposées qu'elles nous paroissent, concourent au bien général de la société, comme des dissonances dans la musique concourent à l'accord total. Il peut y avoir de l'union dans un état où l'on ne croit voir que du trouble, c'est-à-dire une harmonie d'où résulte le bonheur, qui seul est la vraie paix. Il en est comme des parties de cet univers, éternellement liées par l'action des unes et la réaction des autres.

Mais, dans l'accord du despotisme asiatique, c'est-à-dire de tout gouvernement qui n'est pas modéré, il y a toujours une division réelle. Le laboureur, l'homme de guerre, le négociant, le magistrat, le noble, ne sont joints que parce que les uns oppriment les autres sans résistance; et, si l'on y voit de l'union, ce ne sont pas des citoyens qui sont unis, mais des corps morts ensevelis les uns auprès des autres.

Il est vrai que les lois de Rome devinrent impuissantes pour gouverner la république; mais c'est une chose qu'on a vue toujours, que de bonnes lois, qui ont fait qu'une petite république devient grande, lui deviennent à charge lorsqu'elle s'est agrandie ; parce qu'elles étoient telles que leur effet naturel étoit de faire un grand peuple, et non pas de le gouverner.

Il y a bien de la différence entre les lois bonnes, et les lois convenables; celles qui font qu'un peuple se rend maître des autres, et celles qui maintiennent sa puissance lorsqu'il l'a acquise.

Il y a à présent dans le monde une république que presque personne ne connoît [1], et qui, dans le secret et le silence, augmente ses forces chaque jour. Il est certain que si elle parvient jamais à l'état de grandeur où sa sagesse la destine, elle changera nécessairement ses lois; et ce ne sera point l'ouvrage d'un législateur, mais celui de la corruption même.

Rome étoit faite pour s'agrandir, et ses lois étoient admirables pour cela. Aussi, dans quelque gouvernement qu'elle ait été, sous le pouvoir des rois, dans l'aristocratie, ou dans l'état populaire, elle n'a jamais cessé de faire des entreprises qui demandoient de la conduite, et y a réussi. Elle ne s'est pas trouvée plus sage que tous les autres états de la terre en un jour, mais continuellement; elle a soutenu une petite, une médiocre, une grande fortune, avec la même supériorité, et

---

[1] Le canton de Berne.

n'a point eu de prospérités dont elle n'ait profité, ni de malheurs dont elle ne se soit servie.

Elle perdit sa liberté parce qu'elle acheva trop tôt son ouvrage.

CHAPITRE X.

De la corruption des Romains.

Je crois que la secte d'Épicure, qui s'introduisit à Rome sur la fin de la république, contribua beaucoup à gâter le cœur et l'esprit des Romains [1]. Les Grecs en avoient été infatués avant eux; aussi avoient-ils été plus tôt corrompus. Polybe nous dit que de son temps les sermens ne pouvoient donner de la confiance pour un Grec, au lieu qu'un Romain en étoit pour ainsi dire enchaîné [2].

Il y a un fait dans les lettres de Cicéron à Atticus [3] qui nous montre combien les Romains avoient changé à cet égard depuis le temps de Polybe.

« Memmius, dit-il, vient de communiquer au
« sénat l'accord que son compétiteur et lui avoient

---

[1] Cynéas en ayant discouru à la table de Pyrrhus, Fabricius souhaita que les ennemis de Rome pussent tous prendre les principes d'une pareille secte. Plutarque, Vie de Pyrrhus, tom. IV, page 178.

[2] « Si vous prêtez aux Grecs un talent, avec dix promesses, dix
« cautions, autant de témoins, il est impossible qu'ils gardent leur
« foi; mais parmi les Romains, soit qu'on doive rendre compte des
« deniers publics ou de ceux des particuliers, on est fidèle, à cause
« du serment que l'on a fait. On a donc sagement établi la crainte
« des enfers; et c'est sans raison qu'on la combat aujourd'hui. »
Polybe, liv. VI, chap. LVI.

[3] Livre IV, lettre XVII.

« fait avec les consuls, par lequel ceux-ci s'étoient
« engagés de les favoriser dans la poursuite du
« consulat pour l'année suivante; et eux, de leur
« côté, s'obligeoient de payer aux consuls quatre
« cent mille sesterces, s'ils ne leur fournissoient
« trois augures qui déclareroient qu'ils étoient
« présens lorsque le peuple avoit fait la loi *curiate*[1],
« quoiqu'il n'en eût point fait, et deux consulaires
« qui affirmeroient qu'ils avoient assisté à la signa-
« ture du *sénatus-consulte*, qui régloit l'état de
« leurs provinces, quoiqu'il n'y en eût point eu. »
Que de malhonnêtes gens dans un seul contrat!

Outre que la religion est toujours le meilleur
garant que l'on puisse avoir des mœurs des hommes, il y avoit ceci de particulier chez les Romains,
qu'ils mêloient quelque sentiment religieux à l'a-
mour qu'ils avoient pour leur patrie. Cette ville,
fondée sous les meilleurs auspices; ce Romulus,
leur roi et leur dieu; ce Capitole, éternel comme
la ville; et la ville, éternelle comme son fondateur,
avoient fait autrefois sur l'esprit des Romains une
impression qu'il eût été à souhaiter qu'ils eussent
conservée.

---

[1] La loi *curiate* donnoit la puissance militaire, et le sénatus-
consulte régloit les troupes, l'argent, les officiers, que devoit avoir
le gouverneur: or, les consuls, pour que tout cela fût fait à leur
fantaisie, vouloient fabriquer une fausse loi et un faux sénatus-
consulte.

La grandeur de l'état fit la grandeur des fortunes particulières. Mais, comme l'opulence est dans les mœurs, et non pas dans les richesses, celles des Romains, qui ne laissoient pas d'avoir des bornes, produisirent un luxe et des profusions qui n'en avoient point [1]. Ceux qui avoient d'abord été corrompus par leurs richesses le furent ensuite par leur pauvreté. Avec des biens au-dessus d'une condition privée, il fut difficile d'être un bon citoyen; avec les désirs et les regrets d'une grande fortune ruinée, on fut prêt à tous les attentats; et, comme dit Salluste [2], on vit une génération de gens qui ne pouvoient avoir de patrimoine, ni souffrir que d'autres en eussent.

Cependant, quelle que fût la corruption de Rome, tous les malheurs ne s'y étoient pas introduits; car la force de son institution avoit été telle qu'elle avoit conservé une valeur héroïque, et toute son application à la guerre, au milieu des richesses, de la mollesse, et de la volupté; ce qui n'est, je crois, arrivé à aucune nation du monde.

Les citoyens romains regardoient le commerce [3]

[1] La maison que Cornélie avoit achetée soixante-quinze mille drachmes, Lucullus l'acheta, peu de temps après, deux millions cinq cent mille. Plutarque, Vie de Marius, tom. IV, pag. 305.

[2] *Ut meritò dicatur genitos esse, qui nec ipsi habere possent res familiares, nec alios pati.* Fragment de l'histoire de Salluste, tiré du livre de la Cité de Dieu, liv. II, chap. XVIII.

[3] Romulus ne permit que deux sortes d'exercices aux gens libres,

et les arts comme des occupations d'esclaves [1] ; ils ne les exerçoient point. S'il y eut quelques exceptions, ce ne fut que de la part de quelques affranchis qui continuoient leur première industrie; mais en général ils ne connoissoient que l'art de la guerre, qui étoit la seule voie pour aller aux magistratures et aux honneurs [2]. Ainsi les vertus guerrières restèrent après qu'on eut perdu toutes les autres.

l'agriculture et la guerre. Les marchands, les ouvriers, ceux qui tenoient une maison à louage, les cabaretiers, n'étoient pas du nombre des citoyens. Denys d'Halicarnasse, liv. II. *Idem.* liv. IX.

[1] Cicéron en donne les raisons dans ses Offices, liv. III.

[2] Il falloit avoir servi dix années, entre l'âge de seize ans et celui de quarante-sept. Voyez Polybe, liv. VI, chap. XIX.

CHAPITRE XI.

1. De Sylla. 2. De Pompée et César.

Je supplie qu'on me permette de détourner les yeux des horreurs des guerres de Marius et de Sylla : on en trouvera dans Appien l'épouvantable histoire. Outre la jalousie, l'ambition, et la cruauté des deux chefs, chaque Romain étoit furieux; les nouveaux citoyens et les anciens ne se regardoient plus comme les membres d'une même république [1], et l'on se faisoit une guerre qui, par un caractère particulier, étoit en même temps civile et étrangère.

Sylla fit des lois très-propres à ôter la cause des désordres que l'on avoit vus : elles augmentoient l'autorité du sénat, tempéroient le pouvoir du peuple, régloient celui des tribuns. La fantaisie qui lui fit quitter la dictature sembla rendre la vie à la république; mais, dans la fureur de ses succès, il avoit fait des choses qui mirent Rome dans l'impossibilité de conserver sa liberté.

[1] Comme Marius, pour se faire donner la commission de la guerre contre Mithridate au préjudice de Sylla, avoit, par le secours du tribun Sulpitius, répandu les huit nouvelles tribus des peuples d'Italie dans les anciennes, ce qui rendoit les Italiens maîtres des suffrages; ils étoient la plupart du parti de Marius, pendant que le sénat et les anciens citoyens étoient du parti de Sylla.

Il ruina dans son expédition d'Asie toute la discipline militaire; il accoutuma son armée aux rapines ¹, et lui donna des besoins qu'elle n'avoit jamais eus; il corrompit une fois des soldats, qui devoient dans la suite corrompre les capitaines.

Il entra dans Rome à main armée, et enseigna aux généraux romains à violer l'asile de la liberté ².

Il donna les terres des citoyens aux soldats ³, et il les rendit avides pour jamais; car, dès ce moment, il n'y eut plus un homme de guerre qui n'attendît une occasion qui pût mettre les biens de ses concitoyens entre ses mains.

Il inventa les proscriptions, et mit à prix la tête de ceux qui n'étoient pas de son parti. Dès lors il fut impossible de s'attacher davantage à la république; car, parmi deux hommes ambitieux, et qui se disputoient la victoire, ceux qui étoient neutres, et pour le parti de la liberté, étoient sûrs d'être proscrits par celui des deux qui seroit le vainqueur. Il étoit donc de la prudence de s'attacher à l'un des deux.

---

¹ Voyez dans la conjuration de Catilina, chap. XI et XII, le portrait que Salluste nous fait de cette armée.

² *Fugatis Marii copiis, primus urbem Romam cum armis ingressus est.* Fragment de Jean d'Antioche, dans l'Extrait des vertus et des vices.

³ On distribua bien au commencement une partie des terres des ennemis vaincus; mais Sylla donnoit les terres des citoyens.

Il vint après lui, dit Cicéron [1], un homme qui, dans une cause impie et une victoire encore plus honteuse, ne confisqua pas seulement les biens des particuliers, mais enveloppa dans la même calamité des provinces entières.

Sylla, quittant la dictature, avoit semblé ne vouloir vivre que sous la protection de ses lois mêmes; mais cette action, qui marqua tant de modération, étoit elle-même une suite de ses violences. Il avoit donné des établissemens à quarante-sept légions dans divers endroits de l'Italie. Ces gens-là, dit Appien, regardant leur fortune comme attachée à sa vie, veilloient à sa sûreté, et étoient toujours prêts à le secourir ou à le venger [2].

La république devant nécessairement périr, il n'étoit plus question que de savoir comment et par qui elle devoit être abattue.

Deux hommes également ambitieux, excepté que l'un ne savoit pas aller à son but si directement que l'autre, effacèrent par leur crédit, par leurs exploits, par leurs vertus, tous les autres citoyens. Pompée parut le premier : César le suivit de près.

Pompée, pour s'attirer la faveur, fit casser les lois de Sylla qui bornoient le pouvoir du peuple;

[1] Offices, liv. II, pag. 500.
[2] On peut voir ce qui arriva après la mort de César.

et, quand il eut fait à son ambition un sacrifice des lois les plus salutaires de sa patrie, il obtint tout ce qu'il voulut, et la témérité du peuple fut sans bornes à son égard.

Les lois de Rome avoient sagement divisé la puissance publique en un grand nombre de magistratures, qui se soutenoient, s'arrêtoient, et se tempéroient l'une l'autre; et, comme elles n'avoient toutes qu'un pouvoir borné, chaque citoyen étoit bon pour y parvenir; et le peuple, voyant passer devant lui plusieurs personnages l'un après l'autre, ne s'accoutumoit à aucun d'eux. Mais dans ces temps-ci le système de la république changea : les plus puissans se firent donner par le peuple des commissions extraordinaires; ce qui anéantit l'autorité du peuple et des magistrats, et mit toutes les grandes affaires dans les mains d'un seul ou de peu de gens [1].

Fallut-il faire la guerre à Sertorius, on en donna la commission à Pompée. Fallut-il la faire à Mithridate, tout le monde cria Pompée. Eut-on besoin de faire venir des blés à Rome, le peuple croit être perdu, si on n'en charge Pompée. Veut-on détruire les pirates, il n'y a que Pompée. Et lorsque César menace d'envahir, le sénat crie à son tour, et n'espère plus qu'en Pompée.

---

[1] *Plebis opes imminutæ, paucorum potentia crevit.* Salluste, *de conjurat. Catil.*, cap. XXXIX.

« Je crois bien, disoit Marcus [1] au peuple, que
« Pompée, que les nobles attendent, aimera mieux
« assurer votre liberté que leur domination; mais
« il y a eu un temps où chacun de vous devoit
« avoir la protection de plusieurs, et non pas tous
« la protection d'un seul, et où il étoit inouï
« qu'un mortel pût donner ou ôter de pareilles
« choses. »

A Rome, faite pour s'agrandir, il avoit fallu réunir dans les mêmes personnes les honneurs et la puissance; ce qui, dans des temps de trouble, pouvoit fixer l'admiration du peuple sur un seul citoyen.

Quand on accorde des honneurs, on sait précisément ce que l'on donne; mais, quand on y joint le pouvoir, on ne peut dire à quel point il pourra être porté.

Des préférences excessives données à un citoyen dans une république ont toujours des effets nécessaires : elles font naître l'envie du peuple, ou elles augmentent sans mesure son amour.

Deux fois Pompée, retournant à Rome maître d'opprimer la république, eut la modération de congédier ses armées avant que d'y entrer, et d'y paroître en simple citoyen. Ces actions, qui le comblèrent de gloire, firent que dans la suite

---

[1] Fragment de l'Histoire de Salluste.

quelque chose qu'il eût fait au préjudice des lois, le sénat se déclara toujours pour lui.

Pompée avoit une ambition plus lente et plus douce que celle de César. Celui-ci vouloit aller à la souveraine puissance les armes à la main, comme Sylla. Cette façon d'opprimer ne plaisoit point à Pompée : il aspiroit à la dictature, mais par les suffrages du peuple; il ne pouvoit consentir à usurper la puissance, mais il auroit voulu qu'on la lui remît entre les mains.

Comme la faveur du peuple n'est jamais constante, il y eut des temps où Pompée vit diminuer son crédit [1]; et, ce qui le toucha bien sensiblement, des gens qu'il méprisoit augmentèrent le leur, et s'en servirent contre lui.

Cela lui fit faire trois choses également funestes : il corrompit le peuple à force d'argent, et mit dans les élections un prix aux suffrages de chaque citoyen.

De plus, il se servit de la plus vile populace pour troubler les magistrats dans leurs fonctions, espérant que les gens sages, lassés de vivre dans l'anarchie, le créeroient dictateur par désespoir.

Enfin il s'unit d'intérêts avec César et Crassus. Caton disoit que ce n'étoit pas leur inimitié qui avoit perdu la république, mais leur union. En

---

[1] Voyez Plutarque, Vie de Pompée, tom. VI, pag. 103 et suiv.

effet, Rome étoit en ce malheureux état qu'elle étoit moins accablée par les guerres civiles que par la paix, qui, réunissant les vues et les intérêts des principaux, ne faisoit plus qu'une tyrannie.

Pompée ne prêta pas proprement son crédit à César; mais, sans le savoir, il le lui sacrifia. Bientôt César employa contre lui les forces qu'il lui avoit données, et ses artifices mêmes : il troubla la ville par ses émissaires, et se rendit maître des élections; consuls, préteurs, tribuns, furent achetés au prix qu'ils mirent eux-mêmes.

Le sénat, qui vit clairement les desseins de César, eut recours à Pompée; il le pria de prendre la défense de la république, si l'on pouvoit appeler de ce nom un gouvernement qui demandoit la protection d'un de ses citoyens.

Je crois que ce qui perdit surtout Pompée fut la honte qu'il eut de penser qu'en élevant César, comme il avoit fait, il eût manqué de prévoyance. Il s'accoutuma le plus tard qu'il put à cette idée : il ne se mettoit point en défense pour ne point avouer qu'il se fût mis en danger : il soutenoit au sénat que César n'oseroit faire la guerre; et parce qu'il l'avoit dit tant de fois, il le redisoit toujours.

Il semble qu'une chose avoit mis César en état de tout entreprendre; c'est que, par une malheureuse conformité de noms, on avoit joint à son gouvernement de la Gaule cisalpine celui de la Gaule d'au delà les Alpes.

La politique n'avoit point permis qu'il y eût des armées auprès de Rome; mais elle n'avoit pas souffert non plus que l'Italie fût entièrement dégarnie de troupes : cela fit qu'on tint des forces considérables dans la Gaule cisalpine, c'est-à-dire dans le pays qui est depuis le Rubicon, petit fleuve de la Romagne, jusqu'aux Alpes. Mais, pour assurer la ville de Rome contre ces troupes, on fit le célèbre *sénatus-consulte* que l'on voit encore gravé sur le chemin de Rimini à Césène, par lequel on dévouoit aux dieux infernaux, et l'on déclaroit sacrilége et parricide, quiconque, avec une légion, avec une armée, ou avec une cohorte, passeroit le Rubicon.

A un gouvernement si important qui tenoit la ville en échec, on en joignit un autre plus considérable encore; c'étoit celui de la Gaule transalpine, qui comprenoit les pays du midi de la France, qui ayant donné à César l'occasion de faire la guerre pendant plusieurs années à tous les peuples qu'il voulut, fit que ses soldats vieillirent avec lui, et qu'ils ne les conquit pas moins que les barbares. Si César n'avoit point eu le gouvernement de la Gaule transalpine, il n'auroit point corrompu ses soldats, ni fait respecter son nom par tant de victoires. S'il n'avoit pas eu celui de la Gaule cisalpine, Pompée auroit pu l'arrêter au passage des Alpes; au lieu que, dès le commencement de la guerre, il fut obligé d'abandonner l'Italie; ce qui fit perdre à son parti la réputation, qui dans les guerres civiles est la puissance même.

La même frayeur qu'Annibal porta dans Rome après la bataille de Cannes, César l'y répandit lorsqu'il passa le Rubicon. Pompée éperdu ne vit, dans les premiers momens de la guerre, de parti à prendre que celui qui reste dans les affaires désespérées; il ne sut que céder et que fuir; il sortit de Rome, y laissa le trésor public; il ne put nulle part retarder le vainqueur; il abandonna une partie de ses troupes, toute l'Italie, et passa la mer.

On parle beaucoup de la fortune de César; mais cet homme extraordinaire avoit tant de grandes qualités, sans pas un défaut, quoiqu'il eût bien des vices, qu'il eût été bien difficile que, quelque armée qu'il eût commandée, il n'eût été vainqueur, et qu'en quelque république qu'il fût né il ne l'eût gouvernée.

César, après avoir défait les lieutenans de Pompée en Espagne, alla en Grèce le chercher lui-même. Pompée, qui avoit la côte de la mer et des forces supérieures, étoit sur le point de voir l'armée de César détruite par la misère et la faim :

mais comme il avoit souverainement le foible de vouloir être approuvé, il ne pouvoit s'empêcher de prêter l'oreille aux vains discours de ses gens, qui le railloient ou l'accusoient sans cesse [1]. Il veut, disoit l'un, se perpétuer dans le commandement, et être comme Agamemnon le roi des rois. Je vous avertis, disoit un autre, que nous ne mangerons pas encore cette année des figues de Tusculum. Quelques succès particuliers qu'il eut achevèrent de tourner la tête à cette troupe sénatoriale. Ainsi, pour n'être pas blâmé, il fit une chose que la postérité blâmera toujours, de sacrifier tant d'avantages pour aller, avec des troupes nouvelles, combattre une armée qui avoit vaincu tant de fois.

Lorsque les restes de Pharsale se furent retirés en Afrique, Scipion, qui les commandoit, ne voulut jamais suivre l'avis de Caton, de traîner la guerre en longueur : enflé de quelques avantages, il risqua tout et perdit tout ; et lorsque, Brutus et Cassius rétablirent ce parti, la même précipitation perdit la république une troisième fois [2].

Vous remarquerez que dans ces guerres civiles, qui durèrent si long-temps, la puissance de Rome

[1] Voyez Plutarque, Vie de Pompée, tom. VI, pag. 248.
[2] Cela est bien expliqué dans Appien, de la guerre civile, liv. IV, chap. CVIII et suiv. L'armée d'Octave et d'Antoine auroit péri de faim si l'on n'avoit pas donné la bataille.

s'accrut sans cesse au dehors. Sous Marius, Sylla, Pompée, César, Antoine, Auguste, Rome, toujours plus terrible, acheva de détruire tous les rois qui restoient encore.

Il n'y a point d'état qui menace si fort les autres d'une conquête que celui qui est dans les horreurs de la guerre civile. Tout le monde, noble, bourgeois, artisan, laboureur, y devient soldat; et lorsque par la paix les forces y sont réunies, cet état a de grands avantages sur les autres qui n'ont guère que des citoyens. D'ailleurs dans les guerres civiles il se forme souvent de grands hommes, parce que dans la confusion ceux qui ont du mérite se font jour, chacun se place et se met à son rang; au lieu que dans les autres temps on est placé, et l'on est presque toujours tout de travers. Et pour passer de l'exemple des Romains à d'autres plus récens, les Français n'ont jamais été si redoutables au dehors qu'après les querelles des maisons de Bourgogne et d'Orléans, après les troubles de la ligue, après les guerres civiles de la minorité de Louis XIII et celle de Louis XIV. L'Angleterre n'a jamais été si respectée que sous Cromwel, après les guerres du long parlement. Les Allemands n'ont pris la supériorité sur les Turcs qu'après les guerres civiles d'Allemagne. Les Espagnols, sous Philippe V, d'abord après les guerres civiles pour la succession, ont montré en

Sicile une force qui a étonné l'Europe; et nous voyons aujourd'hui la Perse renaître des cendres de la guerre civile et humilier les Turcs.

Enfin la république fut opprimée : et il n'en faut pas accuser l'ambition de quelques particuliers; il en faut accuser l'homme, toujours plus avide du pouvoir à mesure qu'il en a davantage, et qui ne désire tout que parce qu'il possède beaucoup.

Si César et Pompée avoient pensé comme Caton, d'autres auroient pensé comme firent César et Pompée; et la république, destinée à périr, auroit été entraînée au précipice par une autre main.

César pardonna à tout le monde : mais il me semble que la modération que l'on montre après qu'on a tout usurpé ne mérite pas de grandes louanges.

Quoi que l'on ait dit de sa diligence après Pharsale, Cicéron l'accuse de lenteur avec raison. Il dit à Cassius qu'ils n'auroient jamais cru que le parti de Pompée se fût ainsi relevé en Espagne et en Afrique, et que, s'ils avoient pu prévoir que César se fût amusé à sa guerre d'Alexandrie, ils n'auroient pas fait leur paix, et qu'ils se seroient retirés avec Scipion et Caton en Afrique [1]. Ainsi un fol amour lui fit essuyer quatre guerres; et,

---

[1] Lettres familières, liv. XV, lettre xv.

en ne prévenant pas les deux dernières, il remit en question ce qui avoit été décidé à Pharsale.

César gouverna d'abord sous des titres de magistrature, car les hommes ne sont guère touchés que des noms. Et comme les peuples d'Asie abhorroient ceux de consul et de proconsul, les peuples d'Europe détestoient celui de roi ; de sorte que, dans ces temps-là, ces noms faisoient le bonheur ou le désespoir de toute la terre. César ne laissa pas de tenter de se faire mettre le diadème sur la tête : mais voyant que le peuple cessoit ses acclamations, il le rejeta. Il fit encore d'autres tentatives [1] : et je ne puis comprendre qu'il pût croire que les Romains, pour le souffrir tyran, aimassent pour cela la tyrannie, ou crussent avoir fait ce qu'ils avoient fait.

Un jour que le sénat lui déféroit de certains honneurs, il négligea de se lever ; et pour lors les plus graves de ce corps achevèrent de perdre patience.

On n'offense jamais plus les hommes que lorsqu'on choque leurs cérémonies et leurs usages. Cherchez à les opprimer, c'est quelquefois une preuve de l'estime que vous en faites : choquez leurs coutumes, c'est toujours une marque de mépris.

---

[1] Il cassa les tribuns du peuple.

César, de tout temps ennemi du sénat, ne put cacher le mépris qu'il conçut pour ce corps, qui étoit devenu presque ridicule depuis qu'il n'avoit plus de puissance : par-là sa clémence même fut insultante. On regarda qu'il ne pardonnoit pas, mais qu'il dédaignoit de punir.

Il porta le mépris jusqu'à faire lui-même les sénatus-consultes ; il les souscrivoit du nom des premiers sénateurs qui lui venoient dans l'esprit. « J'apprends quelquefois, dit Cicéron [1], qu'un « sénatus-consulte passé à mon avis a été porté « en Syrie et en Arménie, avant que j'aie su qu'il « ait été fait ; et plusieurs princes m'ont écrit des « lettres de remercîmens sur ce que j'avois été « d'avis qu'on leur donnât le titre de rois, que « non-seulement je ne savois pas être rois, mais « même qu'ils fussent au monde. »

On peut voir dans les lettres de quelques grands hommes de ce temps-là [2], qu'on a mises sous le nom de Cicéron, parce que la plupart sont de lui, l'abattement et le désespoir des premiers hommes de la république à cette révolution subite qui les priva de leurs honneurs et de leurs occupations même ; lorsque le sénat étant sans fonctions, ce crédit, qu'ils avoient eu par toute la terre, ils ne purent plus l'espérer que dans le

[1] Lettre familière, liv. IX, lettre xv.
[2] Voyez les lettres de Cicéron et Servius Sulpitius.

cabinet d'un seul; et cela se voit bien mieux dans ces lettres que dans les discours des historiens. Elles sont le chef-d'œuvre de la naïveté de gens unis par une douleur commune, et d'un siècle où la fausse politesse n'avoit point mis le mensonge partout : enfin on n'y voit point, comme dans la plupart de nos lettres modernes, des gens qui veulent se tromper, mais des amis malheureux qui cherchent à se tout dire.

Il étoit bien difficile que César pût défendre sa vie : la plupart des conjurés étoient de son parti, ou avoient été par lui comblés de bienfaits [1], et la raison en est bien naturelle. Ils avoient trouvé de grands avantages dans sa victoire; mais plus leur fortune devenoit meilleure, plus ils commençoient à avoir part au malheur commun [2]; car à un homme qui n'a rien, il importe assez peu, à certains égards, en quel gouvernement il vive.

De plus, il y avoit un certain droit des gens, une opinion établie dans toutes les républiques de Grèce et d'Italie, qui faisoit regarder comme un homme vertueux l'assassin de celui qui avoit usurpé la souveraine puissance. A Rome surtout,

[1] Decimus Brutus, Caïus Casca, Trebonius, Tullius Cimber, Minutius Basillus, étoient amis de César. Appien, *de bello civili*, lib. II, cap. CXIII.

[2] Je ne parle pas des satellites d'un tyran, qui seroient perdus après lui, mais de ses compagnons, dans un gouvernement libre.

depuis l'expulsion des rois, la loi étoit précise, les exemples reçus; la république armoit le bras de chaque citoyen, le faisoit magistrat pour le moment, et l'avouoit pour sa défense.

Brutus ose bien dire à ses amis que quand son père reviendroit sur la terre il le tueroit tout de même¹; et quoique par la continuation de la tyrannie, cet esprit de liberté se perdît peu à peu, les conjurations, au commencement du règne d'Auguste, renaissoient toujours.

C'étoit un amour dominant pour la patrie qui, sortant des règles ordinaires des crimes et des vertus, n'écoutoit que lui seul, et ne voyoit ni citoyen, ni ami, ni bienfaiteur, ni père : la vertu sembloit s'oublier pour se surpasser elle-même; et l'action qu'on ne pouvoit d'abord approuver, parce qu'elle étoit atroce, elle la faisoit admirer comme divine.

En effet, le crime de César, qui vivoit dans un gouvernement libre, n'étoit-il pas hors d'état d'être puni autrement que par un assassinat? Et demander pourquoi on ne l'avoit pas poursuivi par la force ouverte ou par les lois, n'étoit-ce pas demander raison de ses crimes?

¹ Lettres de Brutus, dans le recueil de celles de Cicéron, lettre XVI.

CHAPITRE XII.

De l'état de Rome après la mort de César.

Il étoit tellement impossible que la république pût se rétablir, qu'il arriva ce qu'on n'avoit jamais encore vu, qu'il n'y eut plus de tyran, et qu'il n'y eut pas de liberté; car les causes qui l'avoient détruite subsistoient toujours.

Les conjurés n'avoient formé de plan que pour la conjuration, et n'en avoient point fait pour la soutenir.

Après l'action faite, ils se retirèrent au Capitole : le sénat ne s'assembla pas; et le lendemain Lépidus, qui cherchoit le trouble, se saisit avec des gens armés de la place romaine.

Les soldats vétérans, qui craignoient qu'on ne répétât les dons immenses qu'ils avoient reçus, entrèrent dans Rome : cela fit que le sénat approuva tous les actes de César, et que, conciliant les extrêmes, il accorda une amnistie aux conjurés, ce qui produisit une fausse paix.

César, avant sa mort, se préparant à son expédition contre les Parthes, avoit nommé des magistrats pour plusieurs années, afin qu'il eût des gens à lui qui maintinssent dans son absence la tranquillité de son gouvernement : ainsi, après sa mort, ceux de son parti se sentirent des ressources pour long-temps.

Comme le sénat avoit approuvé tous les actes de César sans restriction, et que l'exécution en fut donnée aux consuls, Antoine, qui l'étoit, se saisit du livre des raisons de César, gagna son secrétaire, et y fit écrire tout ce qu'il voulut : de manière que le dictateur régnoit plus impérieusement que pendant sa vie ; car, ce qu'il n'auroit jamais fait, Antoine le faisoit ; l'argent qu'il n'auroit jamais donné, Antoine le donnoit ; et tout homme qui avoit de mauvaises intentions contre la république, trouvoit soudain une récompense dans les livres de César.

Par un nouveau malheur, César avoit amassé pour son expédition des sommes immenses, qu'il avoit mises dans le temple d'Ops : Antoine, avec son livre, en disposa à sa fantaisie.

Les conjurés avoient d'abord résolu de jeter le corps de César dans le Tibre [1] : ils n'y auroient trouvé nul obstacle ; car dans ces momens d'étonnement qui suivent une action inopinée, il est facile de faire tout ce qu'on peut oser. Cela ne fut point exécuté ; et voici ce qui en arriva :

---

[1] Cela n'auroit pas été sans exemple : après que Tiberius Gracchus eut été tué, Lucretius, édile, qui fut depuis appelé Vespillo, jeta son corps dans le Tibre. Aurelius Victor, *de Vir. illust.*, cap. LXIV.

Le sénat se crut obligé de permettre qu'on fît les obsèques de César ; et effectivement, dès qu'il ne l'avoit pas déclaré tyran, il ne pouvoit lui refuser la sépulture. Or, c'étoit une coutume des Romains, si vantée par Polybe, de porter dans les funérailles les images des ancêtres, et de faire ensuite l'oraison funèbre du défunt. Antoine, qui la fit, montra au peuple la robe ensanglantée de César, lui lut son testament, où il lui faisoit de grandes largesses, et l'agita au point qu'il mit le feu aux maisons des conjurés.

Nous avons un aveu de Cicéron, qui gouverna le sénat dans toute cette affaire[1], qu'il auroit mieux valu agir avec rigueur, et s'exposer à périr ; et que même on n'auroit point péri : mais il se disculpe sur ce que, quand le sénat fut assemblé, il n'étoit plus temps. Et ceux qui savent le prix d'un moment, dans des affaires où le peuple a tant de part, n'en seront pas étonnés.

Voici un autre accident : pendant qu'on faisoit des jeux en l'honneur de César, une comète à longue chevelure parut pendant sept jours : le peuple crut que son âme avoit été reçue dans le ciel.

C'étoit bien une coutume des peuples de Grèce et d'Asie de bâtir des temples aux rois, et même

---

[1] Lettres à Atticus, liv. XIV, lettre x.

aux proconsuls qui les avoient gouvernés [1] : on leur laissoit faire ces choses comme le témoignage le plus fort qu'ils pussent donner de leur servitude : les Romains mêmes pouvoient, dans des laraires, ou des temples particuliers, rendre des honneurs divins à leurs ancêtres; mais je ne vois pas que, depuis Romulus jusqu'à César, aucun Romain ait été mis au nombre des divinités publiques [2].

Le gouvernement de la Macédoine étoit échu à Antoine; il voulut, au lieu de celui-là, avoir celui des Gaules : on voit bien par quel motif. Décimus Brutus, qui avoit la Gaule cisalpine, ayant refusé de la lui remettre, il voulut l'en chasser : cela produisit une guerre civile, dans laquelle le sénat déclara Antoine ennemi de la patrie.

Cicéron, pour perdre Antoine, son ennemi particulier, avoit pris le mauvais parti de travailler à l'élévation d'Octave ; et, au lieu de chercher à faire oublier au peuple César, il le lui avoit remis devant les yeux.

Octave se conduisit avec Cicéron en homme habile ; il le flatta, le loua, le consulta, et em-

---

[1] Voyez là-dessus des Lettres de Cicéron à Atticus, liv. V, et la remarque de M. l'abbé de Mongaut.

[2] Dion dit que les triumvirs, qui espéroient tous d'avoir quelque jour la place de César, firent tout ce qu'ils purent pour augmenter les honneurs qu'on lui rendoit, liv. XLVII.

ploya tous ces artifices dont la vanité ne se défie jamais.

Ce qui gâte presque toutes les affaires, c'est qu'ordinairement ceux qui les entreprennent, outre la réussite principale, cherchent encore de certains petits succes particuliers qui flattent leur amour-propre, et les rendent contens d'eux.

Je crois que, si Caton s'étoit réservé pour la république, il auroit donné aux choses tout un autre tour. Cicéron, avec des parties admirables pour un second rôle, étoit incapable du premier: il avoit un beau génie, mais une âme souvent commune. L'accessoire, chez Cicéron, c'étoit la vertu; chez Caton, c'étoit la gloire [1] : Cicéron se voyoit toujours le premier; Caton s'oublioit toujours: celui-ci vouloit sauver la république pour elle-même; celui-là, pour s'en vanter.

Je pourrois continuer le parallèle en disant que, quand Caton prévoyoit, Cicéron craignoit; que, là où Caton espéroit, Cicéron se confioit; que le premier voyoit toujours les choses de sang-froid; l'autre, au travers de cent petites passions.

Antoine fut défait à Modène : les deux consuls Hirtius et Pansa y périrent. Le sénat, qui se crut au-dessus de ses affaires, songea à abaisser Octave,

---

[1] *Esse quam videri bonus malebat : itaque, quo minus gloriam petebat, eo magis illam assequebatur.* Salluste, *de bello Catil.*, cap. LIV.

qui de son côté cessa d'agir contre Antoine, mena son armée à Rome, et se fit déclarer consul.

Voilà comment Cicéron, qui se vantoit que sa robe avoit détruit les armées d'Antoine, donna à la république un ennemi plus dangereux, parce que son nom étoit plus cher, et ses droits, en apparence, plus légitimes [1].

Antoine, défait, s'étoit réfugié dans la Gaule transalpine, où il avoit été reçu par Lépidus. Ces deux hommes s'unirent avec Octave, et ils se donnèrent l'un à l'autre la vie de leurs amis et de leurs ennemis [2]. Lépide resta à Rome : les deux autres allèrent chercher Brutus et Cassius, et ils les trouvèrent dans ces lieux où l'on combattit trois fois pour l'empire du monde.

Brutus et Cassius se tuèrent avec une précipitation qui n'est pas excusable ; et l'on ne peut lire cet endroit de leur vie sans avoir pitié de la république, qui fut ainsi abandonnée. Caton s'étoit donné la mort à la fin de la tragédie ; ceux-ci la commencèrent en quelque façon par leur mort.

On peut donner plusieurs causes de cette coutume si générale des Romains de se donner la mort: le progrès de la secte stoïque, qui y encourageoit; l'établissement des triomphes et de l'esclavage,

---

[1] Il étoit héritier de César, et son fils par adoption.

[2] Leur cruauté fut si insensée, qu'ils ordonnèrent que chacun eût à se réjouir des proscriptions, sous peine de la vie. Voy. Dion.

qui firent penser à plusieurs grands hommes qu'il ne falloit pas survivre à une défaite ; l'avantage que les accusés avoient de se donner la mort plutôt que de subir un jugement par lequel leur mémoire devoit être flétrie, et leurs biens confisqués [1]; une espèce de point d'honneur, peut-être plus raisonnable que celui qui nous porte aujourd'hui à égorger notre ami pour un geste ou pour une parole ; enfin une grande commodité pour l'héroïsme, chacun faisant finir la pièce qu'il jouoit dans le monde à l'endroit où il vouloit [2].

On pourroit ajouter, une grande facilité dans l'exécution : l'âme, tout occupée de l'action qu'elle va faire, du motif qui la détermine, du péril qu'elle va éviter, ne voit point proprement la mort, parce que la passion fait sentir, et jamais voir.

L'amour-propre, l'amour de notre conservation, se transforme en tant de manières, et agit par des principes si contraires, qu'il nous porte à sacrifier notre être pour l'amour de notre être; et, tel est le cas que nous faisons de nous-mêmes, que nous consentons à cesser de vivre par un instinct

---

[1] *Eorum qui de se statuebant humabantur corpora, manebant testamenta, pretium festinandi.* Tacite, Annales, liv. VI, chap. XXIX.

[2] Si Charles Ier, si Jacques II, avoient vécu dans une religion qui leur eût permis de se tuer, ils n'auroient pas eu à soutenir l'un une telle mort, l'autre une telle vie.

naturel et obscur qui fait que nous nous aimons plus que notre vie même.

Il est certain que les hommes sont devenus moins libres, moins courageux, moins portés aux grandes entreprises, qu'ils n'étoient lorsque, par cette puissance qu'on prenoit sur soi-même, on pouvoit à tous les instans échapper à toute autre puissance.

CHAPITRE XIII.

Auguste.

Sextus Pompée tenoit la Sicile et la Sardaigne, il étoit maître de la mer, et il avoit avec lui une infinité de fugitifs et de proscrits qui combattoient pour leurs dernières espérances. Octave lui fit deux guerres très-laborieuses; et, après bien des mauvais succès, il le vainquit par l'habileté d'Agrippa.

Les conjurés avoient presque tous fini malheureusement leur vie [1]; et il étoit bien naturel que des gens qui étoient à la tête d'un parti abattu tant de fois, dans des guerres où l'on ne se faisoit aucun quartier, eussent péri de mort violente. De là cependant on tira la conséquence d'une vengeance céleste qui punissoit les meurtriers de César, et proscrivoit leur cause.

Octave gagna les soldats de Lépidus, et le dépouilla de la puissance du triumvirat; il lui envia même la consolation de mener une vie obscure, et le força de se trouver, comme homme privé, dans les assemblées du peuple.

---

[1] De nos jours, presque tous ceux qui jugèrent Charles Ier eurent une fin tragique. C'est qu'il n'est guère possible de faire des actions pareilles sans avoir de tous côtés de mortels ennemis, et par conséquent sans courir une infinité de périls.

On est bien aise de voir l'humiliation de ce Lépidus. C'étoit le plus méchant citoyen qui fût dans la république, toujours le premier à commencer les troubles, formant sans cesse des projets funestes, où il étoit obligé d'associer de plus habiles gens que lui. Un auteur moderne s'est plu à en faire l'éloge [1], et cite Antoine, qui, dans une de ses lettres, lui donne la qualité d'honnête homme: mais un honnête homme pour Antoine ne devoit guère l'être pour les autres.

Je crois qu'Octave est le seul de tous les capitaines romains qui ait gagné l'affection des soldats en leur donnant sans cesse des marques d'une lâcheté naturelle. Dans ces temps-là les soldats faisoient plus de cas de la libéralité de leur général que de son courage. Peut-être même que ce fut un bonheur pour lui de n'avoir point eu cette valeur qui peut donner l'empire, et que cela même l'y porta : on le craignit moins. Il n'est pas impossible que les choses qui le déshonorèrent le plus aient été celles qui le servirent le mieux. S'il avoit d'abord montré une grande âme, tout le monde se seroit méfié de lui ; et s'il eût eu de la hardiesse, il n'auroit pas donné à Antoine le temps de faire toutes les extravagances qui le perdirent.

Antoine, se préparant contre Octave, jura à ses

---

[1] L'abbé de Saint-Réal.

soldats que deux mois après sa victoire il rétabliroit la république : ce qui fait bien voir que les soldats mêmes étoient jaloux de la liberté de leur patrie, quoiqu'ils la détruisissent sans cesse, n'y ayant rien de si aveugle qu'une armée.

La bataille d'Actium se donna : Cléopâtre fuit, et entraîna Antoine avec elle. Il est certain que dans la suite elle le trahit [1]. Peut-être que, par cet esprit de coquetterie inconcevable des femmes, elle avoit formé le dessein de mettre encore à ses pieds un troisième maître du monde.

Une femme à qui Antoine avoit sacrifié le monde entier le trahit : tant de capitaines et tant de rois, qu'il avoit agrandis ou faits, lui manquèrent ; et, comme si la générosité avoit été liée à la servitude, une troupe de gladiateurs lui conserva une fidélité héroïque. Comblez un homme de bienfaits, la première idée que vous lui inspirez, c'est de chercher les moyens de les conserver ; ce sont de nouveaux intérêts que vous lui donnez à défendre.

Ce qu'il y a de surprenant dans ces guerres, c'est qu'une bataille décidoit presque toujours l'affaire, et qu'une défaite ne se réparoit pas.

Les soldats romains n'avoient point proprement d'esprit de parti ; ils ne combattoient point pour une certaine chose, mais pour une certaine per-

---

[1] Voyez Dion, liv. LI.

sonne ; ils ne connoissoient que leur chef, qui les engageoit par des espérances immenses ; mais le chef battu n'étant plus en état de remplir ses promesses, ils se tournoient d'un autre côté. Les provinces n'entroient point non plus sincèrement dans la querelle, car il leur importoit fort peu qui eût le dessus, du sénat ou du peuple. Ainsi, sitôt qu'un des chefs étoit battu, elles se donnoient à l'autre [1] ; car il falloit que chaque ville songeât à se justifier devant le vainqueur, qui, ayant des promesses immenses à tenir aux soldats, devoit leur sacrifier les pays les plus coupables.

Nous avons eu en France deux sortes de guerres civiles : les unes avoient pour prétexte la religion ; et elles ont duré, parce que le motif subsistoit après la victoire ; les autres n'avoient pas proprement de motif, mais étoient excitées par la légèreté ou l'ambition de quelques grands, et elles étoient d'abord étouffées.

Auguste (c'est le nom que la flatterie donna à Octave) établit l'ordre, c'est-à-dire une servitude durable : car dans un état libre où l'on vient d'usurper la souveraineté, on appelle règle tout ce qui peut fonder l'autorité sans bornes d'un seul ; et on nomme trouble, dissension, mauvais gou-

---

[1] Il n'y avoit point de garnisons dans les villes pour les contenir ; et les Romains n'avoient eu besoin d'assurer leur empire que par des armées ou des colonies.

vernement, tout ce qui peut maintenir l'honnête liberté des sujets.

Tous les gens qui avoient eu des projets ambitieux avoient travaillé à mettre une espèce d'anarchie dans la république. Pompée, Crassus et César y réussirent à merveille. Ils établirent une impunité de tous les crimes publics; tout ce qui pouvoit arrêter la corruption des mœurs, tout ce qui pouvoit faire une bonne police, ils l'abolirent; et comme les bons législateurs cherchent à rendre leurs concitoyens meilleurs, ceux-ci travailloient à les rendre pires : ils introduisirent donc la coutume de corrompre le peuple à prix d'argent; et quand on étoit accusé de brigues, on corrompoit aussi les juges : ils firent troubler les élections par toutes sortes de violences; et, quand on étoit mis en justice, on intimidoit encore les juges [1] : l'autorité même du peuple étoit anéantie; témoin Gabinius, qui, après avoir rétabli malgré le peuple Ptolomée à main armée, vint froidement demander le triomphe [2].

Ces premiers hommes de la république cherchoient à dégoûter le peuple de son pouvoir, et à devenir nécessaires en rendant extrêmes les in-

[1] Cela se voit bien dans les Lettres de Cicéron à Atticus.

[2] César fit la guerre aux Gaulois, et Crassus aux Parthes, sans qu'il y eût aucune délibération du sénat, ni aucun decret du peuple. Voyez Dion.

convéniens du gouvernement républicain : mais lorsque Auguste fut une fois le maître, la politique le fit travailler à rétablir l'ordre pour faire sentir le bonheur du gouvernement d'un seul.

Lorsque Auguste avoit les armes à la main, il craignoit les révoltes des soldats, et non pas les conjurations des citoyens ; c'est pour cela qu'il ménagea les premiers, et fut si cruel aux autres. Lorsqu'il fut en paix, il craignit les conjurations ; et ayant toujours devant les yeux le destin de César, pour éviter son sort, il songea à s'éloigner de sa conduite. Voilà la clef de toute la vie d'Auguste. Il porta dans le sénat une cuirasse sous sa robe ; il refusa le nom de dictateur ; et au lieu que César disoit insolemment que la république n'étoit rien, et que ses paroles étoient des lois, Auguste ne parla que de la dignité du sénat, et de son respect pour la république. Il songea donc à établir le gouvernement le plus capable de plaire qui fût possible sans choquer ses intérêts ; et il en fit un aristocratique, par rapport au civil ; et monarchique, par rapport au militaire ; gouvernement ambigu, qui, n'étant pas soutenu par ses propres forces, ne pouvoit subsister que tandis qu'il plairoit au monarque, et étoit entièrement monarchique par conséquent.

On a mis en question si Auguste avoit eu véritablement le dessein de se démettre de l'empire,

Mais qui ne voit que, s'il l'eût voulu, il étoit impossible qu'il n'y eût réussi? Ce qui fait voir que c'étoit un jeu, c'est qu'il demanda tous les dix ans qu'on le soulageât de ce poids, et qu'il le porta toujours. C'étoit de petites finesses pour se faire encore donner ce qu'il ne croyoit pas avoir assez acquis. Je me détermine par toute la vie d'Auguste; et, quoique les hommes soient fort bizarres, cependant il arrive très-rarement qu'ils renoncent dans un moment à ce à quoi ils ont réfléchi pendant toute leur vie. Toutes les actions d'Auguste, tous ses réglemens, tendoient visiblement à l'établissement de la monarchie. Sylla se défait de la dictature; mais, dans toute la vie de Sylla, au milieu de ses violences, on voit un esprit républicain; tous ses réglemens, quoique tyranniquement exécutés, tendent toujours à une certaine forme de république. Sylla, homme emporté, mène violemment les Romains à la liberté; Auguste, rusé tyran [1], les conduit doucement à la servitude. Pendant que sous Sylla la république reprenoit des forces, tout le monde crioit à la tyrannie; et, pendant que sous Auguste la tyrannie se fortifioit, on ne parloit que de liberté.

La coutume des triomphes, qui avoit tant con-

---

[1] J'emploie ici ce mot dans le sens des Grecs et des Romains, qui donnoient ce nom à tous ceux qui avoient renversé la démocratie.

tribué à la grandeur de Rome, se perdit sous Auguste, ou plutôt cet honneur devint un privilége de la souveraineté [1]. La plupart des choses qui arrivèrent sous les empereurs avoient leur origine dans la république [2], et il faut les rapprocher : celui-là seul avoit le droit de demander le triomphe, sous les auspices duquel la guerre s'étoit faite [3] : or, elle se faisoit toujours sous les auspices du chef, et par conséquent de l'empereur, qui étoit le chef de toutes les armées.

Comme, du temps de la république, on eut pour principe de faire continuellement la guerre, sous les empereurs, la maxime fut d'entretenir la paix : les victoires ne furent regardées que comme des sujets d'inquiétude, avec des armées qui pouvoient mettre leurs services à trop haut prix.

Ceux qui eurent quelque commandement craignirent d'entreprendre de trop grandes choses :

[1] On ne donna plus aux particuliers que les ornemens triomphaux. Dion, *in Aug.*, Abr. de Xiph., page 62.

[2] Les Romains ayant changé de gouvernement, sans avoir été envahis, les mêmes coutumes restèrent après le changement du gouvernement, dont la forme même resta à peu près.

[3] Dion, *in Aug.*, liv. LIV, dit qu'Agrippa négligea par modestie de rendre compte au sénat de son expédition contre les peuples du Bosphore, et refusa même le triomphe; et que depuis lui personne de ses pareils ne triompha; mais c'étoit une grâce qu'Auguste vouloit faire à Agrippa, et qu'Antoine ne fit point à Ventidius la première fois qu'il vainquit les Parthes.

il fallut modérer sa gloire de façon qu'elle ne réveillât que l'attention, et non pas la jalousie du prince; et ne point paroître devant lui avec un éclat que ses yeux ne pouvoient souffrir.

Auguste fut fort retenu à accorder le droit de bourgeoisie romaine [1]; il fit des lois [2] pour empêcher qu'on n'affranchît trop d'esclaves [3]; il recommanda par son testament que l'on gardât ces deux maximes, et qu'on ne cherchât point à étendre l'empire par de nouvelles guerres.

Ces trois choses étoient très-bien liées ensemble : dès qu'il n'y avoit plus de guerres, il ne falloit plus de bourgeoisie nouvelle, ni d'affranchissemens.

Lorsque Rome avoit des guerres continuelles, il falloit qu'elle réparât continuellement ses habitans. Dans les commencemens, on y mena une partie du peuple de la ville vaincue : dans la suite, plusieurs citoyens des villes voisines y vinrent pour avoir part au droit de suffrage; et ils s'y établirent en si grand nombre que, sur les plaintes des alliés, on fut souvent obligé de les leur renvoyer : enfin on y arriva en foule des provinces. Les lois favorisèrent les mariages, et même les rendirent nécessaires. Rome fit dans toutes ses guerres un

---

[1] Suétone, liv. II, *in August.*

[2] *Idem, ibid.* Voyez les Institutes, liv. I.

[3] Dion, *in August.*

nombre d'esclaves prodigieux ; et, lorsque ses citoyens furent comblés de richesses, ils en achetèrent de toutes parts, mais ils les affranchirent sans nombre, par générosité, par avarice, par foiblesse ¹ : les uns vouloient récompenser des esclaves fidèles; les autres vouloient recevoir en leur nom le blé que la république distribuoit aux pauvres citoyens ; d'autres enfin désiroient d'avoir à leur pompe funèbre beaucoup de gens qui la suivissent avec un chapeau de fleurs. Le peuple fut presque composé d'affranchis ² ; de façon que ces maîtres du monde, non-seulement dans les commencemens, mais dans tous les temps, furent la plupart d'origine servile.

Le nombre du petit peuple, presque toujours composé d'affranchis, ou de fils d'affranchis, devenant incommode, on en fit des colonies, par le moyen desquelles on s'assura de la fidélité des provinces. C'étoit une circulation des hommes de tout l'univers. Rome les recevoit esclaves, et les renvoyoit Romains.

Sous prétexte de quelques tumultes arrivés dans les élections, Auguste mit dans la ville un gouverneur et une garnison ; il rendit les corps des légions éternels, les plaça sur les frontières, et

¹ Denys d'Halicarnasse, liv. IV, page 161.
² Voyez Tacite, Annales, liv. XIII, chap. XXVII. *Quippe late fusum id corpus*, etc.

établit des fonds particuliers pour les payer; enfin il ordonna que les vétérans recevroient leur récompense en argent, et non pas en terres ¹.

Il résultoit plusieurs mauvais effets de cette distribution des terres que l'on faisoit depuis Sylla. La propriété des biens des citoyens étoit rendue incertaine. Si on ne menoit pas dans un même lieu les soldats d'une cohorte, ils se dégoûtoient de leur établissement, laissoient les terres incultes, et devenoient de dangereux citoyens ² : mais, si on les distribuoit par légions, les ambitieux pouvoient trouver contre la république des armées dans un moment.

Auguste fit des établissemens fixes pour la marine. Comme avant lui les Romains n'avoient point eu des corps perpétuels de troupes de terre, ils n'en avoient point non plus de troupes de mer. Les flottes d'Auguste eurent pour objet principal la sûreté des convois, et la communication des diverses parties de l'empire : car d'ailleurs les Romains étoient les maîtres de toute la Méditerranée; on ne naviguoit dans ces temps-là que dans cette mer, et ils n'avoient aucun ennemi à craindre.

---

¹ Il régla que les soldats prétoriens auroient cinq mille drachmes; deux après seize ans de service, et les trois autres mille drachmes après vingt ans de service. Dion, *in Aug.*

² Voyez Tacite, Annales, liv. XIV, chap. XXVII, sur les soldats menés à Tarente et à Antium.

Dion remarque très-bien que depuis les empereurs il fut plus difficile d'écrire l'histoire : tout devint secret ; toutes les dépêches des provinces furent portées dans le cabinet des empereurs ; on ne sut plus que ce que la folie et la hardiesse des tyrans ne voulut point cacher, ou ce que les historiens conjecturèrent.

CHAPITRE XIV.

Tibère.

Comme on voit un fleuve miner lentement et sans bruit les digues qu'on lui oppose, et enfin les renverser dans un moment, et couvrir les campagnes qu'elles conservoient, ainsi la puissance souveraine sous Auguste agit insensiblement et renversa sous Tibère avec violence.

Il y avoit une *loi de majesté* contre ceux qui commettoient quelque attentat contre le peuple romain. Tibère se saisit de cette loi, et l'appliqua, non pas aux cas pour lesquels elle avoit été faite, mais à tout ce qui put servir sa haine ou ses défiances. Ce n'étoit pas seulement les actions qui tomboient dans le cas de cette loi, mais des paroles, des signes, et des pensées même : car ce qui se dit dans ces épanchemens de cœur que la conversation produit entre deux amis ne peut être regardé que comme des pensées. Il n'y eut donc plus de liberté dans les festins, de confiance dans les parentés, de fidélité dans les esclaves : la dissimulation et la tristesse du prince se communiquant partout, l'amitié fut regardée comme un écueil; l'ingénuité, comme une imprudence; la vertu, comme une affectation qui pouvoit rappeler dans l'esprit des peuples le bonheur des temps précédens.

Il n'y a point de plus cruelle tyrannie que celle que l'on exerce à l'ombre des lois, et avec les couleurs de la justice, lorsqu'on va pour ainsi dire noyer des malheureux sur la planche même sur laquelle ils s'étoient sauvés.

Et, comme il n'est jamais arrivé qu'un tyran ait manqué d'instrumens de sa tyrannie, Tibère trouva toujours des juges prêts à condamner autant de gens qu'il en put soupçonner. Du temps de la république, le sénat qui ne jugeoit point en corps les affaires des particuliers, connoissoit, par une délégation du peuple, des crimes qu'on imputoit aux alliés. Tibère lui renvoya de même le jugement de tout ce qui s'appeloit crime de *lèse-majesté* contre lui. Ce corps tomba dans un état de bassesse qui ne peut s'exprimer : les sénateurs alloient au-devant de la servitude; sous la faveur de Séjan, les plus illustres d'entre eux faisoient le métier de délateurs.

Il me semble que je vois plusieurs causes de cet esprit de servitude qui régnoit pour lors dans le sénat. Après que César eut vaincu le parti de la république, les amis et les ennemis qu'il avoit dans le sénat concoururent également à ôter toutes les bornes que les lois avoient mises à sa puissance, et à lui déférer des honneurs excessifs. Les uns cherchoient à lui plaire; les autres, à le rendre odieux. Dion nous dit que quelques-uns allèrent jusqu'à proposer qu'il lui fût permis de jouir de toutes les femmes qu'il lui plairoit. Cela fit qu'il ne se défia point du sénat, et qu'il y fut assassiné; mais cela fit aussi que dans les règnes suivans il n'y eut point de flatterie qui fût sans exemple, et qui pût révolter les esprits.

Avant que Rome fût gouvernée par un seul, les richesses des principaux Romains étoient immenses, quelles que fussent les voies qu'ils employoient pour les acquérir : elles furent presque toutes ôtées sous les empereurs; les sénateurs n'avoient plus ces grands cliens qui les combloient de biens; on ne pouvoit guère rien prendre dans les provinces que pour César, surtout lorsque ses procurateurs, qui étoient à peu près comme sont aujourd'hui nos intendans, y furent établis. Cependant, quoique la source des richesses fût coupée, les dépenses subsistoient toujours; le train de vie étoit pris, et on ne pouvoit plus le soutenir que par la faveur de l'empereur.

Auguste avoit ôté au peuple la puissance de faire des lois, et celle de juger les crimes publics; mais il lui avoit laissé, ou du moins avoit paru lui laisser, celle d'élire les magistrats. Tibère, qui craignoit les assemblées d'un peuple si nombreux, lui ôta encore ce privilége, et le donna au sénat, c'est-à-dire à lui-même [1] : or, on ne sauroit croire combien cette décadence du pouvoir du peuple avilit l'âme des grands. Lorsque le peuple disposoit des dignités, les magistrats qui les briguoient faisoient bien des bassesses ; mais elles étoient jointes à une certaine magnificence qui les cachoit, soit qu'ils donnassent des jeux ou de certains repas au peuple, soit qu'ils lui distribuassent de l'argent ou des grains : quoique le motif fût bas, le moyen avoit quelque chose de noble, parce qu'il convient toujours à un grand homme d'obtenir par des libéralités la faveur du peuple. Mais lorsque le peuple n'eut plus rien à donner, et que le prince, au nom du sénat, disposa de tous les emplois, on les demanda, et on les obtint par des voies indignes ; la flatterie, l'infamie, les crimes, furent des arts nécessaires pour y parvenir.

Il ne paroît pourtant point que Tibère voulût avilir le sénat : il ne se plaignoit de rien tant que du penchant qui entraînoit ce corps à la servitude; toute sa vie est pleine de ses dégoûts là-dessus : mais il étoit comme la plupart des hommes, il vouloit des choses contradictoires ; sa politique générale n'étoit point d'accord avec ses passions particulières. Il auroit désiré un sénat libre, et capable de faire respecter son gouvernement ; mais

---

[1] Tacite, Annales, liv. I, chap. xv. Dion, liv. LIV.

il vouloit aussi un sénat qui satisfît à tous les momens ses craintes, ses jalousies, ses haines : enfin l'homme d'état cédoit continuellement à l'homme.

Nous avons dit que le peuple avoit autrefois obtenu des patriciens qu'il auroit des magistrats de son corps qui le défendroient contre les insultes et les injustices qu'on pourroit lui faire. Afin qu'ils fussent en état d'exercer ce pouvoir, on les déclara sacrés et inviolables ; et on ordonna que quiconque maltraiteroit un tribun, de fait ou par paroles, seroit sur-le-champ puni de mort. Or, les empereurs étant revêtus de la puissance des tribuns, ils en obtinrent les priviléges ; et c'est sur ce fondement qu'on fit mourir tant de gens; que les délateurs purent faire leur métier tout à leur aise, et que l'accusation de lèse-majesté, ce crime, dit Pline, de ceux à qui on ne peut point imputer de crime, fut étendu à ce qu'on voulut.

Je crois pourtant que quelques-uns de ces titres d'accusation n'étoient pas si ridicules qu'ils nous paroissent aujourd'hui ; et je ne puis penser que Tibère eût fait accuser un homme pour avoir vendu avec sa maison la statue de l'empereur ; que Domitien eût fait condamner à mort une femme pour s'être déshabillée devant son image, et un citoyen parce qu'il avoit la description de toute la terre peinte sur les murailles de sa chambre, si ces actions n'avoient réveillé dans l'esprit des Romains que l'idée qu'elles nous donnent à présent. Je crois qu'une partie de cela est fondée sur ce que, Rome ayant changé de gouvernement, ce qui ne nous paroît pas de conséquence pouvoit l'être pour lors : j'en juge par ce que nous voyons aujourd'hui chez une nation qui ne peut pas être soupçonnée de tyrannie, où il est défendu de boire à la santé d'une certaine personne.

Je ne puis rien passer qui serve à faire connoître le génie du peuple romain. Il s'étoit si fort accoutumé à obéir, et à faire sa félicité de la différence de ses maîtres, qu'après la mort de Germanicus il donna des marques de deuil, de regret, et de désespoir, que l'on ne trouve plus parmi nous. Il faut voir les historiens décrire la désolation publique [1], si grande, si longue, si peu modérée; et cela n'étoit point joué; car le corps entier du peuple n'affecte, ne flatte, ni ne dissimule.

Le peuple romain, qui n'avoit plus de part au gouvernement, composé presque d'affranchis, ou de gens sans industrie, qui vivoient aux dépens du trésor public, ne sentoit que son impuissance; il s'affligeoit comme les enfans et les femmes, qui se désolent par le sentiment de leur foiblesse : il étoit mal; il plaça ses craintes et ses espérances sur la

---

[1] Voyez Tacite, Annales, liv. II, chap. LXXXII.

personne de Germanicus ; et cet objet lui étant enlevé, il tomba dans le désespoir.

Il n'y a point de gens qui craignent si fort les malheurs que ceux que la misère de leur condition pourroit rassurer, et qui devroient dire avec Andromaque : *Plût à Dieu que je craignisse!* Il y a aujourd'hui à Naples cinquante mille hommes qui ne vivent que d'herbe, et n'ont pour tout bien que la moitié d'un habit de toile : ces gens-là, les plus malheureux de la terre, tombent dans un abattement affreux à la moindre fumée du Vésuve ; ils ont la sottise de craindre de devenir malheureux.

CHAPITRE XV.

Des empereurs depuis Caius Caligula jusqu'à Antonin.

Caligula succéda à Tibère. On disoit de lui qu'il n'y avoit jamais eu un meilleur esclave, ni un plus méchant maître : ces deux choses sont assez liées ; car la même disposition d'esprit qui fait qu'on a été vivement frappé de la puissance illimitée de celui qui commande, fait qu'on ne l'est pas moins lorsque l'on vient à commander soi-même.

Caligula rétablit les comices [1], que Tibère avoit ôtés, et abolit ce crime arbitraire de lèse-majesté qu'il avoit établi : par où l'on peut juger que le commencement du règne des mauvais princes est souvent comme la fin de celui des bons ; parce que, par un esprit de contradiction sur la conduite de ceux à qui ils succèdent, ils peuvent faire ce que les autres font par vertu ; et c'est à cet esprit de contradiction que nous devons bien de bons réglemens, et bien de mauvais aussi.

Qu'y gagna-t-on ? Caligula ôta les accusations des crimes de lèse-majesté ; mais il faisoit mourir militairement tous ceux qui lui déplaisoient ; et ce

---

[1] Il les ôta dans la suite.

n'étoit pas à quelques sénateurs qu'il en vouloit, il tenoit le glaive suspendu sur le sénat, qu'il menaçoit d'exterminer tout entier.

Cette épouvantable tyrannie des empereurs venoit de l'esprit général des Romains. Comme ils tombèrent tout à coup sous un gouvernement arbitraire, et qu'il n'y eut presque point d'intervalle chez eux entre commander et servir, ils ne furent point préparés à ce passage par des mœurs douces : l'humeur féroce resta ; les citoyens furent traités comme ils avoient traité eux-mêmes les ennemis vaincus, et furent gouvernés sur le même plan. Sylla, entrant dans Rome, ne fut pas un autre homme que Sylla entrant dans Athènes; il exerça le même droit des gens. Pour les états qui n'ont été soumis qu'insensiblement, lorsque les lois leur manquent, ils sont encore gouvernés par les mœurs.

La vue continuelle des combats des gladiateurs rendoit les Romains extrêmement féroces : on remarqua que Claude devint plus porté à répandre le sang à force de voir ces sortes de spectacles. L'exemple de cet empereur, qui étoit d'un naturel doux et qui fit tant de cruautés, fait bien voir que l'éducation de son temps étoit différente de la nôtre.

Les Romains, accoutumés à se jouer de la nature humaine dans la personne de leurs enfans et de leurs esclaves [1], ne pouvoient guère connoître cette vertu que nous appelons humanité. D'où peut venir cette férocité que nous trouvons dans les habitans de nos colonies, que de cet usage continuel des châtimens sur une malheureuse partie du genre humain ? Lorsque l'on est cruel dans l'état civil, que peut-on attendre de la douceur et de la justice naturelle ?

On est fatigué de voir dans l'histoire des empereurs le nombre infini de gens qu'ils firent mourir pour confisquer leurs biens. Nous ne trouvons rien de semblable dans nos histoires modernes. Cela, comme nous venons de le dire, doit être attribué à des mœurs plus douces, et à une religion plus réprimante; et de plus on n'a point à dépouiller les familles de ces sénateurs qui avoient ravagé le monde. Nous tirons cet avantage de la médiocrité de nos fortunes, qu'elles sont plus sûres : nous ne valons pas la peine qu'on nous ravisse nos biens [2].

Le peuple de Rome, ce qu'on appeloit *plebs*, ne haïssoit pas les plus mauvais empereurs. Depuis qu'il avoit perdu l'empire, et qu'il n'étoit

---

[1] Voyez les lois romaines sur la puissance des pères et celle des mères.

[2] Le duc de Bragance avoit des biens immenses dans le Portugal : lorsqu'il se révolta, on félicita le roi d'Espagne de la riche confiscation qu'il alloit avoir.

plus occupé à la guerre, il étoit devenu le plus vil de tous les peuples; il regardoit le commerce et les arts comme des choses propres aux seuls esclaves; et les distributions de blé qu'il recevoit lui faisoient négliger les terres : on l'avoit accoutumé aux jeux et aux spectacles. Quand il n'eut plus de tribuns à écouter, ni de magistrats à élire, ces choses vaines lui devinrent nécessaires, et son oisiveté lui en augmenta le goût. Or, Caligula, Néron, Commode, Caracalla, étoient regrettés du peuple à cause de leur folie même; car ils aimoient avec fureur ce que le peuple aimoit, et contribuoient de tout leur pouvoir et même de leur personne à ses plaisirs; ils prodiguoient pour lui toutes les richesses de l'empire; et, quand elles étoient épuisées, le peuple voyant sans peine dépouiller toutes les grandes familles, il jouissoit des fruits de la tyrannie; et il en jouissoit purement, car il trouvoit sa sûreté dans sa bassesse. De tels princes haïssoient naturellement les gens de bien; ils savoient qu'ils n'en étoient pas approuvés [1] : indi-

---

[1] Les Grecs avoient des jeux où il étoit décent de combattre, comme il étoit glorieux d'y vaincre : les Romains n'avoient guère que des spectacles, et celui des infâmes gladiateurs leur étoit particulier. Or, qu'un grand personnage descendît lui-même sur l'arène, ou montât sur le théâtre, la gravité romaine ne le souffroit pas. Comment un sénateur auroit-il pu s'y résoudre, lui à qui les lois défendoient de contracter aucune alliance avec des gens que les

gnés de la contradiction ou du silence d'un citoyen austère, enivrés des applaudissemens de la populace, ils parvenoient à s'imaginer que leur gouvernement faisoit la félicité publique, et qu'il n'y avoit que des gens mal intentionnés qui pussent le censurer.

Caligula étoit un vrai sophiste dans sa cruauté : comme il descendoit également d'Antoine et d'Auguste, il disoit qu'il puniroit les consuls, s'ils célébroient le jour de réjouissance établi en mémoire de la victoire d'Actium, et qu'il les puniroit, s'ils ne le célébroient pas ; et Drusille, à qui il accorda des honneurs divins, étant morte, c'étoit un crime de la pleurer, parce qu'elle étoit déesse, et de ne la pas pleurer, parce qu'elle étoit sa sœur.

C'est ici qu'il faut se donner le spectacle des choses humaines. Qu'on voie dans l'histoire de Rome tant de guerres entreprises, tant de sang répandu, tant de peuples détruits, tant de grandes actions, tant de triomphes, tant de politique, de sagesse, de prudence, de constance, de courage; ce projet d'envahir tout, si bien formé, si bien soutenu, si bien fini, à quoi aboutit-il ? qu'à assou-

dégoûts ou les applaudissemens même du peuple avoient flétris? Il y parut pourtant des empereurs; et cette folie, qui montroit en eux le plus grand déréglement du cœur, un mépris de ce qui étoit beau, de ce qui étoit honnête, de ce qui étoit bon, est toujours marquée chez les historiens avec le caractère de la tyrannie.

vir le bonheur de cinq ou six monstres. Quoi! ce sénat n'avoit fait évanouir tant de rois que pour tomber lui-même dans le plus bas esclavage de quelques-uns de ses plus indignes citoyens, et s'exterminer par ses propres arrêts! on n'élève donc sa puissance que pour la voir mieux renversée! les hommes ne travaillent à augmenter leur pouvoir que pour le voir tomber contre eux-mêmes dans de plus heureuses mains!

Caligula ayant été tué, le sénat s'assembla pour établir une forme de gouvernement. Dans le temps qu'il délibéroit, quelques soldats entrèrent dans le palais pour piller : ils trouvèrent, dans un lieu obscur, un homme tremblant de peur; c'étoit Claude : ils le saluèrent empereur.

Claude acheva de perdre les anciens ordres, en donnant à ses officiers le droit de rendre la justice [1]. Les guerres de Marius et de Sylla ne se faisoient que pour savoir qui auroit ce droit, des sénateurs ou des chevaliers [2]; une fantaisie d'un imbécile l'ôta aux uns et aux autres : étrange suc-

---

[1] Auguste avoit établi les procurateurs; mais ils n'avoient point de juridiction, et, quand on ne leur obéissoit pas, il falloit qu'ils recourussent à l'autorité du gouverneur de la province, ou du préteur. Mais, sous Claude, ils eurent la juridiction ordinaire, comme lieutenans de la province : ils jugèrent encore des affaires fiscales; ce qui mit les fortunes de tout le monde entre leurs mains.

[2] Voyez Tacite, Annales, liv. XII, chap. LX.

cès d'une dispute qui avoit mis en combustion tout l'univers.

Il n'y a point d'autorité plus absolue que celle du prince qui succède à la république; car il se trouve avoir toute la puissance du peuple, qui n'avoit pu se limiter lui-même. Aussi voyons-nous aujourd'hui les rois de Danemarck exercer le pouvoir le plus arbitraire qu'il y ait en Europe.

Le peuple ne fut pas moins avili que le sénat et les chevaliers. Nous avons vu que, jusqu'au temps des empereurs, il avoit été si belliqueux, que les armées qu'on levoit dans la ville se disciplinoient sur-le-champ, et alloient droit à l'ennemi. Dans les guerres civiles de Vitellius et de Vespasien, Rome, en proie à tous les ambitieux, et pleine de bourgeois timides, trembloit devant la première bande de soldats qui pouvoit s'en approcher.

La condition des empereurs n'étoit pas meilleure : comme ce n'étoit pas une seule armée qui eût le droit ou la hardiesse d'en élire un, c'étoit assez que quelqu'un fût élu par une armée pour devenir désagréable aux autres, qui lui nommoient d'abord un compétiteur.

Ainsi, comme la grandeur de la république fut fatale au gouvernement républicain, la grandeur de l'empire le fut à la vie des empereurs. S'ils n'avoient eu qu'un pays médiocre à défendre, ils n'auroient eu qu'une principale armée, qui, les ayant une fois élus, auroit respecté l'ouvrage de ses mains.

Les soldats avoient été attachés à la famille de César, qui étoit garante de tous les avantages que leur avoit procurés la révolution. Le temps vint que les grandes familles de Rome furent toutes exterminées par celle de César, et que celle de César, dans la personne de Néron, périt elle-même. La puissance civile, qu'on avoit sans cesse abattue, se trouva hors d'état de contre-balancer la militaire : chaque armée voulut faire un empereur.

Comparons ici les temps. Lorsque Tibère commença à régner, quel parti ne tira-t-il pas du sénat[1]? Il apprit que les armées d'Illyrie et de Germanie s'étoient soulevées; il leur accorda quelques demandes, et il soutint que c'étoit au sénat à juger des autres[2] : il leur envoya des députés de ce corps. Ceux qui ont cessé de craindre le pouvoir peuvent encore respecter l'autorité. Quand on eut représenté aux soldats comment, dans une armée romaine, les enfans de l'empereur et les envoyés du sénat romain couroient risque de la vie[3], ils purent se repentir, et aller jusqu'à se punir eux-

---

[1] Tacite, Annales, liv. I, chap. VI.

[2] *Cœtera senatui servanda.* Tacite, Annales, liv. I, chap. XXV.

[3] Voyez la harangue de Germanicus. *Ibid.*, chap. XLII.

mêmes ¹ ; mais, quand le sénat fut entièrement abattu, son exemple ne toucha personne. En vain Othon harangue-t-il ses soldats pour leur parler de l'autorité du sénat ² ; en vain Vitellius envoiet-il les principaux sénateurs pour faire sa paix avec Vespasien ³ : on ne rend point dans un moment aux ordres de l'état le respect qui leur a été ôté si long-temps. Les armées ne regardèrent ces députés que comme les plus lâches esclaves d'un maître qu'elles avoient déjà réprouvé.

C'étoit une ancienne coutume des Romains, que celui qui triomphoit distribuoit quelques deniers à chaque soldat : c'étoit peu de chose ⁴. Dans les guerres civiles, on augmenta ces dons ⁵. On les faisoit autrefois de l'argent pris sur les ennemis : dans ces temps malheureux on donna celui des citoyens ; et les soldats vouloient un partage là où

---

¹ *Gaudebat cædibus miles, quasi semet absolveret.* Ibid., chap. XLIV. On révoqua dans la suite les priviléges extorqués. *Ibid.*

² Tacite, Histoire, liv. I, chap. LXXXIII et LXXXIV.

³ *Ibid.*, liv. III, chap. LXXX.

⁴ Voyez dans Tite-Live les sommes distribuées dans divers triomphes. L'esprit des capitaines étoit de porter beaucoup d'argent dans le trésor public, et d'en donner peu aux soldats.

⁵ Paul Émile, dans un temps où la grandeur des conquêtes avoit fait augmenter les libéralités, ne distribua que cent deniers à chaque soldat : mais César en donna deux mille ; et son exemple fut suivi par Antoine et Octave, par Brutus et Cassius. (Voy. Dion et Appien.)

il n'y avoit pas de butin. Ces distributions n'avoient lieu qu'après une guerre : Néron les fit pendant la paix. Les soldats s'y accoutumèrent; et ils frémirent contre Galba, qui leur disoit avec courage qu'il ne savoit pas les acheter, mais qu'il savoit les choisir.

Galba, Othon [1], Vitellius, ne firent que passer. Vespasien fut élu, comme eux, par les soldats : il ne songea, dans tout le cours de son règne, qu'à rétablir l'empire, qui avoit été successivement occupé par six tyrans également cruels, presque tous furieux, souvent imbéciles, et, pour comble de malheur, prodigues jusqu'à la folie.

Tite, qui lui succéda, fut les délices du peuple romain. Domitien fit voir un nouveau monstre plus cruel, ou du moins plus implacable que ceux qui l'avoient précédé, parce qu'il étoit plus timide.

Ses affranchis les plus chers, et, à ce que quelques-uns ont dit, sa femme même, voyant qu'il étoit aussi dangereux dans ses amitiés que dans ses haines, et qu'il ne mettoit aucunes bornes à ses méfiances ni à ses accusations, s'en défirent. Avant de faire le coup, ils jetèrent les yeux sur un successeur, et choisirent Nerva, vénérable vieillard.

[1] *Suscepére duo manipulares imperium populi romani transferendum, et transtulerunt.* Tacite, Histoire, liv. I, chap. xxv.

Nerva adopta Trajan, prince le plus accompli dont l'histoire ait jamais parlé. Ce fut un bonheur d'être né sous son règne ; il n'y en eut point de si heureux ni de si glorieux pour le peuple romain. Grand homme d'état, grand capitaine, ayant un cœur bon qui le portoit au bien, un esprit éclairé qui lui montroit le meilleur, une âme noble, grande, belle ; avec toutes les vertus, n'étant extrême sur aucune ; enfin l'homme le plus propre à honorer la nature humaine, et représenter la divine.

Il exécuta le projet de César, et fit avec succès la guerre aux Parthes. Tout autre auroit succombé dans une entreprise où les dangers étoient toujours présens et les ressources éloignées, où il falloit absolument vaincre, et où il n'étoit pas sûr de ne pas périr après avoir vaincu.

La difficulté consistoit, et dans la situation des deux empires, et dans la manière de faire la guerre des deux peuples. Prenoit-on le chemin de l'Arménie, vers les sources du Tigre et de l'Euphrate ; on trouvoit un pays montueux et difficile, où l'on ne pouvoit mener de convois ; de façon que l'armée étoit demi-ruinée avant d'arriver en Médie [1]. Entroit-on plus bas, vers le midi, par

---

[1] Le pays ne fournissoit pas d'assez grands arbres pour faire des machines pour assiéger les places. Plutarque, Vie d'Antoine, tom. VIII, pag. 375.

Nisibe; on trouvoit un désert affreux qui séparoit les deux empires. Vouloit-on passer plus bas encore, et aller par la Mésopotamie; on traversoit un pays en partie inculte, en partie submergé; et, le Tigre et l'Euphrate allant du nord au midi, on ne pouvoit pénétrer dans le pays sans quitter ces fleuves, ni guère quitter ces fleuves sans périr.

Quant à la manière de faire la guerre des deux nations, la force des Romains consistoit dans leur infanterie, la plus forte, la plus ferme, et la mieux disciplinée du monde.

Les Parthes n'avoient point d'infanterie, mais une cavalerie admirable: ils combattoient de loin, et hors de la portée des armes romaines; le javelot pouvoit rarement les atteindre: leurs armes étoient l'arc et des flèches redoutables; ils assiégeoient une armée plutôt qu'ils ne la combattoient : inutilement poursuivis, parce que chez eux fuir c'étoit combattre, ils faisoient retirer les peuples à mesure qu'on approchoit, et ne laissoient dans les places que les garnisons; et, lorsqu'on les avoit prises, on étoit obligé de les détruire, ils brûloient avec art tout le pays autour de l'armée ennemie, et lui ôtoient jusqu'à l'herbe même; enfin ils faisoient à peu près la guerre comme on la fait encore aujourd'hui sur les mêmes frontières.

D'ailleurs les légions d'Illyrie et de Germanie qu'on transportoit dans cette guerre n'y étoient pas propres ¹ : les soldats, accoutumés à manger beaucoup dans leur pays, y périssoient presque tous.

Ainsi, ce qu'aucune nation n'avoit pas encore fait, d'éviter le joug des Romains, celle des Parthes le fit, non pas comme invincible, mais comme inaccessible.

Adrien abandonna les conquêtes de Trajan ², et borna l'empire à l'Euphrate; et il est admirable qu'après tant de guerres les Romains n'eussent perdu que ce qu'ils avoient voulu quitter, comme la mer, qui n'est moins étendue que lorsqu'elle se retire d'elle-même.

La conduite d'Adrien causa beaucoup de murmures. On lisoit dans les livres sacrés des Romains que, lorsque Tarquin voulut bâtir le Capitole, il trouva que la place la plus convenable étoit occupée par les statues de beaucoup d'autres divinités : il s'enquit, par la science qu'il avoit dans les augures, si elles voudroient céder leur place à Jupiter : toutes y consentirent, à la réserve de Mars, de la Jeunesse, et du dieu Terme ³. Là-dessus s'établirent trois opinions religieuses : que le peuple de Mars ne céderoit à personne le lieu

---

¹ Voyez Hérodien, liv. VI. Vie d'Alexandre.

² Voyez Eutrope, liv. VIII. La Dacie ne fut abandonnée que sous Aurélien.

³ Saint Augustin, de la Cité de Dieu, liv. VI, ch. XXIII et XXIV.

qu'il occupoit ; que la jeunesse romaine ne seroit point surmontée ; et qu'enfin le dieu Terme des Romains ne reculeroit jamais : ce qui arriva pourtant sous Adrien.

CHAPITRE XVI.

De l'état de l'empire depuis Antonin jusqu'à Probus.

Dans ces temps-là, la secte des stoïciens s'étendoit et s'accréditoit dans l'empire. Il sembloit que la nature humaine eût fait un effort pour produire d'elle-même cette secte admirable, qui étoit comme ces plantes que la terre fait naître dans des lieux que le ciel n'a jamais vus.

Les Romains lui durent leurs meilleurs empereurs. Rien n'est capable de faire oublier le premier Antonin, que Marc-Aurèle qu'il adopta. On sent en soi-même un plaisir secret lorsqu'on parle de cet empereur; on ne peut lire sa vie sans une espèce d'attendrissement : tel est l'effet qu'elle produit, qu'on a meilleure opinion de soi-même, parce qu'on a meilleure opinion des hommes.

La sagesse de Nerva, la gloire de Trajan, la valeur d'Adrien, la vertu des deux Antonins, se firent respecter des soldats. Mais, lorsque de nouveaux monstres prirent leur place, l'abus du gouvernement militaire parut dans tout son excès; et les soldats qui avoient vendu l'empire assassinèrent les empereurs pour en avoir un nouveau prix.

On dit qu'il y a un prince dans le monde qui

travaille depuis quinze ans à abolir dans ses états le gouvernement civil pour y établir le gouvernement militaire. Je ne veux point faire des réflexions odieuses sur ce dessein : je dirai seulement que, par la nature des choses, deux cents gardes peuvent mettre la vie d'un prince en sûreté, et non pas quatre-vingt mille; outre qu'il est plus dangereux d'opprimer un peuple armé qu'un autre qui ne l'est pas.

Commode succéda à Marc-Aurèle son père. C'étoit un monstre qui suivoit toutes ses passions, et toutes celles de ses ministres et de ses courtisans. Ceux qui en délivrèrent le monde mirent en sa place Pertinax, vénérable vieillard, que les soldats prétoriens massacrèrent d'abord.

Ils mirent l'empire à l'enchère, et Didius Julien l'emporta par ses promesses : cela souleva tout le monde; car, quoique l'empire eût été souvent acheté, il n'avoit pas encore été marchandé. Pescennius Niger, Sévère et Albin, furent salués empereurs; et Julien, n'ayant pu payer les sommes immenses qu'il avoit promises, fut abandonné par ses soldats.

Sévère défit Niger et Albin : il avoit de grandes qualités; mais la douceur, cette première vertu des princes, lui manquoit.

La puissance des empereurs pouvoit plus aisément paroître tyrannique que celle des princes de nos jours. Comme leur dignité étoit un assemblage de toutes les magistratures romaines; que, dictateurs sous le nom d'empereurs, tribuns du peuple, proconsuls, censeurs, grands pontifes, et, quand ils vouloient, consuls, ils exerçoient souvent la justice distributive, ils pouvoient aisément faire soupçonner que ceux qu'ils avoient condamnés, ils les avoient opprimés : le peuple jugeant ordinairement de l'abus de la puissance par la grandeur de la puissance; au lieu que les rois d'Europe, législateurs, et non pas exécuteurs de la loi, princes, et non pas juges, se sont déchargés de cette partie de l'autorité qui peut être odieuse; et, faisant eux-mêmes les grâces, ont commis à des magistrats particuliers la distribution des peines.

Il n'y a guère eu d'empereurs plus jaloux de leur autorité que Tibère et Sévère : cependant ils se laissèrent gouverner, l'un par Séjan, l'autre par Plautien, d'une manière misérable.

La malheureuse coutume de proscrire, introduite par Sylla, continua sous les empereurs; et il falloit même qu'un prince eût quelque vertu pour ne la pas suivre; car, comme ses ministres et ses favoris jetoient d'abord les yeux sur tant de confiscations, ils ne lui parloient que de la nécessité de punir, et des périls de la clémence.

Les proscriptions de Sévère firent que plusieurs

soldats de Niger¹ se retirèrent chez les Parthes² : ils leur apprirent ce qui manquoit à leur art militaire, à faire usage des armes romaines, et même à en fabriquer : ce qui fit que ces peuples, qui s'étoient ordinairement contentés de se défendre, furent dans la suite presque toujours agresseurs³.

Il est remarquable que, dans cette suite de guerres civiles qui s'élevèrent continuellement, ceux qui avoient les légions d'Europe vainquirent presque toujours ceux qui avoient les légions d'Asie⁴; et l'on trouve dans l'histoire de Sévère qu'il ne put prendre la ville d'Atra en Arabie, parce que les légions d'Europe s'étant mutinées, il fut obligé de se servir de celles de Syrie.

On sentit cette différence depuis qu'on commença à faire des levées dans les provinces⁵; et

---

¹ Hérodien, liv. III, Vie de Sévère.

² Le mal continua sous Alexandre. Artaxerxès, qui rétablit l'empire des Perses, se rendit formidable aux Romains, parce que leurs soldats, par caprice ou par libertinage, désertèrent en foule vers lui. Abrégé de Xiphilin, du livre LXXX de Dion.

³ C'est-à-dire les Perses qui les suivirent.

⁴ Sévère défit les légions asiatiques de Niger; Constantin, celles de Licinius. Vespasien, quoique proclamé par les armées de Syrie, ne fit la guerre à Vitellius qu'avec des légions de Mœsie, de Pannonie, et de Dalmatie. Cicéron, étant dans son gouvernement, écrivoit au sénat qu'on ne pouvoit compter sur les levées faites en Asie. Constantin ne vainquit Maxence, dit Zosime, que par sa cavalerie. Sur cela voyez ci-après le septième alinéa du chap. XXII.

⁵ Auguste rendit les légions des corps fixes, et les plaça dans

elle fut telle entre les légions qu'elle étoit entre les peuples mêmes, qui, par la nature et par l'éducation, sont plus ou moins propres pour la guerre.

Ces levées, faites dans les provinces, produisirent un autre effet : les empereurs, pris ordinairement dans la milice, furent presque tous étrangers, et quelquefois barbares : Rome ne fut plus la maîtresse du monde; mais elle reçut des lois de tout l'univers.

Chaque empereur y porta quelque chose de son pays, ou pour les manières, ou pour les mœurs, ou pour la police, ou pour le culte : et Héliogabale alla jusqu'à vouloir détruire tous les objets de la vénération de Rome, et ôter tous les dieux de leurs temples pour y placer le sien.

Ceci, indépendamment des voies secrètes que Dieu choisit, et que lui seul connoît, servit beaucoup à l'établissement de la religion chrétienne; car il n'y avoit plus rien d'étranger dans l'empire, et l'on y étoit préparé à recevoir toutes les coutumes qu'un empereur voudroit introduire.

On sait que les Romains reçurent dans leur ville les dieux des autres pays. Ils les reçurent en conquérans; ils les faisoient porter dans les triom-

---

les provinces. Dans les premiers temps, on ne faisoit de levées qu'à Rome, ensuite chez les Latins, après dans l'Italie, enfin dans les provinces.

phes : mais lorsque les étrangers vinrent eux-mêmes les établir, on les réprima d'abord. On sait de plus que les Romains avoient coutume de donner aux divinités étrangères les noms de celles des leurs qui y avoient le plus de rapport : mais, lorsque les prêtres des autres pays voulurent faire adorer à Rome leurs divinités sous leurs propres noms, ils ne furent pas soufferts; et ce fut un des grands obstacles que trouva la religion chrétienne.

On pourroit appeler Caracalla, non pas un tyran, mais le destructeur des hommes. Caligula, Néron et Domitien, bornoient leurs cruautés dans Rome; celui-ci alloit promener sa fureur dans tout l'univers.

Sévère avoit employé les exactions d'un long règne, et les proscriptions de ceux qui avoient suivi le parti de ses concurrens, à amasser des trésors immenses.

Caracalla, ayant commencé son règne par tuer de sa propre main Géta, son frère, employa ses richesses à faire souffrir son crime aux soldats qui aimoient Géta, et disoient qu'ils avoient fait serment aux deux enfans de Sévère, et non pas à un seul.

Ces trésors amassés par des princes n'ont presque jamais que des effets funestes : ils corrompent le successeur, qui en est ébloui; et, s'ils ne gâtent pas son cœur, ils gâtent son esprit. Il forme d'abord de grandes entreprises avec une puissance qui est d'accident, qui ne peut pas durer, qui n'est pas naturelle, et qui est plutôt enflée qu'agrandie.

Caracalla augmenta la paie des soldats, Macrin écrivit au sénat que cette augmentation alloit à soixante-dix millions [1] de drachmes [2]. Il y a apparence que ce prince enfloit les choses; et, si l'on compare la dépense de la paie de nos soldats d'aujourd'hui avec le reste des dépenses publiques, et qu'on suive la même proportion pour les Romains, on verra que cette somme eût été énorme.

Il faut chercher quelle étoit la paie du soldat romain. Nous apprenons d'Oroze que Domitien augmenta d'un quart la paie établie [3]. Il paroît par le discours d'un soldat, dans Tacite [4], qu'à la mort d'Auguste elle étoit de dix onces de cui... On trouve dans Suétone [5] que César avoit do... la paie de son temps. Pline [6] dit qu'à la seconde guerre punique on l'avoit diminuée d'un cin-

[1] Sept mille myriades. Dion, *in Macrin.*

[2] La drachme attique étoit le denier romain, la huitième partie de l'once, et la soixante-quatrième partie de notre marc.

[3] Il l'augmenta en raison de soixante et quinze à cent.

[4] Annales, liv. I, chap. XVI et XVII.

[5] Vie de César, livre I.

[6] Histoire naturelle, liv. XXXIII, art. 13. Au lieu de donner dix onces de cuivre pour vingt, on en donna seize.

quième. Elle fut donc d'environ six onces de cuivre dans la première guerre punique ¹, de cinq onces dans la seconde ², de dix sous César, et de treize et un tiers sous Domitien ³. Je ferai ici quelques réflexions.

La paie que la république donnoit aisément lorsqu'elle n'avoit qu'un petit état, que chaque année elle faisoit une guerre, et que chaque année elle recevoit des dépouilles, elle ne put la donner sans s'endetter dans la première guerre punique, qu'elle étendit ses bras hors de l'Italie, qu'elle eut à soutenir une guerre longue, et à entretenir de grandes armées.

Dans la seconde guerre punique, la paie fut réduite à cinq onces de cuivre; et cette diminution put se faire sans danger dans un temps où la plupart des citoyens rougirent d'accepter la solde même, et voulurent servir à leurs dépens.

¹. Un soldat, dans Plaute, *in Mostellariâ*, dit qu'elle étoit de trois as; ce qui ne peut être entendu que des as de dix onces. Mais, si la paie étoit exactement de six as dans la première guerre punique, elle ne diminua pas dans la seconde d'un cinquième, mais d'un sixième; et on négligea la fraction.

² Polybe, qui l'évalue en monnoie grecque, ne diffère que d'une fraction.

³ Voyez Oroze et Suétone, liv. XII, *in Domit.* Ils disent la même chose sous différentes expressions. J'ai fait ces réductions en onces de cuivre, afin que, pour m'entendre, on n'eût pas besoin de la connoissance des monnoies romaines.

Les trésors de Persée, et ceux de tant d'autres rois que l'on porta continuellement à Rome, y firent cesser les tributs[1]. Dans l'opulence publique et particulière, on eut la sagesse de ne point augmenter la paie de cinq onces de cuivre.

Quoique sur cette paie on fît une déduction pour le blé, les habits, les armes, elle fut suffisante, parce qu'on n'enrôloit que les citoyens qui avoient un patrimoine.

Marius ayant enrôlé des gens qui n'avoient rien, et son exemple ayant été suivi, César fut obligé d'augmenter la paie.

Cette augmentation ayant été continuée après la mort de César, on fut contraint, sous le consulat de Hirtius et de Pansa, de rétablir les tributs.

La foiblesse de Domitien lui ayant fait augmenter cette paie d'un quart, il fit une grande plaie à l'état, dont le malheur n'est pas que le luxe y règne, mais qu'il règne dans des conditions qui, par la nature des choses, ne doivent avoir que le nécessaire physique. Enfin, Caracalla ayant fait une nouvelle augmentation, l'empire fut mis dans cet état, que, ne pouvant subsister sans les soldats, il ne pouvoit subsister avec eux.

Caracalla, pour diminuer l'horreur du meurtre de son frère, le mit au rang des dieux ; et, ce qu'il

---

[1] Cicéron, *des Offices*, liv. II, pag. 511, tom. 4, édit. 1587.

y a de singulier, c'est que cela lui fut exactement rendu par Macrin, qui, après l'avoir fait poignarder, voulant apaiser les soldats prétoriens, désespérés de la mort de ce prince qui leur avoit tant donné, lui fit bâtir un temple, et y établit des prêtres flamines en son honneur.

Cela fit que sa mémoire ne fut pas flétrie, et que le sénat n'osant pas le juger, il ne fut pas mis au rang des tyrans, comme Commode, qui ne le méritoit pas plus que lui [1].

De deux grands empereurs, Adrien et Sévère [2], l'un établit la discipline militaire, et l'autre la relâcha. Les effets répondirent très-bien aux causes : les règnes qui suivirent celui d'Adrien furent heureux et tranquilles : après Sévère, on vit régner toutes les horreurs.

Les profusions de Caracalla envers les soldats avoient été immenses; et il avoit très-bien suivi le conseil que son père lui avoit donné en mourant, d'enrichir les gens de guerre, et de ne s'embarrasser pas des autres.

Mais cette politique n'étoit guère bonne que pour un règne; car le successeur, ne pouvant plus faire les mêmes dépenses, étoit d'abord massacré par l'armée ; de façon qu'on voyoit toujours

---

[1] Ælius Lampridius, *in Vita Alex. Severi*.

[2] Voyez l'Abrégé de Xiphilin, Vie d'Adrien; et Hérodien, liv. III, Vie de Sévère.

les empereurs sages mis à mort par les soldats, et les méchans, par des conspirations, ou des arrêts du sénat.

Quand un tyran qui se livroit aux gens de guerre avoit laissé les citoyens exposés à leurs violences et à leurs rapines, cela ne pouvoit non plus durer qu'un règne; car les soldats, à force de détruire, alloient jusqu'à s'ôter à eux-mêmes leur solde. Il falloit donc songer à rétablir la discipline militaire, entreprise qui coûtoit toujours la vie à celui qui osoit la tenter.

Quand Caracalla eut été tué par les embûches de Macrin, les soldats, désespérés d'avoir perdu un prince qui donnoit sans mesure, élurent Héliogabale [1]; et quand ce dernier, qui, n'étant occupé que de ses sales voluptés, les laissoit vivre à leur fantaisie, ne put plus être souffert, ils le massacrèrent. Ils tuèrent de même Alexandre, qui vouloit rétablir la discipline, et parloit de les punir [2].

Ainsi un tyran qui ne s'assuroit point la vie, mais le pouvoir de faire des crimes, périssoit avec ce funeste avantage, que celui qui voudroit faire mieux périroit après lui.

Après Alexandre, on élut Maximin, qui fut le

[1] Dans ce temps-là tout le monde se croyoit bon pour parvenir à l'empire. Voyez Dion, liv. LXXIX.

[2] Voyez Lampridius.

premier empereur d'une origine barbare. Sa taille gigantesque et la force de son corps l'avoient fait connoître.

Il fut tué avec son fils par ses soldats. Les deux premiers Gordiens périrent en Afrique. Maxime, Balbin, et le troisième Gordien, furent massacrés. Philippe, qui avoit fait tuer le jeune Gordien, fut tué lui-même avec son fils; et Dèce, qui fut élu en sa place, périt à son tour par la trahison de Gallus [1].

Ce qu'on appeloit l'empire romain dans ce siècle-là étoit une espèce de république irrégulière, telle à peu près que l'aristocratie d'Alger, où la milice, qui a la puissance souveraine, fait et défait un magistrat qu'on appelle le dey; et peut-être est-ce une règle assez générale que le gouvernement militaire est à certains égards plutôt républicain que monarchique.

Et qu'on ne dise pas que les soldats ne prenoient de part au gouvernement que par leurs désobéissances et leurs révoltes : les harangues que les

[1] Casaubon remarque sur l'histoire augustale que, dans les cent soixante années qu'elle contient, il y eut soixante-dix personnes qui eurent, justement ou injustement, le titre de César : « *Adeo erant in illo principatu, quem tamen omnes mirantur, comitia imperii semper incerta.* » Ce qui fait bien voir la différence de ce gouvernement à celui de France, où ce royaume n'a eu en douze cents ans de temps que soixante-trois rois.

empereurs leur faisoient ne furent-elles pas à la fin du genre de celles que les consuls et les tribuns avoient faites autrefois au peuple? Et, quoique les armées n'eussent pas un lieu particulier pour s'assembler, qu'elles ne se conduisissent point par de certaines formes, qu'elles ne fussent pas ordinairement de sang-froid, délibérant peu et agissant beaucoup, ne disposoient-elles pas en souveraines de la fortune publique? Et qu'étoit-ce qu'un empereur, que le ministre d'un gouvernement violent, élu pour l'utilité particulière des soldats?

Quand l'armée associa à l'empire Philippe[1], qui étoit préfet du prétoire du troisième Gordien, celui-ci demanda qu'on lui laissât le commandement entier, et il ne put l'obtenir; il harangua l'armée pour que la puissance fût égale entre eux, et il ne l'obtint pas non plus; il supplia qu'on lui laissât le titre de César, et on le lui refusa; il demanda d'être préfet du prétoire, et on rejeta ses prières; enfin il parla pour sa vie. L'armée, dans ses divers jugemens, exerçoit la magistrature suprême.

Les barbares, au commencement inconnus aux Romains, ensuite seulement incommodes, leur étoient devenus redoutables. Par l'événement du monde le plus extraordinaire Rome avoit si

---

[1] Voyez Jules Capitolin.

bien anéanti tous les peuples, que, lorsqu'elle fut vaincue elle-même, il sembla que la terre en eût enfanté de nouveaux pour la détruire.

Les princes des grands états ont ordinairement peu de pays voisins qui puissent être l'objet de leur ambition : s'il y en avoit eu de tels, ils auroient été enveloppés dans le cours de la conquête. Ils sont donc bornés par des mers, des montagnes, et de vastes déserts, que leur pauvreté fait mépriser. Aussi les Romains laissèrent-ils les Germains dans leurs forêts, et les peuples du nord dans leurs glaces; et il s'y conserva ou même il s'y forma des nations qui enfin les asservirent eux-mêmes.

Sous le règne de Gallus, un grand nombre de nations, qui se rendirent ensuite plus célèbres, ravagèrent l'Europe; et les Perses, ayant envahi la Syrie, ne quittèrent leurs conquêtes que pour conserver leur butin.

Ces essaims de barbares qui sortirent autrefois du nord ne paroissent plus aujourd'hui. Les violences des Romains avoient fait retirer les peuples du midi au nord : tandis que la force qui les contenoit subsista, ils y restèrent; quand elle fut affoiblie, ils se répandirent de toutes parts [1]. La même chose arriva quelques siècles après. Les

---

[1] On voit à quoi se réduit la fameuse question, *Pourquoi le nord n'est plus si peuplé qu'autrefois.*

conquêtes de Charlemagne et ses tyrannies avoient une seconde fois fait reculer les peuples du midi au nord : sitôt que cet empire fut affoibli, ils se portèrent une seconde fois du nord au midi. Et, si aujourd'hui un prince faisoit en Europe les mêmes ravages, les nations repoussées dans le nord, adossées aux limites de l'univers, y tiendroient ferme jusqu'au moment qu'elles inonderoient et conquerroient l'Europe une troisième fois.

L'affreux désordre qui étoit dans la succession à l'empire étant venu à son comble, on vit paroître sur la fin du règne de Valérien, et pendant celui de Gallien son fils, trente prétendans divers, qui, s'étant la plupart entre-détruits, ayant eu un règne très-court, furent nommés tyrans.

Valérien ayant été pris par les Perses, et Gallien son fils négligeant les affaires, les barbares pénétrèrent partout ; l'empire se trouva dans cet état où il fut environ un siècle après en occident [1] ; et il auroit dès lors été détruit sans un concours heureux de circonstances qui le relevèrent.

Odenat, prince de Palmyre, allié des Romains, chassa les Perses, qui avoient envahi presque toute l'Asie. La ville de Rome fit une armée de ses citoyens, qui écarta les barbares qui venoient la

[1] Cent cinquante ans après, sous Honorius, les barbares l'envahirent.

piller. Une armée innombrable de Scythes, qui passoient la mer avec six mille vaisseaux, périt par les naufrages, la misère, la faim, et sa grandeur même. Et Gallien ayant été tué, Claude, Aurélien, Tacite et Probus, quatre grands hommes qui, par un grand bonheur, se succédèrent, rétablirent l'empire prêt à périr.

CHAPITRE XVII.

Changement dans l'état.

Pour prévenir les trahisons continuelles des soldats, les empereurs s'associèrent des personnes en qui ils avoient confiance; et Dioclétien, sous prétexte de la grandeur des affaires, régla qu'il y auroit toujours deux empereurs et deux Césars. Il jugea que les quatre principales armées étant occupées par ceux qui auroient part à l'empire, elles s'intimideroient les unes les autres; que les autres armées n'étant pas assez fortes pour entreprendre de faire leur chef empereur, elles perdroient peu à peu la coutume d'élire; et qu'enfin la dignité de César étant toujours subordonnée, la puissance, partagée entre quatre pour la sûreté du gouvernement, ne seroit pourtant dans toute son étendue qu'entre les mains de deux.

Mais ce qui contint encore plus les gens de guerre, c'est que les richesses des particuliers et la fortune publique ayant diminué, les empereurs ne purent plus leur faire des dons si considérables; de manière que la récompense ne fut plus proportionnée au danger de faire une nouvelle élection.

D'ailleurs les préfets du prétoire, qui, pour le pouvoir et pour les fonctions, étoient à peu près comme les grands visirs de ces temps-là, et faisoient à leur gré massacrer les empereurs pour se mettre en leur place, furent fort abaissés par Constantin, qui ne leur laissa que les fonctions civiles, et en fit quatre au lieu de deux.

La vie des empereurs commença donc à être plus assurée : ils purent mourir dans leur lit, et cela sembla avoir un peu adouci leurs mœurs ; ils ne versèrent plus le sang avec tant de férocité. Mais, comme il falloit que ce pouvoir immense débordât quelque part, on vit un autre genre de tyrannie, mais plus sourde : ce ne furent plus des massacres, mais des jugemens iniques, des formes de justice qui sembloient n'éloigner la mort que pour flétrir la vie : la cour fut gouvernée et gouverna par plus d'artifices, par des arts plus exquis, avec un plus grand silence : enfin, au lieu de cette hardiesse à concevoir une mauvaise action, et de cette impétuosité à la commettre, on ne vit plus régner que les vices des âmes foibles et des crimes réfléchis.

Il s'établit un nouveau genre de corruption. Les premiers empereurs aimoient les plaisirs ; ceux-ci, la mollesse : ils se montrèrent moins aux gens de guerre ; ils furent plus oisifs, plus livrés à leurs domestiques, plus attachés à leur palais, et plus séparés de l'empire.

Le poison de la cour augmenta sa force à mesure qu'il fut plus séparé : on ne dit rien, on insinua tout; les grandes réputations furent toutes attaquées; et les ministres et les officiers de guerre furent mis sans cesse à la discrétion de cette sorte de gens qui ne peuvent servir l'état, ni souffrir qu'on le serve avec gloire [1].

Enfin cette affabilité des premiers empereurs, qui seule pouvoit leur donner le moyen de connoître leurs affaires, fut entièrement bannie. Le prince ne sut plus rien que sur le rapport de quelques confidens, qui, toujours de concert, souvent même lorsqu'ils sembloient être d'opinion contraire, ne faisoient auprès de lui que l'office d'un seul.

Le séjour de plusieurs empereurs en Asie, et leur perpétuelle rivalité avec les rois de Perse, firent qu'ils voulurent être adorés comme eux; et Dioclétien, d'autres disent Galère, l'ordonna par un édit.

Ce faste et cette pompe asiatique s'établissant, les yeux s'y accoutumèrent d'abord; et, lorsque Julien voulut mettre de la simplicité et de la modestie dans ses manières, on appela oubli de la dignité ce qui n'étoit que la mémoire des anciennes mœurs.

Quoique depuis Marc-Aurèle il y eût eu plu-

---

[1] Voyez ce que les auteurs nous disent de la cour de Constantin, de Valens, etc.

sieurs empereurs, il n'y avoit eu qu'un empire ; et l'autorité de tous étant reconnue dans la province, c'étoit une puissance unique exercée par plusieurs.

Mais Galère et Constance Chlore n'ayant pu s'accorder, ils partagèrent réellement l'empire [1]; et par cet exemple, qui fut suivi dans la suite par Constantin, qui prit le plan de Galère et non pas celui de Dioclétien, il s'introduisit une coutume qui fut moins un changement qu'une révolution.

De plus, l'envie qu'eut Constantin de faire une ville nouvelle, la vanité de lui donner son nom, le déterminèrent à porter en Orient le siége de l'empire. Quoique l'enceinte de Rome ne fût pas à beaucoup près si grande qu'elle est à présent, les faubourgs en étoient prodigieusement étendus [2]: l'Italie, pleine de maisons de plaisance, n'étoit proprement que le jardin de Rome; les laboureurs étoient en Sicile, en Afrique, en Égypte [3], et les jardiniers, en Italie : les terres n'étoient presque cultivées que par les esclaves des citoyens ro-

---

[1] Voyez Oroze, liv. VII, et Aurelius Victor.

[2] « *Exspatiantia tecta multas addidere urbes*, » dit Pline, Histoire naturelle, liv. III.

[3] On portoit autrefois d'Italie, dit Tacite, du blé dans les provinces reculées, et elle n'est pas encore stérile ; mais nous cultivons plutôt l'Afrique et l'Égypte, et nous aimons mieux exposer aux accidens la vie du peuple romain. Annales, liv. XII, chap. XLIII.

mains. Mais, lorsque le siége de l'empire fut établi en Orient, Rome presque entière y passa, les grands y menèrent leurs esclaves, c'est-à-dire presque tout le peuple ; et l'Italie fut privée de ses habitans.

Pour que la nouvelle ville ne cédât en rien à l'ancienne, Constantin voulut qu'on y distribuât aussi du blé, et ordonna que celui d'Égypte seroit envoyé à Constantinople, et celui de l'Afrique à Rome ; ce qui, me semble, n'étoit pas fort sensé.

Dans le temps de la république, le peuple romain, souverain de tous les autres, devoit naturellement avoir part aux tributs : cela fit que le sénat lui vendit d'abord du blé à bas prix, et ensuite le lui donna pour rien. Lorsque le gouvernement fut devenu monarchique, cela subsista contre les principes de la monarchie : on laissoit cet abus à cause des inconvéniens qu'il y auroit eu à le changer. Mais Constantin, fondant une ville nouvelle, l'y établit sans aucune bonne raison.

Lorsque Auguste eut conquis l'Égypte, il apporta à Rome le trésor des Ptolomées : cela y fit à peu près la même révolution que la découverte des Indes a faite depuis en Europe, et que de certains systèmes ont faite de nos jours. Les fonds doublèrent de prix à Rome [1] ; et, comme Rome continua

---

[1] Suétone, liv. II, *in Augusto*. Oroze, liv. VI. Rome avoit eu souvent de ces révolutions. J'ai dit que les trésors de Macédoine

d'attirer à elle les richesses d'Alexandrie, qui recevoit elle-même celles de l'Afrique et de l'Orient, l'or et l'argent devinrent très-communs en Europe; ce qui mit les peuples en état de payer des impôts très-considérables en espèces.

Mais, lorsque l'empire eut été divisé, ces richesses allèrent à Constantinople. On sait d'ailleurs que les mines d'Allemagne n'étoient point encore ouvertes[1]; qu'il y en avoit très-peu en Italie et dans les Gaules[2]; que, depuis les Carthaginois, les mines d'Espagne n'étoient guère plus travaillées, ou du moins n'étoient plus si riches[3]. L'Italie, qui n'avoit plus que des jardins abandonnés, ne pouvoit, par aucun moyen, attirer l'argent de l'Orient, pendant que l'Occident, pour avoir de ses marchandises, y envoyoit le sien. L'or et l'argent devinrent donc extrêmement rares en Europe : mais les empereurs y voulurent exiger les mêmes tributs; ce qui perdit tout.

---

qu'on y apporta avoient fait cesser tous les tributs. Cicéron, *des Offices*, liv. II, tom. 4, édit. 1587, pag. 511.

[1] Tacite, *de Moribus Germanorum*, le dit formellement. On sait d'ailleurs à peu près l'époque de l'ouverture des mines d'Allemagne. Voyez Thomas Sesréibérus, sur l'origine des mines du Hartz. On croit celles de Saxe moins anciennes.

[2] Voyez Pline, liv. XXXVII, art. 77.

[3] Les Carthaginois, dit Diodore, surent très-bien l'art d'en profiter, et les Romains, celui d'empêcher que les autres n'en profitassent.

Lorsque le gouvernement a une forme depuis long-temps établie, et que les choses se sont mises dans une certaine situation, il est presque toujours de la prudence de les y laisser ; parce que les raisons, souvent compliquées et inconnues, qui font qu'un pareil état a subsisté, font qu'il se maintiendra encore : mais, quand on change le système total, on ne peut remédier qu'aux inconvéniens qui se présentent dans la théorie, et on en laisse d'autres que la pratique seule peut faire découvrir.

Ainsi, quoique l'empire ne fût déjà que trop grand, la division qu'on en fit le ruina, parce que toutes les parties de ce grand corps, depuis long-temps ensemble, s'étoient pour ainsi dire ajustées pour y rester et dépendre les unes des autres.

Constantin [1], après avoir affoibli la capitale, frappa un autre coup sur les frontières, il ôta les légions qui étoient sur le bord des grands fleuves, et les dispersa dans les provinces : ce qui produisit deux maux : l'un, que la barrière qui contenoit tant de nations fut ôtée; et l'autre, que les

---

[1] Dans ce qu'on dit de Constantin on ne choque point les auteurs ecclésiastiques, qui déclarent qu'ils n'entendent parler que des actions de ce prince qui ont du rapport à la piété, et non de celles qui en ont au gouvernement de l'état. Eusèbe, Vie de Constantin, liv. I, chap. IX ; Socrate, liv. I, chap. I.

soldats¹ vécurent et s'amollirent dans le cirque et dans les théâtres².

Lorsque Constantius envoya Julien dans les Gaules, il trouva que cinquante villes le long du Rhin³ avoient été prises par les barbares; que les provinces avoient été saccagées; qu'il n'y avoit plus que l'ombre d'une armée romaine, que le seul nom des ennemis faisoit fuir.

Ce prince, par sa sagesse, sa constance, son économie, sa conduite, sa valeur, et une suite continuelle d'actions héroïques, rechassa les barbares⁴ ; et la terreur de son nom les contint tant qu'il vécut⁵.

La brièveté des règnes, les divers partis politiques, les différentes religions, les sectes particulières de ces religions, ont fait que le caractère des empereurs est venu à nous extrêmement défiguré. Je n'en donnerai que deux exemples. Cet

---

¹ Zosime, liv. VIII.

² Depuis l'établissement du christianisme, les combats des gladiateurs devinrent rares. Constantin défendit d'en donner : ils furent entièrement abolis sous Honorius, comme il paroit par Théodoret et Othon de Frisingue. Les Romains ne retinrent de leurs anciens spectacles que ce qui pouvoit affoiblir les courages, et servoit d'attrait à la volupté.

³ Ammien Marcellin, liv. XVI, XVII, XVIII.

⁴ *Ibidem.*

⁵ Voyez le magnifique éloge qu'Ammien Marcellin fait de ce prince, liv. XXV. Voyez aussi les fragmens de l'histoire de Jean d'Antioche.

Alexandre, si lâche dans Hérodien, paroît plein de courage dans Lampridius; ce Gratien, tant loué par les orthodoxes, Philostorgue le compare à Néron.

Valentinien sentit plus que personne la nécessité de l'ancien plan : il employa toute sa vie à fortifier les bords du Rhin, à y faire des levées, y bâtir des châteaux, y placer des troupes, leur donner le moyen d'y subsister. Mais il arriva dans le monde un événement qui détermina Valens, son frère, à ouvrir le Danube, et eut d'effroyables suites.

Dans le pays qui est entre les Palus-Méotides, les montagnes du Caucase et la mer Caspienne, il y avoit plusieurs peuples qui étoient la plupart de la nation des Huns ou de celle des Alains; leurs terres étoient extrêmement fertiles; ils aimoient la guerre et le brigandage; ils étoient presque toujours à cheval, ou sur leurs chariots, et erroient dans le pays où ils étoient enfermés : ils faisoient bien quelques ravages sur les frontières de Perse et d'Arménie; mais on gardoit aisément les portes Caspiennes, et ils pouvoient difficilement pénétrer dans la Perse par ailleurs. Comme ils n'imaginoient point qu'il fût possible de traverser les Palus-Méotides [1], ils ne connoissoient pas les Romains; et, pendant que d'autres barbares

---

[1] Procope, Histoire mêlée.

ravageoient l'empire, ils restoient dans les limites que leur ignorance leur avoit données.

Quelques-uns [1] ont dit que le limon que le Tanaïs avoit apporté avoit formé une espèce de croûte sur le Bosphore cimmérien, sur laquelle ils avoient passé; d'autres [2], que deux jeunes Scythes, poursuivant une biche qui traversa ce bras de mer, le traversèrent aussi. Ils furent étonnés de voir un nouveau monde; et, retournant dans l'ancien, ils apprirent à leurs compatriotes les nouvelles terres, et, si j'ose me servir de ce terme, les Indes qu'ils avoient découvertes [3].

D'abord des corps innombrables de Huns passèrent; et, rencontrant les Goths les premiers, ils les chassèrent devant eux. Il sembloit que ces nations se précipitassent les unes sur les autres, et que l'Asie, pour peser sur l'Europe, eût acquis un nouveau poids.

Les Goths effrayés se présentèrent sur les bords du Danube, et, les mains jointes, demandèrent une retraite. Les flatteurs de Valens saisirent cette occasion, et la lui représentèrent comme une conquête heureuse d'un nouveau peuple qui venoit de défendre l'empire et l'enrichir [4].

---

[1] Zosime, liv. IV.
[2] Jornandès, *de Rebus geticis*, Histoire mêlée de Procope.
[3] Voyez Sozomène, liv. VI.
[4] Amm. Marcellin, liv. XXIX.

Valens ordonna qu'ils passeroient sans armes ; mais, pour de l'argent, ses officiers leur en laissèrent tant qu'ils voulurent [1]. Il leur fit distribuer des terres ; mais, à la différence des Huns, les Goths n'en cultivoient point [2] ; on les priva même du blé qu'on leur avoit promis : ils mouroient de faim, et ils étoient au milieu d'un pays riche ; ils étoient armés, et on leur faisoit des injustices. Ils ravagèrent tout depuis le Danube jusqu'au Bosphore, exterminèrent Valens et son armée, et ne

[1] De ceux qui avoient reçu ces ordres, celui-ci conçut un amour infâme; celui-là fut épris de la beauté d'une femme barbare; les autres furent corrompus par des présens, des habits de lin, et des couvertures bordées de franges : on n'eut d'autre soin que de remplir sa maison d'esclaves, et ses fermes de bétail. Histoire de Dexipe.

[2] Voyez l'Histoire gothique de Priscus, où cette différence est bien établie.

On demandera peut-être comment des nations qui ne cultivoient point les terres pouvoient devenir si puissantes, tandis que celles de l'Amérique sont si petites. C'est que les peuples pasteurs ont une subsistance bien plus assurée que les peuples chasseurs.

Il paroît par Ammien Marcellin que les Huns, dans leur première demeure, ne labouroient point les champs ; ils ne vivoient que de leurs troupeaux dans un pays abondant en pâturages, et arrosé par quantité de fleuves, comme font encore aujourd'hui les petits Tartares, qui habitent une partie du même pays. Il y a apparence que ces peuples, depuis leur départ, ayant habité des lieux moins propres à la nourriture des troupeaux, commencèrent à cultiver les terres.

repassèrent le Danube que pour abandonner l'affreuse solitude qu'ils avoient faite [1].

[1] Voyez Zosime, liv. IV. Voyez aussi Dexipe, dans l'Extrait des ambassadeurs de Constantin Porphyrogénète.

CHAPITRE XVIII.

Nouvelles maximes prises par les Romains.

Quelquefois la lâcheté des empereurs, souvent la foiblesse de l'empire, firent que l'on chercha à apaiser par de l'argent les peuples qui menaçoient d'envahir [1]. Mais la paix ne peut pas s'acheter, parce que celui qui l'a vendue n'en est que plus en état de la faire acheter encore.

Il vaut mieux courir le risque de faire une guerre malheureuse que de donner de l'argent pour avoir la paix; car on respecte toujours un prince lorsqu'on sait qu'on ne le vaincra qu'après une longue résistance.

D'ailleurs ces sortes de gratifications se changeoient en tributs, et, libres au commencement, devenoient nécessaires : elles furent regardées comme des droits acquis; et, lorsqu'un empereur les refusa à quelques peuples, ou voulut donner moins, ils devinrent de mortels ennemis. Entre mille exemples, l'armée que Julien mena contre les Perses fut poursuivie dans sa retraite par des Arabes à qui il avoit refusé le tribut accoutumé [2];

---

[1] On donna d'abord tout aux soldats; ensuite on donna tout aux ennemis.

[2] Ammien Marcellin, liv. XXV.

et, d'abord après, sous l'empire de Valentinien, les Allemands, à qui on avoit offert des présens moins considérables qu'à l'ordinaire, s'en indignèrent, et ces peuples du nord, déjà gouvernés par le point d'honneur, se vengèrent de cette insulte prétendue par une cruelle guerre.

Toutes ces nations[1], qui entouroient l'empire en Europe et en Asie, absorbèrent peu à peu les richesses des Romains; et, comme ils s'étoient agrandis parce que l'or et l'argent de tous les rois fut porté chez eux[2], ils s'affoiblirent parce que leur or et leur argent étoient portés chez les autres.

Les fautes que font les hommes d'état ne sont pas toujours libres : souvent ce sont des suites nécessaires de la situation où l'on est; et les inconvéniens ont fait naître les inconvéniens.

La milice, comme on a déjà vu, étoit devenue très à charge à l'état : les soldats avoient trois sortes d'avantages, la paie ordinaire, la récom-

---

[1] Ammien Marcellin, liv. XXV.

[2] « Vous voulez des richesses, disoit un empereur à son armée « qui murmuroit : voilà le pays des Perses, allons en chercher. « Croyez-moi, de tant de trésors que possédoit la république ro- « maine, il ne reste plus rien; et le mal vient de ceux qui ont « appris aux princes à acheter la paix des barbares. Nos finances « sont épuisées, nos villes détruites, nos provinces ruinées. Un « empereur qui ne connoît d'autres biens que ceux de l'âme n'a « pas honte d'avouer une pauvreté honnête. » Ammien Marcellin, liv. XXIV.

pense après le service, et les libéralités d'accident, qui devenoient très-souvent des droits pour des gens qui avoient le peuple et le prince entre leurs mains.

L'impuissance où l'on se trouva de payer ces charges fit que l'on prit une milice moins chère. On fit des traités avec des nations barbares qui n'avoient ni le luxe des soldats romains, ni le même esprit, ni les mêmes prétentions.

Il y avoit une autre commodité à cela : comme les barbares tomboient tout-à-coup sur un pays, n'y ayant point chez eux de préparatifs après la résolution de partir, il étoit difficile de faire des levées à temps dans les provinces. On prenoit donc un autre corps de barbares, toujours prêt à recevoir de l'argent, à piller, et à se battre. On étoit servi pour le moment; mais dans la suite on avoit autant de peine à réduire les auxiliaires que les ennemis.

Les premiers Romains[1] ne mettoient point dans leurs armées un plus grand nombre de troupes auxiliaires que de romaines; et, quoique leurs alliés fussent proprement des sujets, ils ne vouloient point avoir pour sujets des peuples plus belliqueux qu'eux-mêmes.

[1] C'est une observation de Végèce; et il paroît par Tite-Live que, si le nombre des auxiliaires excéda quelquefois, ce fut de bien peu.

Mais dans les derniers temps, non-seulement ils n'observèrent pas cette proportion des troupes auxiliaires, mais même ils remplirent de soldats barbares les corps de troupes nationales.

Ainsi ils établissoient des usages tout contraires à ceux qui les avoient rendus maîtres de tout : et comme autrefois leur politique constante fut de se réserver l'art militaire, et d'en priver tous leurs voisins, ils le détruisoient pour lors chez eux, et l'établissoient chez les autres.

Voici, en un mot, l'histoire des Romains. Ils vainquirent tous les peuples par leurs maximes, mais, lorsqu'ils y furent parvenus, leur république ne put subsister; il fallut changer de gouvernement : et des maximes contraires aux premières, employées dans ce gouvernement nouveau, firent tomber leur grandeur.

Ce n'est pas la fortune qui domine le monde : on peut le demander aux Romains, qui eurent une suite continuelle de prospérités quand ils se gouvernèrent sur un certain plan, et une suite non interrompue de revers lorsqu'ils se conduisirent sur un autre. Il y a des causes générales, soit morales, soit physiques, qui agissent dans chaque monarchie, l'élèvent, la maintiennent, ou la précipitent; tous les accidens sont soumis à ces causes; et si le hasard d'une bataille, c'est-à-dire une cause particulière, a ruiné un état, il y avoit une cause générale qui faisoit que cet état devoit périr par une seule bataille. En un mot, l'allure principale entraîne avec elle tous les accidens particuliers.

Nous voyons que, depuis près de deux siècles, les troupes de terre de Danemarck ont presque toujours été battues par celles de Suède. Il faut qu'indépendamment du courage des deux nations et du sort des armes, il y ait dans le gouvernement danois, militaire ou civil, un vice intérieur qui ait produit cet effet; et je ne le crois point difficile à découvrir.

Enfin les Romains perdirent leur discipline militaire; ils abandonnèrent jusqu'à leurs propres armes. Végèce dit que les soldats les trouvant trop pesantes, ils obtinrent de l'empereur Gratien de quitter leur cuirasse, et ensuite leur casque; de façon qu'exposés aux coups sans défense, ils ne songèrent plus qu'à fuir [1].

Il ajoute qu'ils avoient perdu la coutume de fortifier leur camp, et que, par cette négligence, leurs armées furent enlevées par la cavalerie des barbares.

La cavalerie fut peu nombreuse chez les premiers Romains; elle ne faisoit que la onzième partie de la légion, et très-souvent moins; et ce qu'il y a

---

[1] *De re militari*, lib. I, cap. xx.

d'extraordinaire, ils en avoient beaucoup moins que nous, qui avons tant de siéges à faire, où la cavalerie est peu utile. Quand les Romains furent dans la décadence, ils n'eurent presque plus que de la cavalerie. Il me semble que, plus une nation se rend savante dans l'art militaire, plus elle agit par son infanterie; et que, moins elle le connoît, plus elle multiplie sa cavalerie : c'est que, sans la discipline, l'infanterie pesante ou légère n'est rien; au lieu que la cavalerie va toujours, dans son désordre même¹. L'action de celle-ci consiste plus dans son impétuosité et un certain choc : celle de l'autre, dans sa résistance et une certaine immobilité : c'est plutôt une réaction qu'une action. Enfin la force de la cavalerie est momentanée : l'infanterie agit plus long-temps; mais il faut de la discipline pour qu'elle puisse agir long-temps.

Les Romains parvinrent à commander à tous les peuples, non-seulement par l'art de la guerre, mais aussi par leur prudence, leur sagesse, leur constance, leur amour pour la gloire et pour la patrie. Lorsque, sous les empereurs, toutes ces vertus s'évanouirent, l'art militaire leur resta, avec lequel, malgré la foiblesse et la tyrannie de leurs

---

¹ La cavalerie tartare, sans observer aucune de nos maximes militaires, a fait dans tous les temps de grandes choses. Voyez les relations, et surtout celle de la dernière conquête de la Chine.

princes, ils conservèrent ce qu'ils avoient acquis; mais, lorsque la corruption se mit dans la milice même, ils devinrent la proie de tous les peuples.

Un empire fondé par les armes a besoin de se soutenir par les armes. Mais comme, lorsqu'un état est dans le trouble, on n'imagine pas comment il peut en sortir, de même, lorsqu'il est en paix, et qu'on respecte sa puissance, il ne vient point dans l'esprit comment cela peut changer; il néglige donc la milice, dont il croit n'avoir rien à espérer et tout à craindre, et souvent même il cherche à l'affoiblir.

C'étoit une règle inviolable des premiers Romains, que quiconque avoit abandonné son poste, ou laissé ses armes dans le combat, étoit puni de mort. Julien et Valentinien avoient, à cet égard, rétabli les anciennes peines. Mais les barbares pris à la solde des Romains, accoutumés à faire la guerre comme la font aujourd'hui les Tartares, à fuir pour combattre encore, à chercher le pillage plus que l'honneur [1], étoient incapables d'une pareille discipline.

Telle étoit la discipline des premiers Romains, qu'on y avoit vu des généraux condamner leurs

---

[1] Ils ne vouloient pas s'assujettir aux travaux des soldats romains. Voyez Ammien Marcellin, liv. XVIII, qui dit, comme une chose extraordinaire, qu'ils s'y soumirent en une occasion, pour plaire à Julien, qui vouloit mettre des places en état de défense.

enfans à mourir, pour avoir, sans leur ordre, gagné la victoire; mais, quand ils furent mêlés parmi les barbares, ils y contractèrent un esprit d'indépendance qui faisoit le caractère de ces nations; et, si on lit les guerres de Bélisaire contre les Goths, on verra un général presque toujours désobéi par ses officiers.

Sylla et Sertorius, dans la fureur des guerres civiles, aimoient mieux périr que de faire quelque chose dont Mithridate pût tirer avantage : mais, dans les temps qui suivirent, dès qu'un ministre ou quelque grand crut qu'il importoit à son avarice, à sa vengeance, à son ambition, de faire entrer les barbares dans l'empire, il le leur donna d'abord à ravager [1].

Il n'y a point d'état où l'on ait plus besoin de tributs que dans ceux qui s'affoiblissent; de sorte que l'on est obligé d'augmenter les charges à mesure que l'on est moins en état de les porter : bientôt, dans les provinces romaines, les tributs devinrent intolérables.

Il faut lire, dans Salvien, les horribles exactions que l'on faisoit sur les peuples [2]. Les citoyens, pour-

[1] Cela n'étoit pas étonnant dans ce mélange avec des nations qui avoient été errantes, qui ne connoissoient point de patrie, et où souvent des corps entiers de troupes se joignoient à l'ennemi qui les avoit vaincus contre leur nation même. Voyez dans Procope ce que c'étoit que les Goths sous Vitigès.

[2] Voyez tout le livre V *de Gubernatione Dei*. Voyez aussi dans

suivis par les traitans, n'avoient d'autre ressource que de se réfugier chez les barbares, ou de donner leur liberté au premier qui la vouloit prendre.

Ceci servira à expliquer, dans notre histoire française, cette patience avec laquelle les Gaulois souffrirent la révolution qui devoit établir cette différence accablante entre une nation noble et une nation roturière. Les barbares, en rendant tant de citoyens esclaves de la glèbe, c'est-à-dire du champ auquel ils étoient attachés, n'introduisirent guère rien qui n'eût été plus cruellement exercé avant eux [1].

l'ambassade écrite par Priscus le discours d'un Romain établi parmi les Huns, sur la felicité dans ces pays-là.

[1] Voyez encore Salvien, liv. V ; et les lois du Code et du Digeste là-dessus.

CHAPITRE XIX.

1. Grandeur d'Attila. 2. Cause de l'établissement des barbares. 3. Raisons pourquoi l'empire d'Occident fut le premier abattu.

COMME, dans le temps que l'empire s'affoiblissoit, la religion chrétienne s'établissoit, les chrétiens reprochoient aux païens cette décadence, et ceux-ci en demandoient compte à la religion chrétienne. Les chrétiens disoient que Dioclétien avoit perdu l'empire en s'associant trois collègues [1], parce que chaque empereur vouloit faire d'aussi grandes dépenses et entretenir d'aussi fortes armées que s'il avoit été seul, que par-là; le nombre de ceux qui recevoient n'étant pas proportionné au nombre de ceux qui donnoient, les charges devinrent si grandes, que les terres furent abandonnées par les laboureurs, et se changèrent en forêts. Les païens, au contraire, ne cessoient de crier contre un culte nouveau, inouï jusqu'alors : et comme autrefois, dans Rome florissante, on attribuoit les débordemens du Tibre et les autres effets de la nature à la colère des dieux, de même, dans Rome mourante, on imputoit les malheurs

---

[1] Lactance, de la Mort des persécuteurs, chap. VII.

à un nouveau culte et au renversement des anciens autels.

Ce fut le préfet Symmaque qui, dans une lettre écrite aux empereurs au sujet de l'autel de la Victoire, fit le plus valoir contre la religion chrétienne des raisons populaires, et par conséquent très-capables de séduire.

« Quelle chose peut mieux nous conduire à la
« connoissance des dieux, disoit-il, que l'expé-
« rience de nos prospérités passées? Nous devons
« être fidèles à tant de siècles, et suivre nos pères,
« qui ont suivi si heureusement les leurs. Pensez
« que Rome vous parle, et vous dit: Grands princes,
« pères de la patrie, respectez mes années pendant
« lesquelles j'ai toujours observé les cérémonies
« de mes ancêtres : ce culte a soumis l'univers à
« mes lois; c'est par-là qu'Annibal a été repoussé
« de mes murailles, et que les Gaulois l'ont été
« du Capitole. C'est pour les dieux de la patrie
« que nous demandons la paix; nous la deman-
« dons pour les dieux indigètes. Nous n'entrons
« point dans des disputes qui ne conviennent qu'à
« des gens oisifs; et nous voulons offrir des prières
« et non pas des combats [1]. »

Trois auteurs célèbres répondirent à Symmaque. Oroze composa son histoire pour prouver qu'il y

---

[1] Lettres de Symmaque, liv. X, lettre LIV.

avoit toujours eu dans le monde d'aussi grands malheurs que ceux dont se plaignoient les païens. Salvien fit son livre, où il soutint que c'étoient les déréglemens des chrétiens qui avoient attiré les ravages des barbares [1] : et saint Augustin fit voir que la cité du ciel étoit différente de cette cité de la terre [2], où les anciens Romains, pour quelques vertus humaines, avoient reçu des récompenses aussi vaines que ces vertus.

Nous avons dit que dans les premiers temps la politique des Romains fut de diviser toutes les puissances qui leur faisoient ombrage : dans la suite, ils n'y purent réussir. Il fallut souffrir qu'Attila soumît toutes les nations du nord : il s'étendit depuis le Danube jusqu'au Rhin, détruisit tous les forts et tous les ouvrages qu'on avoit faits sur ces fleuves, et rendit les deux empires tributaires.

« Théodose, disoit-il insolemment, est fils d'un
« père très-noble, aussi bien que moi; mais, en
« me payant le tribut, il est déchu de sa noblesse,
« et est devenu mon esclave; il n'est pas juste qu'il
« dresse des embûches à son maître, comme un
« esclave méchant [3].

---

[1] Du gouvernement de Dieu.

[2] De la Cité de Dieu.

[3] Histoire gothique, et Relation de l'ambassade écrite par Priscus. C'étoit Théodose le jeune.

« Il ne convient pas à l'empereur, disoit-il dans
« une autre occasion, d'être menteur. Il a promis
« à un de mes sujets de lui donner en mariage la
« fille de Saturnilus : s'il ne veut pas tenir sa pa-
« role, je lui déclare la guerre; s'il ne le peut pas,
« et qu'il soit dans cet état qu'on ose lui désobéir,
« je marche à son secours. »

Il ne faut pas croire que ce fût par modération qu'Attila laissa subsister les Romains; il suivoit les mœurs de sa nation, qui le portoient à soumettre les peuples, et non pas à les conquérir. Ce prince, dans sa maison de bois où nous le représente Priscus[1], maître de toutes les nations barbares, et en quelque façon[2] de presque toutes celles qui étoient policées, étoit un des grands monarques dont l'histoire ait jamais parlé.

On voyoit à sa cour les ambassadeurs des Romains d'Orient et de ceux d'Occident qui venoient recevoir ses lois, ou implorer sa clémence. Tantôt il demandoit qu'on lui rendît les Huns transfuges, ou les esclaves romains qui s'étoient évadés; tantôt il vouloit qu'on lui livrât quelque ministre de l'empereur. Il avoit mis sur l'empire d'Orient un

---

[1] Histoire gothique : « *Hæ sedes regis barbariem totam tenentis, hæc captis civitatis habitacula præponebat.* » Jornandès, *de Rebus geticis*.

[2] Il paroît par la Relation de Priscus qu'on pensoit à la cour d'Attila à soumettre encore les Perses.

tribut de deux mille cent livres d'or. Il recevoit les appointemens de général des armées romaines. Il envoyoit à Constantinople ceux qu'il vouloit récompenser, afin qu'on les comblât de biens, faisant un trafic continuel de la frayeur des Romains.

Il étoit craint de ses sujets, et il ne paroît pas qu'il en fût haï[1]. Prodigieusement fier, et cependant rusé, ardent dans sa colère, mais sachant pardonner ou différer la punition suivant qu'il convenoit à ses intérêts, ne faisant jamais la guerre quand la paix pouvoit lui donner assez d'avantages, fidèlement servi des rois mêmes qui étoient sous sa dépendance, il avoit gardé pour lui seul l'ancienne simplicité des mœurs des Huns. Du reste, on ne peut guère louer sur la bravoure le chef d'une nation où les enfans entroient en fureur au récit des beaux faits d'armes de leurs pères, et où les pères versoient des larmes parce qu'ils ne pouvoient pas imiter leurs enfans.

Après sa mort, toutes les nations barbares se redivisèrent; mais les Romains étoient si foibles qu'il n'y avoit pas de si petit peuple qui ne pût leur nuire.

Ce ne fut pas une certaine invasion qui perdit l'empire, ce furent toutes les invasions. Depuis celle qui fut si générale sous Gallus, il sembla

[1] Il faut consulter, sur le caractère de ce prince et les mœurs de sa cour, Jornandès et Priscus.

rétabli, parce qu'il n'avoit point perdu de terrain; mais il alla, de degrés en degrés, de la décadence à sa chute, jusqu'à ce qu'il s'affaissa tout à coup sous Arcadius et Honorius.

En vain on avoit rechassé les barbares dans leur pays; ils y seroient tout de même rentrés pour mettre en sûreté leur butin : en vain on les extermina; les villes n'étoient pas moins saccagées; les villages brûlés, les familles tuées ou dispersées [1].

Lorsqu'une province avoit été ravagée, les barbares qui succédoient, n'y trouvant plus rien, devoient passer à une autre. On ne ravagea au commencement que la Thrace, la Mysie, la Pannonie : quand ces pays furent dévastés, on ruina la Macédoine, la Thessalie, la Grèce; de là il fallut aller aux Noriques. L'empire, c'est-à-dire le pays habité, se rétrécissoit toujours, et l'Italie devenoit frontière.

La raison pourquoi il ne se fit point sous Gallus et Gallien d'établissement de barbares, c'est qu'ils trouvoient encore de quoi piller.

Ainsi lorsque les Normands, image des conquérans de l'empire, eurent pendant plusieurs siècles ravagé la France, ne trouvant plus rien à

---

[1] C'étoit une nation bien destructive que celle des Goths : ils avoient détruit tous les laboureurs dans la Thrace, et coupé les mains à tous ceux qui menoient les chariots. Histoire byzantine de Malchus, dans l'Extrait des ambassades.

prendre, ils acceptèrent une province qui étoit entièrement déserte et se la partagèrent [1].

La Scythie dans ces temps-là étant presque toute inculte [2], les peuples y étoient sujets à des famines fréquentes : ils subsistoient en partie par un commerce avec les Romains, qui leur portoient des vivres des provinces voisines du Danube [3]. Les barbares donnoient en retour les choses qu'ils avoient pillées, les prisonniers qu'ils avoient faits, l'or et l'argent qu'ils recevoient pour la paix. Mais lorsqu'on ne put plus leur payer des tributs assez forts pour les faire subsister, ils furent forcés de s'établir [4].

---

[1] Voyez dans les Chroniques recueillies par André du Chesne l'état de cette province vers la fin du neuvième et le commencement du dixième siècle. *Script. Norm. hist. veteres.*

[2] Les Goths, comme nous l'avons dit, ne cultivoient point la terre. Les Vandales les appeloient *Trulles*, du nom d'une petite mesure, parce que, dans une famine, ils leur vendirent fort cher une pareille mesure de blé. Olympiodore, dans la Bibliothèque de Photius, liv. XXX.

[3] On voit, dans l'histoire de Priscus, qu'il y avoit des marchés établis par les traités sur les bords du Danube.

[4] Quand les Goths envoyèrent prier Zénon de recevoir dans son alliance Theudéric, fils de Triarius, aux conditions qu'il avoit accordées à Theudéric, fils de Balamer, le sénat consulté répondit que les revenus de l'état n'étoient pas suffisans pour nourrir deux peuples goths, et qu'il falloit choisir l'amitié de l'un des deux. Histoire de Malchus, dans l'Extrait des ambassades.

L'empire d'Occident fut le premier abattu : en voici les raisons.

Les barbares ayant passé le Danube, trouvoient à leur gauche le Bosphore, Constantinople, et toutes les forces de l'empire d'Orient, qui les arrêtoient : cela faisoit qu'ils se tournoient à main droite, du côté de l'Illyrie, et se poussoient vers l'Occident. Il se fit un reflux de nations et un transport de peuples de ce côté-là. Les passages de l'Asie étant mieux gardés, tout refouloit vers l'Europe; au lieu que dans la première invasion, sous Gallus, les forces des barbares se partagèrent.

L'empire ayant été réellement divisé, les empereurs d'Orient, qui avoient des alliances avec les barbares, ne voulurent pas les rompre pour secourir ceux d'Occident. Cette division dans l'administration, dit Priscus [1], fut très-préjudiciable aux affaires d'Occident. Ainsi les Romains d'Orient [2] refusèrent à ceux d'Occident une armée navale, à cause de leur alliance avec les Vandales. Les Wisigoths, ayant fait alliance avec Arcadius, entrèrent en Occident, et Honorius fut obligé de s'enfuir à Ravenne [3]. Enfin Zénon, pour se défaire de Théodoric, le persuada d'aller attaquer l'Italie, qu'Alaric avoit déjà ravagée.

[1] Priscus, liv. II.
[2] *Ibid.*
[3] Procope, Guerres des Vandales.

Il y avoit une alliance très-étroite entre Attila et Genséric, roi des Vandales [1]. Ce dernier craignoit les Goths [2] : il avoit marié son fils avec la fille du roi des Goths ; et lui ayant ensuite fait couper le nez, il l'avoit renvoyée : il s'unit donc avec Attila. Les deux empires, comme enchaînés par ces deux princes, n'osoient se secourir. La situation de celui d'Occident fut surtout déplorable : il n'avoit point de forces de mer ; elles étoient toutes en Orient [3], en Égypte, Chypre, Phénicie, Ionie, Grèce, seuls pays où il y eût alors quelque commerce. Les Vandales et d'autres peuples attaquoient partout les côtes d'Occident. Il vint une ambassade des Italiens à Constantinople, dit Priscus [4], pour faire savoir qu'il étoit impossible que les affaires se soutinssent sans une réconciliation avec les Vandales.

Ceux qui gouvernoient en Occident ne manquèrent pas de politique : ils jugèrent qu'il falloit sauver l'Italie, qui étoit en quelque façon la tête, et en quelque façon le cœur de l'empire. On fit passer les barbares aux extrémités et on les y plaça. Le dessein étoit bien conçu, il fut bien exécuté. Ces nations ne demandoient que la sub-

---

[1] Priscus, liv. II.

[2] Voyez Jornandès, *de Rebus geticis*, cap. XXXVI.

[3] Cela parut surtout dans la Guerre de Constantin et de Licinius.

[4] Priscus, liv. II.

sistance : on leur donnoit les plaines ; on se réservoit les pays montagneux, les passages des rivières, les défilés, les places sur les grands fleuves ; on gardoit la souveraineté. Il y a apparence que ces peuples auroient été forcés de devenir Romains : et la facilité avec laquelle ces destructeurs furent eux-mêmes détruits par les Francs, par les Grecs, par les Maures, justifie assez cette pensée. Tout ce système fut renversé par une révolution plus fatale que toutes les autres : l'armée d'Italie, composée d'étrangers, exigea ce qu'on avoit accordé à des nations plus étrangères encore : elle forma sous Odoacer une aristocratie qui se donna le tiers des terres de l'Italie ; et ce fut le coup mortel porté à cet empire.

Parmi tant de malheurs on cherche avec une curiosité triste le destin de la ville de Rome. Elle étoit pour ainsi dire sans défense ; elle pouvoit être aisément affamée ; l'étendue de ses murailles faisoit qu'il étoit très-difficile de les garder ; comme elle étoit située dans une plaine, on pouvoit aisément la forcer ; il n'y avoit point de ressource dans le peuple, qui en étoit extrêmement diminué. Les empereurs furent obligés de se retirer à Ravenne, ville autrefois défendue par la mer, comme Venise l'est aujourd'hui.

Le peuple romain, presque toujours abandonné

de ses souverains, commença à le devenir et à faire des traités pour sa conservation¹; ce qui est le moyen le plus légitime d'acquérir la souveraine puissance. C'est ainsi que l'Armorique et la Bretagne commencèrent à vivre sous leurs propres lois².

Telle fut la fin de l'empire d'Occident. Rome s'étoit agrandie, parce qu'elle n'avoit eu que des guerres successives, chaque nation, par un bonheur inconcevable, ne l'attaquant que quand l'autre avoit été ruinée. Rome fut détruite parce que toutes les nations l'attaquèrent à la fois et pénétrèrent partout.

---

¹ Du temps d'Honorius, Alaric, qui assiégeoit Rome, obligea cette ville à prendre son alliance même contre l'empereur, qui ne put s'y opposer. Procope, Guerre des Goths, liv. I. Voyez Zosime, liv. VI.

² Zosime, liv. VI.

CHAPITRE XX.

1. Des conquêtes de Justinien. 2. De son gouvernement.

Comme tous ces peuples entroient pêle-mêle dans l'empire, ils s'incommodoient réciproquement; et toute la politique de ces temps-là fut de les armer les uns contre les autres; ce qui étoit aisé, à cause de leur férocité et de leur avarice. Ils s'entre-détruisirent pour la plupart avant d'avoir pu s'établir, et cela fit que l'empire d'Orient subsista encore du temps.

D'ailleurs le nord s'épuisa lui-même, et l'on n'en vit plus sortir ces armées innombrables qui parurent d'abord; car après les premières invasions des Goths et des Huns, surtout depuis la mort d'Attila, ceux-ci et les peuples qui les suivirent attaquèrent avec moins de forces.

Lorsque ces nations, qui s'étoient assemblées en corps d'armée, se furent dispersées en peuples, elles s'affoiblirent beaucoup; répandues dans les divers lieux de leurs conquêtes, elles furent elles-mêmes exposées aux invasions. Ce fut dans ces circonstances que Justinien entreprit de reconquérir l'Afrique et l'Italie, et fit ce que nos Français exécutèrent aussi heureusement contre les Wisigoths, les Bourguignons, les Lombards et les Sarrasins.

Lorsque la religion chrétienne fut apportée aux barbares, la secte arienne étoit en quelque façon dominante dans l'empire. Valens leur envoya des prêtres ariens, qui furent leurs premiers apôtres. Or, dans l'intervalle qu'il y eut entre leur conversion et leur établissement, cette secte fut en quelque façon détruite chez les Romains : les barbares ariens ayant trouvé tout le pays orthodoxe n'en purent jamais gagner l'affection ; et il fut facile aux empereurs de les troubler.

D'ailleurs ces barbares, dont l'art et le génie n'étoient guère d'attaquer les villes et encore moins de les défendre, en laissèrent tomber les murailles en ruine. Procope nous apprend que Bélisaire trouva celles d'Italie en cet état. Celles d'Afrique avoient été démantelées par Genséric [1], comme celles d'Espagne le furent dans la suite par Vitisa [2], dans l'idée de s'assurer de ses habitans.

La plupart de ces peuples du nord, établis dans les pays du midi, en prirent d'abord la mollesse, et devinrent incapables des fatigues de la guerre [3]. Les Vandales languissoient dans la volupté ; une table délicate, les habits efféminés, les bains, la

---

[1] Procope, Guerre des Vandales, liv. I.
[2] Mariana, Histoire d'Espagne, liv. VI, chap. XIX.
[3] Procope, Guerre des Vandales, liv. II.

musique, la danse, les jardins, les théâtres, leur étoient devenus nécessaires.

Ils ne donnoient plus d'inquiétude aux Romains [1], dit Malchus [2], depuis qu'ils avoient cessé d'entretenir les armées que Genséric tenoit toujours prêtes, avec lesquelles il prévenoit ses ennemis, et étonnoit tout le monde par la facilité de ses entreprises.

La cavalerie des Romains étoit très-exercée à tirer de l'arc; mais celle des Goths et des Vandales ne se servoit que de l'épée et de la lance, et ne pouvoit combattre de loin [3] : c'est à cette différence que Bélisaire attribuoit une partie de ses succès.

Les Romains, surtout sous Justinien, tirèrent de grands services des Huns, peuples dont étoient sortis les Parthes, et qui combattoient comme eux. Depuis qu'ils eurent perdu leur puissance par la défaite d'Attila et les divisions que le grand nombre de ses enfans fit naître, ils servirent les Romains en qualité d'auxiliaires, et ils formèrent leur meilleure cavalerie.

Toutes ces nations barbares se distinguoient chacune par leur manière particulière de combattre

[1] Du temps d'Honoric.

[2] Histoire byzantine, dans l'Extrait des ambassades.

[3] Voyez Procope, Guerre des Vandales, liv. I; et le même auteur, Guerre des Goths, liv. I. Les archers goths étoient à pied; ils étoient peu instruits.

et de s'armer [1]. Les Goths et les Vandales étoient redoutables l'épée à la main ; les Huns étoient des archers admirables ; les Suèves, de bons hommes d'infanterie ; les Alains étoient pesamment armés ; et les Hérules étoient une troupe légère. Les Romains prenoient dans toutes ces nations les divers corps de troupes qui convenoient à leurs desseins, et combattoient contre une seule avec les avantages de toutes les autres.

Il est singulier que les nations les plus foibles aient été celles qui firent de plus grands établissemens. On se tromperoit beaucoup si l'on jugeoit de leurs forces par leurs conquêtes. Dans cette longue suite d'incursions, les peuples barbares, ou plutôt les essaims sortis d'eux, détruisoient ou étoient détruits ; tout dépendoit des circonstances : et, pendant qu'une grande nation étoit combattue ou arrêtée, une troupe d'aventuriers qui trouvoient un pays ouvert y faisoient des ravages effroyables. Les Goths, que le désavantage de leurs armes fit fuir devant tant de nations, s'établirent en Italie, en Gaule et en Espagne : les Vandales quittant l'Espagne par foiblesse, passèrent en Afrique, où ils fondèrent un grand empire.

Justinien ne put équiper contre les Vandales

---

[1] Un passage remarquable de Jornandès nous donne toutes ces différences : c'est à l'occasion de la bataille que les Gépides donnèrent aux enfans d'Attila.

que cinquante vaisseaux ; et, quand Bélisaire débarqua, il n'avoit que cinq mille soldats [1]. C'étoit une entreprise bien hardie : et Léon, qui avoit autrefois envoyé contre eux une flotte composée de tous les vaisseaux de l'Orient, sur laquelle il avoit cent mille hommes, n'avoit pas conquis l'Afrique, et avoit pensé perdre l'empire.

Ces grandes flottes, non plus que les grandes armées de terre, n'ont guère jamais réussi. Comme elles épuisent un état, si l'expédition est longue ou que quelque malheur leur arrive, elles ne peuvent être secourues ni réparées : si une partie se perd, ce qui reste n'est rien, parce que les vaisseaux de guerre, ceux de transport, la cavalerie, l'infanterie, les munitions, enfin les diverses parties, dépendent du tout ensemble. La lenteur de l'entreprise fait qu'on trouve toujours des ennemis préparés ; outre qu'il est rare que l'expédition se fasse jamais dans une saison commode : on tombe dans le temps des orages, tant de choses n'étant presque jamais prêtes que quelques mois plus tard qu'on ne se l'étoit promis.

Bélisaire envahit l'Afrique ; et, ce qui lui servit beaucoup, c'est qu'il tira de Sicile une grande quantité de provisions, en conséquence d'un traité fait avec Amalasonte, reine des Goths. Lorsqu'il

---

[1] Procope, Guerre des Goths, liv. II.

fut envoyé pour attaquer l'Italie, voyant que les Goths tiroient leur subsistance de la Sicile, il commença par la conquérir; il affama ses ennemis, et se trouva dans l'abondance de toutes choses.

Bélisaire prit Carthage, Rome et Ravenne, et envoya les rois des Goths et des Vandales captifs à Constantinople, où l'on vit, après tant de temps, les anciens triomphes renouvelés [1].

On peut trouver dans les qualités de ce grand homme [2] les principales causes de ses succès. Avec un général qui avoit toutes les maximes des premiers Romains, il se forma une armée telle que les anciennes armées romaines.

Les grandes vertus se cachent ou se perdent ordinairement dans la servitude; mais le gouvernement tyrannique de Justinien ne put opprimer la grandeur de cette âme, ni la supériorité de ce génie.

L'eunuque Narsès fut encore donné à ce règne pour le rendre illustre. Élevé dans le palais, il avoit plus la confiance de l'empereur; car les princes regardent toujours leurs courtisans comme leurs plus fidèles sujets.

Mais la mauvaise conduite de Justinien, ses profusions, ses vexations, ses rapines, sa fureur de bâtir, de changer, de réformer, son inconstance dans ses desseins, un règne dur et foible, devenu

---

[1] Justinien ne lui accorda que le triomphe de l'Afrique.

[2] Voyez Suidas, à l'article *Bélisaire*.

plus incommode par une longue vieillesse, furent des malheurs réels mêlés à des succès inutiles, et une gloire vaine.

Ces conquêtes, qui avoient pour cause non la force de l'empire, mais de certaines circonstances particulières, perdirent tout : pendant qu'on y occupoit les armées, de nouveaux peuples passèrent le Danube, désolèrent l'Illyrie, la Macédoine et la Grèce; et les Perses, dans quatre invasions, firent à l'Orient des plaies incurables [1].

Plus ces conquêtes furent rapides, moins elles eurent un établissement solide : l'Italie et l'Afrique furent à peine conquises qu'il fallut les reconquérir.

Justinien avoit pris sur le théâtre une femme qui s'y étoit long-temps prostituée [2] : elle le gouverna avec un empire qui n'a point d'exemple dans les histoires; et, mettant sans cesse dans les affaires les passions et les fantaisies de son sexe, elle corrompit les victoires et les succès les plus heureux.

En Orient on a de tout temps multiplié l'usage des femmes pour leur ôter l'ascendant prodigieux qu'elles ont sur nous dans ces climats : mais à Constantinople, la loi d'une seule femme donna à ce

[1] Les deux empires se ravagèrent d'autant plus qu'on n'espéroit pas conserver ce qu'on avoit conquis.
[2] L'impératrice Théodora.

sexe l'empire; ce qui mit quelquefois de la foiblesse dans le gouvernement.

Le peuple de Constantinople étoit de tout temps divisé en deux factions, celle des *bleus* et celle des *verts* : elles tiroient leur origine de l'affection que l'on prend dans les théâtres pour de certains acteurs plutôt que pour d'autres. Dans les jeux du cirque, les chariots dont les cochers étoient habillés de vert disputoient le prix à ceux qui étoient habillés de bleu; et chacun y prenoit intérêt jusqu'à la fureur.

Ces deux factions, répandues dans toutes les villes de l'empire, étoient plus ou moins furieuses, à proportion de la grandeur des villes, c'est-à-dire de l'oisiveté d'une grande partie du peuple.

Mais les divisions, toujours nécessaires dans un gouvernement républicain pour le maintenir, ne pouvoient être que fatales à celui des empereurs, parce qu'elles ne produisoient que le changement du souverain, et non le rétablissement des lois et la cessation des abus.

Justinien, qui favorisa les *bleus*, et refusa toute justice aux *verts* [1], aigrit les deux factions, et par conséquent les fortifia.

Elles allèrent jusqu'à anéantir l'autorité des ma-

---

[1] Cette maladie étoit ancienne. Suétone dit que Caligula, attaché à la faction des *verts*, haïssoit le peuple parce qu'il applaudissoit à l'autre. Suétone, liv. IV, chap. LV.

gistrats. Les *bleus* ne craignoient point les lois, parce que l'empereur les protégeoit contre elles; les *verts* cessèrent de les respecter, parce qu'elles ne pouvoient plus les défendre '.

Tous les liens d'amitié, de parenté, de devoir, de reconnoissance, furent ôtés : les familles s'entre-détruisirent : tout scélérat qui voulut faire un crime fut de la faction des *bleus;* tout homme qui fut volé ou assassiné fut de celle des *verts.*

Un gouvernement si peu sensé étoit encore plus cruel : l'empereur, non content de faire à ses sujets une injustice générale en les accablant d'impôts excessifs, les désoloit par toutes sortes de tyrannies dans leurs affaires particulières.

Je ne serois point naturellement porté à croire tout ce que Procope nous dit là-dessus dans son histoire secrète, parce que les éloges magnifiques qu'il a faits de ce prince dans ses autres ouvrages affoiblissent son témoignage dans celui-ci, où il nous le dépeint comme le plus stupide et le plus cruel des tyrans.

Mais j'avoue que deux choses font que je suis pour l'histoire secrète : la première, c'est qu'elle est mieux liée avec l'étonnante foiblesse où se trouva cet empire à la fin de ce règne et dans les suivans.

' Pour prendre une idée de l'esprit de ces temps-là, il faut voir Théophanes, qui rapporte une longue conversation qu'il y eut au théâtre entre les *verts* et l'empereur.

L'autre est un monument qui existe encore parmi nous : ce sont les lois de cet empereur, où l'on voit dans le cours de quelques années la jurisprudence varier davantage qu'elle n'a fait dans les trois cents dernières années de notre monarchie.

Ces variations sont la plupart sur des choses de si petite importance¹, qu'on ne voit aucune raison qui eût dû porter un législateur à les faire, à moins qu'on explique ceci par l'histoire secrète, et qu'on ne dise que ce prince vendoit également ses jugemens et ses lois.

Mais ce qui fit le plus de tort à l'état politique du gouvernement, fut le projet qu'il conçut de réduire tous les hommes à une même opinion sur les matières de religion, dans des circonstances qui rendoient son zèle entièrement indiscret.

Comme les anciens Romains fortifièrent leur empire en y laissant toute sorte de culte, dans la suite on le réduisit à rien, en coupant l'une après l'autre les sectes qui ne dominoient pas.

Ces sectes étoient des nations entières. Les unes, après qu'elles avoient été conquises par les Romains, avoient conservé leur ancienne religion, comme les samaritains et les juifs. Les autres s'étoient répandues dans un pays, comme les sectateurs de Montan dans la Phrygie ; les manichéens,

---
¹ Voyez les Novelles de Justinien.

les sabatiens, les ariens, dans d'autres provinces; outre qu'une grande partie des gens de la campagne étoient encore idolâtres et entêtés d'une religion grossière comme eux-mêmes.

Justinien, qui détruisit ces sectes par l'épée ou par ses lois, et qui, les obligeant à se révolter, s'obligea à les exterminer, rendit incultes plusieurs provinces. Il crut avoir augmenté le nombre des fidèles ; il n'avoit fait que diminuer celui des hommes.

Procope nous apprend que par la destruction des samaritains la Palestine devint déserte : et ce qui rend ce fait singulier, c'est qu'on affoiblit l'empire, par zèle pour la religion, du côté par où, quelques règnes après, les Arabes pénétrèrent pour la détruire.

Ce qu'il y avoit de désespérant, c'est que, pendant que l'empereur portoit si loin l'intolérance, il ne convenoit pas lui-même avec l'impératrice sur les points les plus essentiels : il suivoit le concile de Chalcédoine; et l'impératrice favorisoit ceux qui y étoient opposés, soit qu'ils fussent de bonne foi, dit Évagre, soit qu'ils le fissent à dessein [1].

Lorsqu'on lit Procope sur les édifices de Justinien, et qu'on voit les places et les forts que ce

---

[1] Liv. IV, chap. x.

prince fit élever partout, il vient toujours dans l'esprit une idée, mais bien fausse, d'un état florissant.

D'abord, les Romains n'avoient point de places : ils mettoient toute leur confiance dans leurs armées, qu'ils plaçoient le long des fleuves, où ils élevoient des tours de distance en distance pour loger les soldats.

Mais lorsqu'on n'eut plus que de mauvaises armées, que souvent même on n'en eut point du tout, la frontière ne défendant plus l'intérieur, il fallut le fortifier, et alors on eut plus de places, et moins de forces; plus de retraites, et moins de sûreté[1]. La campagne n'étant plus habitable qu'autour des places fortes, on en bâtit de toutes parts. Il en étoit comme de la France du temps des Normands[2], qui n'a jamais été si foible que lorsque tous ses villages étoient entourés de murs.

---

[1] Auguste avoit établi neuf frontières ou marches : sous les empereurs suivans le nombre en augmenta. Les barbares se montroient là où ils n'avoient point encore paru. Et Dion, liv. LV, rapporte que de son temps, sous l'empire d'Alexandre, il y en avoit treize. On voit par la notice de l'empire, écrite depuis Arcadius et Honorius, que, dans le seul empire d'Orient, il y en avoit quinze. Le nombre en augmenta toujours. La Pamphilie, la Lycaonie, la Pisidie, devinrent des marches; et tout l'empire fut couvert de fortifications. Aurélien avoit été obligé de fortifier Rome.

[2] Et des Anglais.

Ainsi toutes ces listes de noms des forts que Justinien fit bâtir, dont Procope couvre des pages entières, ne sont que des monumens de la foiblesse de l'empire.

CHAPITRE XXI.

Désordres de l'empire d'Orient.

Dans ce temps-là les Perses étoient dans une situation plus heureuse que les Romains : ils craignoient peu les peuples du nord [1], parce qu'une partie du Mont Taurus, entre la mer Caspienne et le Pont-Euxin, les en séparoit, et qu'ils gardoient un passage fort étroit, fermé par une porte [2], qui étoit le seul endroit par où la cavalerie pouvoit passer : partout ailleurs ces barbares étoient obligés de descendre par des précipices, et de quitter leurs chevaux, qui faisoient toute leur force; mais ils étoient encore arrêtés par l'Araxe, rivière profonde, qui coule de l'ouest à l'est, et dont on défendoit aisément les passages [3].

De plus, les Perses étoient tranquilles du côté de l'orient; au midi, ils étoient bornés par la mer. Il leur étoit facile d'entretenir la division parmi les princes arabes, qui ne songeoient qu'à se piller les uns les autres. Ils n'avoient donc proprement d'ennemis que les Romains. « Nous savons, disoit

---

[1] Les Huns.

[2] Les portes Caspiennes.

[3] Procope, Guerre des Perses, liv. I.

« un ambassadeur de Hormisdas [1], que les Ro-
« mains sont occupés à plusieurs guerres, et ont
« à combattre contre presque toutes les nations;
« ils savent au contraire que nous n'avons de
« guerre que contre eux. »

Autant que les Romains avoient négligé l'art militaire, autant les Perses l'avoient-ils cultivé. « Les
« Perses, disoit Bélisaire à ses soldats, ne vous sur-
« passent point en courage; ils n'ont sur vous que
« l'avantage de la discipline. »

Ils prirent dans les négociations la même supériorité que dans la guerre. Sous prétexte qu'ils tenoient une garnison aux portes Caspiennes, ils demandoient un tribut aux Romains; comme si chaque peuple n'avoit pas ses frontières à garder: ils se faisoient payer pour la paix, pour les trèves, pour les suspensions d'armes, pour le temps qu'on employoit à négocier, pour celui qu'on avoit passé à faire la guerre.

Les Avares ayant traversé le Danube, les Romains, qui la plupart du temps n'avoient point de troupes à leur opposer, occupés contre les Perses, lorsqu'il auroit fallu combattre les Avares, et contre les Avares, quand il auroit fallu arrêter les Perses, furent encore forcés de se soumettre à un tribut; et la majesté de l'empire fut flétrie chez toutes les nations.

[1] Ambassades de Ménandre.

Justin, Tibère et Maurice, travaillèrent avec soin à défendre l'empire. Ce dernier avoit des vertus; mais elles étoient ternies par une avarice presque inconcevable dans un grand prince.

Le roi des Avares offrit à Maurice de lui rendre les prisonniers qu'il avoit faits, moyennant une demi-pièce d'argent par tête; sur son refus, il les fit égorger. L'armée romaine, indignée, se révolta; et les *verts* s'étant soulevés en même temps, un centenier, nommé Phocas, fut élevé à l'empire, et fit tuer Maurice et ses enfans.

L'histoire de l'empire grec, c'est ainsi que nous nommerons dorénavant l'empire romain, n'est plus qu'un tissu de révoltes, de séditions et de perfidies. Les sujets n'avoient pas seulement l'idée de la fidélité que l'on doit aux princes : et la succession des empereurs fut si interrompue, que le titre de *porphyrogénète*, c'est-à-dire né dans l'appartement où accouchoient les impératrices, fut un titre distinctif que peu de princes des diverses familles impériales purent porter.

Toutes les voies furent bonnes pour parvenir à l'empire : on y alla par les soldats, par le clergé, par le sénat, par les paysans, par le peuple de Constantinople, par celui des autres villes.

La religion chrétienne étant devenue dominante dans l'empire, il s'éleva successivement plusieurs hérésies qu'il fallut condamner. Arius ayant nié la divinité du Verbe ; les Macédoniens, celle du Saint-Esprit; Nestorius, l'unité de la personne de Jésus-Christ; Eutychès, ses deux natures; les monothélites, ses deux volontés, il fallut assembler des conciles contre eux : mais les décisions n'en ayant pas été d'abord universellement reçues, plusieurs empereurs séduits revinrent aux erreurs condamnées. Et, comme il n'y a jamais eu de nation qui ait porté une haine si violente aux hérétiques que les Grecs, qui se croyoient souillés lorsqu'ils parloient à un hérétique, ou habitoient avec lui, il arriva que plusieurs empereurs perdirent l'affection de leurs sujets; et les peuples s'accoutumèrent à penser que des princes si souvent rebelles à Dieu n'avoient pu être choisis par la providence pour les gouverner.

Une certaine opinion, prise de cette idée qu'il ne falloit pas répandre le sang des chrétiens, laquelle s'établit de plus en plus lorsque les mahométans eurent paru, fit que les crimes qui n'intéressoient pas directement la religion furent foiblement punis : on se contenta de crever les yeux, ou de couper le nez ou les cheveux, ou de mutiler de quelque manière ceux qui avoient excité quelque révolte, ou attenté à la personne du prince [1] : des actions pareilles purent se com-

---

[1] Zénon contribua beaucoup à établir ce relâchement. Voyez Malchus, Histoire byzantine, dans l'Extrait des ambassades.

mettre sans danger, et même sans courage.

Un certain respect pour les ornemens impériaux fit que l'on jeta d'abord les yeux sur ceux qui osèrent s'en revêtir. C'étoit un crime de porter ou d'avoir chez soi des étoffes de pourpre; mais, dès qu'un homme s'en vêtoit, il étoit d'abord suivi, parce que le respect étoit plus attaché à l'habit qu'à la personne.

L'ambition étoit encore irritée par l'étrange manie de ces temps-là, n'y ayant guère d'homme considérable qui n'eût par-devers lui quelque prédiction qui lui promettoit l'empire.

Comme les maladies de l'esprit ne se guérissent guère [1], l'astrologie judiciaire et l'art de prédire par les objets vus dans l'eau d'un bassin avoient succédé, chez les chrétiens, aux divinations par les entrailles des victimes, ou le vol des oiseaux, abolies avec le paganisme. Des promesses vaines furent le motif de la plupart des entreprises téméraires des particuliers, comme elles devinrent la sagesse du conseil des princes.

Les malheurs de l'empire croissant tous les jours, on fut naturellement porté à attribuer les mauvais succès dans la guerre, et les traités honteux dans la paix, à la mauvaise conduite de ceux qui gouvernoient.

---

[1] Voyez Nicétas, Vie d'Andronic Comnène.

Les révolutions mêmes firent les révolutions, et l'effet devint lui-même la cause. Comme les Grecs avoient vu passer successivement tant de diverses familles sur le trône, ils n'étoient attachés à aucune; et la fortune ayant pris des empereurs dans toutes les conditions, il n'y avoit pas de naissance assez basse, ni de mérite si mince, qui pût ôter l'espérance.

Plusieurs exemples reçus dans la nation en formèrent l'esprit général, et firent les mœurs, qui règnent aussi impérieusement que les lois.

Il semble que les grandes entreprises soient parmi nous plus difficiles à mener que chez les anciens. On ne peut guère les cacher, parce que la communication est telle aujourd'hui entre les nations, que chaque prince a des ministres dans toutes les cours, et peut avoir des traîtres dans tous les cabinets.

L'invention des postes fait que les nouvelles volent et arrivent de toutes parts.

Comme les grandes entreprises ne peuvent se faire sans argent, et que depuis l'invention des lettres de change les négocians en sont les maîtres, leurs affaires sont très-souvent liées avec les secrets de l'état; et ils ne négligent rien pour les pénétrer.

Des variations dans le change, sans une cause

connue, font que bien des gens la cherchent, et la trouvent à la fin.

L'invention de l'imprimerie, qui a mis les livres dans les mains de tout le monde, celle de la gravure, qui a rendu les cartes géographiques si communes, enfin l'établissement des papiers politiques, font assez connoître à chacun les intérêts généraux pour pouvoir plus aisément être éclairci sur les faits secrets.

Les conspirations dans l'état sont devenues difficiles, parce que, depuis l'invention des postes, tous les secrets particuliers sont dans le pouvoir du public.

Les princes peuvent agir avec promptitude, parce qu'ils ont les forces de l'état dans leurs mains; les conspirateurs sont obligés d'agir lentement, parce que tout leur manque : mais, à présent que tout s'éclaircit avec plus de facilité et de promptitude, pour peu que ceux-ci perdent de temps à s'arranger, ils sont découverts.

CHAPITRE XXII.

Foiblesse de l'empire d'Orient.

Phocas, dans la confusion des choses, étant mal affermi, Héraclius vint d'Afrique, et le fit mourir: il trouva les provinces envahies, et les légions détruites.

A peine avoit-il donné quelque remède à ces maux, que les Arabes sortirent de leur pays, pour étendre la religion et l'empire que Mahomet avoit fondés d'une même main.

Jamais on ne vit des progrès si rapides : ils conquirent d'abord la Syrie, la Palestine, l'Égypte, l'Afrique, et envahirent la Perse.

Dieu permit que sa religion cessât en tant de lieux d'être dominante, non pas qu'il l'eût abandonnée, mais parce que, qu'elle soit dans la gloire ou dans l'humiliation extérieure, elle est toujours également propre à produire son effet naturel, qui est de sanctifier.

La prospérité de la religion est différente de celle des empires. Un auteur célèbre disoit qu'il étoit bien aise d'être malade, parce que la maladie est le vrai état du chrétien. On pourroit dire de même que les humiliations de l'église, sa dispersion, la destruction de ses temples, les souffrances de ses martyrs, sont le temps de sa gloire; et que, lorsqu'aux yeux du monde elle paroît triompher, c'est le temps ordinaire de son abaissement.

Pour expliquer cet événement fameux de la conquête de tant de pays par les Arabes, il ne faut pas avoir recours au seul enthousiasme. Les Sarrasins étoient, depuis long-temps, distingués parmi les auxiliaires des Romains et des Perses, les Osroéniens et eux étoient les meilleurs hommes de trait qu'il y eût au monde; Sévère, Alexandre et Maximin en avoient engagé à leur service autant qu'ils avoient pu, et s'en étoient servis avec un grand succès contre les Germains, qu'ils désoloient de loin : sous Valens, les Goths ne pouvoient leur résister [1]; enfin ils étoient dans ces temps-là la meilleure cavalerie du monde.

Nous avons dit que, chez les Romains, les légions d'Europe valoient mieux que celles d'Asie : c'étoit tout le contraire pour la cavalerie : je parle de celle des Parthes, des Osroéniens et des Sarrasins; et c'est ce qui arrêta les conquêtes des Romains, parce que, depuis Antiochus, un nouveau peuple tartare, dont la cavalerie étoit la meilleure du monde, s'empara de la haute Asie.

Cette cavalerie étoit pesante [2], et celle d'Europe

[1] Zosime, liv. IV.

[2] Voyez ce que dit Zosime, liv. I, sur la cavalerie d'Aurélien et

étoit légère : c'est aujourd'hui tout le contraire. La Hollande et la Frise n'étoient point pour ainsi dire encore faites [1]; et l'Allemagne étoit pleine de bois, de lacs et de marais où la cavalerie servoit peu.

Depuis qu'on a donné un cours aux grands fleuves, ces marais se sont dissipés, et l'Allemagne a changé de face. Les ouvrages de Valentinien sur le Necker et ceux des Romains sur le Rhin [2] ont fait bien des changemens [3]; et le commerce s'étant établi, des pays qui ne produisoient point de chevaux en ont donné, et on en a fait usage [4].

Constantin, fils d'Héraclius, ayant été empoisonné, et son fils Constant, tué en Sicile, Constantin-le-Barbu, son fils aîné, lui succéda [5]. Les grands des provinces d'Orient s'étant assemblés, ils voulurent couronner ses deux autres frères, soutenant que, comme il faut croire en la Trinité, aussi étoit-il raisonnable d'avoir trois empereurs.

celle de Palmyre. Voyez aussi Ammien Marcellin, sur la cavalerie des Perses.

[1] C'étoient, pour la plupart, des terres submergées que l'art a rendues propres à être la demeure des hommes.

[2] Voyez Ammien Marcellin, liv. XXVII.

[3] Le climat n'y est plus aussi froid que le disoient les anciens.

[4] César dit que les chevaux des Germains étoient vilains et petits. Guerre des Gaules, liv. IV, page 64. Et Tacite, des Mœurs des Germains, dit : *Germania pecorum fecunda, sed pleraque improcera.* § 5.

[5] Zonaras, Vie de Constantin-le-Barbu.

L'histoire grecque est pleine de traits pareils : et le petit esprit étant parvenu à faire le caractère de la nation, il n'y eut plus de sagesse dans les entreprises, et l'on vit des troubles sans cause et des révolutions sans motifs.

Une bigoterie universelle abattit les courages et engourdit tout l'empire. Constantinople est, à proprement parler, le seul pays d'Orient où la religion chrétienne ait été dominante. Or, cette lâcheté, cette paresse, cette mollesse des nations d'Asie, se mêlèrent dans la dévotion même. Entre mille exemples, je ne veux que Philippicus, général de Maurice, qui, étant près de donner une bataille, se mit à pleurer, dans la considération du grand nombre de gens qui alloient être tués [1].

Ce sont bien d'autres larmes, celles de ces Arabes qui pleurèrent de douleur de ce que leur général avoit fait une trêve qui les empêchoit de répandre le sang des chrétiens [2].

C'est que la différence est totale entre une armée fanatique et une armée bigote. On le vit dans nos temps modernes, dans une révolution fameuse, lorsque l'armée de Cromwel étoit comme celle des

---

[1] Théophilacte, liv. II, chap. III, Histoire de l'empereur Maurice.

[2] Histoire de la conquête de la Syrie, de la Perse et de l'Égypte, par les Sarrasins ; par M. Ockley.

Arabes, et les armées d'Irlande et d'Écosse comme celle des Grecs.

Une superstition grossière, qui abaisse l'esprit autant que la religion l'élève, plaça toute la vertu et toute la confiance des hommes dans une ignorante stupidité pour les images; et l'on vit des généraux lever un siége[1] et perdre une ville[2] pour avoir une relique.

La religion chrétienne dégénéra sous l'empire grec, au point où elle étoit de nos jours chez les Moscovites, avant que le czar Pierre Ier eût fait renaître cette nation, et introduit plus de changemens dans un état qu'il gouvernoit, que les conquérans n'en font dans ceux qu'ils usurpent.

On peut aisément croire que les Grecs tombèrent dans une espèce d'idolâtrie. On ne soupçonnera pas les Italiens ni les Allemands de ces temps-là d'avoir été peu attachés au culte extérieur: cependant, lorsque les historiens grecs parlent du mépris des premiers pour les reliques et les images, on diroit que ce sont nos controversistes qui s'échauffent contre Calvin. Quand les Allemands passèrent pour aller dans la Terre-Sainte, Nicétas dit que les Arméniens les reçurent comme amis, parce qu'ils n'adoroient pas les images. Or si, dans la manière de penser des Grecs, les Italiens et les

---

[1] Zonaras, Vie de Romain Lacapène.
[2] Nicétas, Vie de Jean Comnène.

Allemands ne rendoient pas assez de culte aux images, quelle devoit être l'énormité du leur?

Il pensa bien y avoir en Orient à peu près la même révolution qui arriva, il y a environ deux siècles, en Occident, lorsqu'au renouvellement des lettres, comme on commença à sentir les abus et les déréglemens où l'on étoit tombé, tout le monde cherchant un remède au mal, des gens hardis et trop peu dociles déchirèrent l'église, au lieu de la réformer.

Léon l'Isaurien, Constantin Copronyme, Léon son fils, firent la guerre aux images; et après que le culte en eut été rétabli par l'impératrice Irène, Léon l'Arménien, Michel-le-Bègue, et Théophile les abolirent encore. Ces princes crurent n'en pouvoir modérer le culte qu'en le détruisant; ils firent la guerre aux moines qui incommodoient l'état[1] : et, prenant toujours les voies extrêmes, ils voulurent les exterminer par le glaive, au lieu de chercher à les régler.

Les moines[2], accusés d'idolâtrie par les partisans

---

[1] Long-temps avant, Valens avoit fait une loi pour les obliger d'aller à la guerre, et fit tuer tous ceux qui n'obéirent pas. Jornandès, *de Regn. succes.*; et la loi XXVI, cod. *de Decur.*

[2] Tout ce qu'on verra ici sur les moines grecs ne porte point sur leur état; car on ne peut pas dire qu'une chose ne soit pas bonne, parce que, dans de certains temps ou dans quelque pays, on en a abusé.

des nouvelles opinions, leur donnèrent le change en les accusant à leur tour de magie[1]; et, montrant au peuple les églises dénuées d'images et de tout ce qui avoit fait jusque-là l'objet de sa vénération, ils ne lui laissèrent point imaginer qu'elles pussent servir à d'autre usage qu'à sacrifier aux démons.

Ce qui rendoit la querelle sur les images si vive, et fit que dans la suite les gens sensés ne pouvoient pas proposer un culte modéré, c'est qu'elle étoit liée à des choses bien tendres : il étoit question de la puissance; et les moines l'ayant usurpée, ils ne pouvoient l'augmenter ou la soutenir qu'en ajoutant sans cesse au culte extérieur dont ils faisoient eux-mêmes partie. Voilà pourquoi les guerres contre les images furent toujours des guerres contre eux; et que quand ils eurent gagné ce point, leur pouvoir n'eut plus de bornes.

Il arriva pour lors ce que l'on vit, quelques siècles après, dans la querelle qu'eurent Barlaam et Acindyne contre les moines, et qui tourmenta cet empire jusqu'à sa destruction. On disputoit si la lumière qui apparut autour de Jésus-Christ sur le Thabor étoit créée ou incréée. Dans le fond les moines ne se soucioient pas plus qu'elle fût l'un que l'autre : mais comme Barlaam les atta-

[1] Léon le grammairien, Vie de Léon l'Arménien. *Idem*, Vie de Théophile. Voyez Suidas, à l'article *Constantin*, fils de Léon.

quoit directement eux-mêmes, il falloit nécessairement que cette lumière fût incréée.

La guerre que les empereurs iconoclastes déclarèrent aux moines fit que l'on reprit un peu les principes du gouvernement, que l'on employa en faveur du public les revenus publics, et qu'enfin on ôta au corps de l'état ses entraves.

Quand je pense à l'ignorance profonde dans laquelle le clergé grec plongea les laïques, je ne puis m'empêcher de les comparer à ces Scythes dont parle Hérodote [1], qui crevoient les yeux à leurs esclaves, afin que rien ne pût les distraire et les empêcher de battre leur lait.

L'impératrice Théodora rétablit les images, et les moines recommencèrent à abuser de la piété publique : ils parvinrent jusqu'à opprimer le clergé séculier même ; ils occupèrent tous les grands siéges [2], et exclurent peu à peu tous les ecclésiastiques de l'épiscopat ; c'est ce qui rendit ce clergé intolérable : et si l'on en fait le parallèle avec le clergé latin, si l'on compare la conduite des papes avec celle des patriarches de Constantinople, on verra des gens aussi sages que les autres étoient peu sensés.

Voici une étrange contradiction de l'esprit hu-

---

[1] Liv. IV.

[2] Voyez Pachymère, Histoire des emp., Michel Paléologue et Andronic, liv. VIII.

main. Les ministres de la religion chez les premiers Romains, n'étant pas exclus des charges et de la société civile, s'embarrassèrent peu de ses affaires : lorsque la religion chrétienne fut établie, les ecclésiastiques, qui étoient plus séparés des affaires du monde, s'en mêlèrent avec modération ; mais lorsque, dans la décadence de l'empire, les moines furent le seul clergé, ces gens, destinés par une profession plus particulière à fuir et à craindre les affaires, embrassèrent toutes les occasions qui purent leur y donner part ; ils ne cessèrent de faire du bruit partout et d'agiter ce monde qu'ils avoient quitté.

Aucune affaire d'état, aucune paix, aucune guerre, aucune trêve, aucune négociation, aucun mariage ne se traita que par le ministère des moines : les conseils du prince en furent remplis, et les assemblées de la nation presque toutes composées.

On ne sauroit croire quel mal il en résulta. Ils affoiblirent l'esprit des princes, et leur firent faire imprudemment même les choses bonnes. Pendant que Basile occupoit les soldats de son armée de mer à bâtir une église à saint Michel, il laissa piller la Sicile par les Sarrasins, et prendre Syracuse ; et Léon, son successeur, qui employa sa flotte au même usage, leur laissa occuper Tauroménie et l'île de Lemnos [1].

[1] Zonaras et Nicéphore, Vie de Basile et de Léon.

Andronic Paléologue abandonna la marine parce qu'on l'assura que Dieu étoit si content de son zèle pour la paix de l'église, que ses ennemis n'oseroient l'attaquer. Le même craignoit que Dieu ne lui demandât compte du temps qu'il employoit à gouverner son état, et qu'il déroboit aux affaires spirituelles [1].

Les Grecs, grands parleurs, grands disputeurs, naturellement sophistes, ne cessèrent d'embrouiller la religion par des controverses. Comme les moines avoient un grand crédit à la cour, toujours d'autant plus foible qu'elle étoit plus corrompue, il arrivoit que les moines et la cour se corrompoient réciproquement, et que le mal étoit dans tous les deux : d'où il suivoit que toute l'attention des empereurs étoit occupée quelquefois à calmer, souvent à irriter, des disputes théologiques qu'on a toujours remarqué devenir frivoles à mesure qu'elles sont plus vives.

Michel Paléologue, dont le règne fut tant agité par des disputes sur la religion, voyant les affreux ravages des Turcs dans l'Asie, disoit en soupirant que le zèle téméraire de certaines personnes qui, en décriant sa conduite, avoient soulevé ses sujets contre lui, l'avoit obligé d'appliquer tous ses soins à sa propre conservation, et de négliger la ruine

---

[1] Pachymère, liv. VII.

des provinces. « Je me suis contenté, disoit-il, de
« pourvoir à ces parties éloignées par le ministère
« des gouverneurs, qui m'en ont dissimulé les
« besoins, soit qu'ils fussent gagnés par argent,
« soit qu'ils appréhendassent d'être punis [1]. »

Les patriarches de Constantinople avoient un pouvoir immense. Comme dans les tumultes populaires les empereurs et les grands de l'état se retiroient dans les églises, que le patriarche étoit maître de les livrer ou non, et exerçoit ce droit à sa fantaisie, il se trouvoit toujours, quoique indirectement, arbitre de toutes les affaires publiques.

Lorsque le vieux Andronic [2] fit dire au patriarche qu'il se mêlât des affaires de l'église, et le laissât gouverner celles de l'empire : « C'est, lui répondit
« le patriarche, comme si le corps disoit à l'âme :
« Je ne prétends avoir rien de commun avec vous,
« et je n'ai que faire de votre secours pour exercer
« mes fonctions. »

De si monstrueuses prétentions étant insupportables aux princes, les patriarches furent très-souvent chassés de leurs siéges. Mais chez une nation superstitieuse, où l'on croyoit abominables toutes les fonctions ecclésiastiques qu'avoit pu

[1] Pachymère, liv. VI, chap. XXIX. On a employé la traduction de M. le président Cousin.

[2] Paléologue. Voyez l'Histoire des deux Andronic, écrite par Cantacuzène, liv. I, chap. I.

faire un patriarche qu'on croyoit intrus, cela produisit des schismes continuels; chaque patriarche, l'ancien, le nouveau, le plus nouveau, ayant chacun leurs sectateurs.

Ces sortes de querelles étoient bien plus tristes que celles qu'on pouvoit avoir sur le dogme, parce qu'elles étoient comme une hydre qu'une nouvelle déposition pouvoit toujours reproduire.

La fureur des disputes devint un état si naturel aux Grecs, que, lorsque Cantacuzène prit Constantinople, il trouva l'empereur Jean et l'impératrice Anne occupés à un concile contre quelques ennemis des moines [1] : et, quand Mahomet II l'assiégea, il ne put suspendre les haines théologiques [2]; et on y étoit plus occupé du concile de Florence que l'armée des Turcs [3].

Dans les disputes ordinaires, comme chacun sent qu'il peut se tromper, l'opiniâtreté et l'obstination ne sont pas extrêmes : mais dans celles que nous avons sur la religion, comme par la nature de la chose chacun croit être sûr que son opinion

---

[1] Cantacuzène, liv. III, chap. xcix.

[2] Ducas, Histoire des derniers Paléologues.

[3] On se demandoit si on avoit entendu la messe d'un prêtre qui eût consenti à l'union : on l'auroit fui comme le feu. On regardoit la grande église comme un temple profane. Le moine Gennadius lançoit ses anathèmes sur tous ceux qui désiroient la paix. Ducas, *ibid*.

est vraie, nous nous indignons contre ceux qui, au lieu de changer eux-mêmes, s'obstinent à nous faire changer.

Ceux qui liront l'histoire de Pachymère connoîtront bien l'impuissance où étoient et où seront toujours les théologiens par eux-mêmes d'accommoder jamais leurs différends. On y voit un empereur[1] qui passe sa vie à les assembler, à les écouter, à les rapprocher; on voit de l'autre une hydre de disputes qui renaissent sans cesse; et l'on sent qu'avec la même méthode, la même patience, les mêmes espérances, la même envie de finir, la même simplicité pour leurs intrigues, le même respect pour leurs haines, ils ne se seroient jamais accommodés jusqu'à la fin du monde.

En voici un exemple bien remarquable. A la sollicitation de l'empereur, les partisans du patriarche Arsène firent une convention avec ceux qui suivoient le patriarche Joseph, qui portoit que les deux partis écriroient leurs prétentions chacun sur un papier; qu'on jetteroit les deux papiers dans un brasier; que, si l'un des deux demeuroit entier, le jugement de Dieu seroit suivi, et que, si tous les deux étoient consumés, ils renonceroient à leurs différends. Le feu dévora les deux papiers; les deux partis se réunirent : la paix dura

---

[1] Andronic Paléologue.

un jour : mais le lendemain ils dirent que leur changement auroit dû dépendre d'une persuasion intérieure et non pas du hasard, et la guerre recommença plus vive que jamais [1].

On doit donner une grande attention aux disputes des théologiens ; mais il faut la cacher autant qu'il est possible, la peine qu'on paroît prendre à les calmer les accréditant toujours, en faisant voir que leur manière de penser est si importante, qu'elle décide du repos de l'état et de la sûreté du prince.

On ne peut pas plus finir leurs affaires en écoutant leurs subtilités, qu'on ne pourroit abolir les duels en établissant des écoles où l'on raffineroit sur le point d'honneur.

Les empereurs grecs eurent si peu de prudence que, quand les disputes furent endormies, ils eurent la rage de les réveiller. Anastase [2], Justinien [3], Héraclius [4], Manuel Comnène [5], proposèrent des points de foi à leur clergé et à leur peuple, qui auroient méconnu la vérité dans leur bouche quand même ils l'auroient trouvée. Ainsi, péchant toujours dans la forme, et ordinairement dans le

[1] Pachymère, liv. I.
[2] Évagre, liv. III.
[3] Procope, Hist. secrète.
[4] Zonaras, Vie d'Héraclius.
[5] Nicétas, Vie de Manuel Comnène.

fond, voulant faire voir leur pénétration, qu'ils auroient pu si bien montrer dans tant d'autres affaires qui leur étoient confiées, ils entreprirent des disputes vaines sur la nature de Dieu, qui, se cachant aux savans parce qu'ils sont orgueilleux, ne se montre pas mieux aux grands de la terre.

C'est une erreur de croire qu'il y ait dans le monde une autorité humaine, à tous les égards, despotique; il n'y en a jamais eu, et il n'y en aura jamais : le pouvoir le plus immense est toujours borné par quelque coin. Que le grand-seigneur mette un nouvel impôt à Constantinople, un cri général lui fait d'abord trouver des limites qu'il n'avoit pas connues. Un roi de Perse peut bien contraindre un fils de tuer son père, ou un père de tuer son fils [1]; mais obliger ses sujets de boire du vin, il ne le peut pas. Il y a dans chaque nation un esprit général sur lequel la puissance même est fondée : quand elle choque cet esprit, elle se choque elle-même, et elle s'arrête nécessairement.

La source la plus empoisonnée de tous les malheurs des Grecs, c'est qu'ils ne connurent jamais la nature ni les bornes de la puissance ecclésiastique et de la séculière; ce qui fit que l'on tomba de part et d'autre dans des égaremens continuels.

---

[1] Voyez Chardin.

Cette grande distinction, qui est la base sur laquelle pose la tranquillité des peuples, est fondée, non-seulement sur la religion, mais encore sur la raison et la nature, qui veulent que des choses réellement séparées, et qui ne peuvent subsister que séparées, ne soient jamais confondues.

Quoique chez les anciens Romains le clergé ne fît pas un corps séparé, cette distinction y étoit aussi connue que parmi nous. Claudius avoit consacré à la liberté la maison de Cicéron, lequel, revenu de son exil, la demanda : les pontifes décidèrent que, si elle avoit été consacrée sans un ordre exprès du peuple, on pouvoit la lui rendre sans blesser la religion. « Ils ont déclaré, dit Cicéron[1], qu'ils n'avoient examiné que la validité de la consécration, et non la loi faite par le peuple ; qu'ils avoient jugé le premier chef comme pontifes, et qu'ils jugeroient le second comme sénateurs. »

---

[1] Lettres à Atticus, liv. IV, lettre 2

CHAPITRE XXIII.

1. Raison de la durée de l'empire d'Orient.
2. Sa destruction.

Après ce que je viens de dire de l'empire grec, il est naturel de demander comment il a pu subsister si long-temps. Je crois pouvoir en donner les raisons.

Les Arabes l'ayant attaqué, et en ayant conquis quelques provinces, leurs chefs se disputèrent le califat ; et le feu de leur premier zèle ne produisit plus que des discordes civiles.

Les mêmes Arabes ayant conquis la Perse, et s'y étant divisés ou affoiblis, les Grecs ne furent plus obligés de tenir sur l'Euphrate les principales forces de leur empire.

Un architecte, nommé Callinique, qui étoit venu de Syrie à Constantinople, ayant trouvé la composition d'un feu que l'on souffloit par un tuyau, et qui étoit tel, que l'eau et tout ce qui éteint les feux ordinaires ne faisoit qu'en augmenter la violence, les Grecs, qui en firent usage, furent en possession pendant plusieurs siècles de brûler toutes les flottes de leurs ennemis, surtout celles des Arabes, qui venoient d'Afrique ou de Syrie les attaquer jusqu'à Constantinople.

Ce feu fut mis au rang des secrets de l'état ; et

Constantin Porphyrogénète, dans son ouvrage dédié à Romain son fils, sur l'administration de l'empire, l'avertit que, lorsque les barbares lui demanderont du *feu grégeois*, il doit leur répondre qu'il ne lui est pas permis de leur en donner, parce qu'un ange qui l'apporta à l'empereur Constantin défendit de le communiquer aux autres nations, et que ceux qui avoient osé le faire avoient été dévorés par le feu du ciel dès qu'ils étoient entrés dans l'église.

Constantinople faisoit le plus grand et presque le seul commerce du monde dans un temps où les nations gothiques d'un côté, et les Arabes de l'autre, avoient ruiné le commerce et l'industrie partout ailleurs. Les manufactures de soie y avoient passé de Perse; et depuis l'invasion des Arabes elles furent fort négligées dans la Perse même : d'ailleurs les Grecs étoient maîtres de la mer. Cela mit dans l'état d'immenses richesses, et par conséquent de grandes ressources; et, sitôt qu'il eut quelque relâche, on vit d'abord reparoître la prospérité publique.

En voici un grand exemple. Le vieux Andronic Comnène étoit le Néron des Grecs; mais, comme parmi tous ses vices il avoit une fermeté admirable pour empêcher les injustices et les vexations des grands, on remarqua que [1], pendant trois ans

---

[1] Nicétas, Vie d'Andronic Comnène, liv. II.

qu'il régna, plusieurs provinces se rétablirent.

Enfin les barbares qui habitoient les bords du Danube s'étant établis, ils ne furent plus si redoutables, et servirent même de barrière contre d'autres barbares.

Ainsi, pendant que l'empire étoit affaissé sous un mauvais gouvernement, des causes particulières le soutenoient. C'est ainsi que nous voyons aujourd'hui quelques nations de l'Europe se maintenir, malgré leur foiblesse, par les trésors des Indes; les états temporels du pape, par le respect que l'on a pour le souverain; et les corsaires de Barbarie, pour l'empêchement qu'ils mettent au commerce des petites nations, ce qui les rend utiles aux grandes [1].

L'empire des Turcs est à présent à peu près dans le même degré de foiblesse où étoit autrefois celui des Grecs : mais il subsistera long-temps; car, si quelque prince que ce fût mettoit cet empire en péril en poursuivant ses conquêtes, les trois puissances commerçantes de l'Europe connoissent trop leurs affaires pour n'en pas prendre la défense sur-le-champ [2].

[1] Ils troublent la navigation des Italiens dans la Méditerranée.

[2] Ainsi les projets contre le Turc, comme celui qui fut fait sous le pontificat de Léon X, par lequel l'empereur devoit se rendre par la Bosnie à Constantinople; le roi de France, par l'Albanie et la Grèce; d'autres princes, s'embarquer dans leurs ports; ces

C'est leur félicité que Dieu ait permis qu'il y ait dans le monde des Turcs et des Espagnols, les hommes du monde les plus propres à posséder inutilement un grand empire.

Dans le temps de Basile Porphyrogénète, la puissance des Arabes fut détruite en Perse; Mahomet, fils de Sambraël, qui y régnoit, appela du nord trois mille Turcs en qualité d'auxiliaires [1]. Sur quelque mécontentement, il envoya une armée contre eux; mais ils la mirent en fuite. Mahomet, indigné contre ses soldats, ordonna qu'ils passeroient devant lui vêtus en robes de femmes; mais ils se joignirent aux Turcs, qui d'abord allèrent ôter la garnison qui gardoit le pont de l'Araxe, et ouvrirent le passage à une multitude innombrable de leurs compatriotes.

Après avoir conquis la Perse, ils se répandirent d'Orient en Occident sur les terres de l'empire, et Romain Diogène ayant voulu les arrêter, ils le prirent prisonnier, et soumirent presque tout ce que les Grecs avoient en Asie jusqu'au Bosphore.

Quelque temps après, sous le règne d'Alexis Comnène, les Latins attaquèrent l'occident. Il y avoit long-temps qu'un malheureux schisme avoit

projets, dis-je, n'étoient pas sérieux, ou étoient faits par des gens qui ne voyoient pas l'intérêt de l'Europe.

[1] Histoire écrite par Nicéphore Bryenne César, Vies de Constantin Ducas et de Romain Diogène.

mis une haine implacable entre les nations des deux rites, et elle auroit éclaté plus tôt, si les Italiens n'avoient plus pensé à réprimer les empereurs d'Allemagne, qu'ils craignoient, que les empereurs grecs, qu'ils ne faisoient que haïr.

On étoit dans ces circonstances, lorsque tout à coup il se répandit en Europe une opinion religieuse, que les lieux où Jésus-Christ étoit né, ceux où il avoit souffert, étant profanés par les infidèles, le moyen d'effacer ces péchés étoit de prendre les armes pour les en chasser. L'Europe étoit pleine de gens qui aimoient la guerre, qui avoient beaucoup de crimes à expier, et qu'on leur proposoit d'expier en suivant leur passion dominante : tout le monde prit donc la croix et les armes.

Les croisés étant arrivés en Orient, assiégèrent Nicée, et la prirent; ils la rendirent aux Grecs : et, dans la consternation des infidèles, Alexis et Jean Comnène rechassèrent les Turcs jusqu'à l'Euphrate.

Mais, quel que fût l'avantage que les Grecs pussent tirer des expéditions des croisés, il n'y avoit pas d'empereur qui ne frémît du péril de voir passer au milieu de ses états, et se succéder, des héros si fiers et de si grandes armées.

Ils cherchèrent donc à dégoûter l'Europe de ces entreprises : et les croisés trouvèrent partout des trahisons, de la perfidie, et tout ce qu'on peut attendre d'un ennemi timide.

Il faut avouer que les Français, qui avoient commencé ces expéditions, n'avoient rien fait pour se faire souffrir. Au travers des invectives d'Andronic Comnène contre nous[1], on voit, dans le fond, que, chez une nation étrangère, nous ne nous contraignions point, et que nous avions pour lors les défauts qu'on nous reproche aujourd'hui.

Un comte français alla se mettre sur le trône de l'empereur : le comte Baudouin le tira par le bras, et lui dit : « Vous devez savoir que, quand « on est dans un pays, il en faut suivre les usages. « Vraiment, voilà un beau paysan, répondit-il, « de s'asseoir ici, tandis que tant de capitaines « sont debout ! »

Les Allemands qui passèrent ensuite, et qui étoient les meilleures gens du monde, firent une rude pénitence de nos étourderies, et trouvèrent partout des esprits que nous avions révoltés[2].

Enfin la haine fut portée au dernier comble; et quelques mauvais traitemens faits à des marchands vénitiens, l'ambition, l'avarice, un faux zèle, déterminèrent les Français et les Vénitiens à se croiser contre les Grecs.

[1] Histoire d'Alexis, son père, liv. X et XI.
[2] Nicétas, Histoire de Manuel Comnène, liv. I.

Ils les trouvèrent aussi peu aguerris que dans ces derniers temps les Tartares trouvèrent les Chinois. Les Français se moquoient de leurs habillemens efféminés ; ils se promenoient dans les rues de Constantinople, revêtus de leurs robes peintes; ils portoient à la main une écritoire et du papier, par dérision pour cette nation, qui avoit renoncé à la profession des armes [1]; et après la guerre, ils refusèrent de recevoir dans leurs troupes quelque Grec que ce fût.

Ils prirent toute la partie d'Occident, et y élurent empereur le comte de Flandre, dont les états éloignés ne pouvoient donner aucune jalousie aux Italiens. Les Grecs se maintinrent dans l'Orient, séparés des Turcs par les montagnes, et des Latins par la mer.

Les Latins, qui n'avoient pas trouvé d'obstacles dans leurs conquêtes, en ayant trouvé une infinité dans leur établissement, les Grecs repassèrent d'Asie en Europe, reprirent Constantinople, et presque tout l'Occident.

Mais ce nouvel empire ne fut que le fantôme du premier, et n'en eut ni les ressources ni la puissance.

Il ne posséda guère en Asie que les provinces qui sont en deçà du Méandre et du Sangare : la

---

[1] Nicétas, Histoire, après la prise de Constantinople, ch. III.

plupart de celles d'Europe furent divisées en de petites souverainetés.

De plus, pendant soixante ans que Constantinople resta entre les mains des Latins, les vaincus s'étant dispersés, et les conquérans occupés à la guerre, le commerce passa entièrement aux villes d'Italie, et Constantinople fut privée de ses richesses.

Le commerce même de l'intérieur se fit par les Latins. Les Grecs, nouvellement rétablis, et qui craignoient tout, voulurent se concilier les Génois, en leur accordant la liberté de trafiquer sans payer de droits [1] : et les Vénitiens, qui n'acceptèrent point de paix, mais quelques trèves, et qu'on ne voulut pas irriter, n'en payèrent pas non plus.

Quoique avant la prise de Constantinople Manuel Comnène eût laissé tomber la marine, cependant, comme le commerce subsistoit encore, on pouvoit facilement la rétablir : mais quand, dans le nouvel empire, on l'eut abandonnée, le mal fut sans remède, parce que l'impuissance augmenta toujours.

Cet état, qui dominoit sur plusieurs îles, qui étoit partagé par la mer, et qui en étoit environné en tant d'endroits, n'avoit point de vaisseaux pour

---

[1] Cantacuzène, liv. IV.

y naviguer. Les provinces n'eurent plus de communication entre elles; on obligea les peuples de se réfugier plus avant dans les terres, pour éviter les pirates ; et quand ils l'eurent fait, on leur ordonna de se retirer dans les forteresses, pour se sauver des Turcs [1].

Les Turcs faisoient pour lors aux Grecs une guerre singulière : ils alloient proprement à la chasse des hommes; ils traversoient quelquefois deux cents lieues de pays pour faire leurs ravages. Comme ils étoient divisés sous plusieurs sultans, on ne pouvoit pas, par des présens, faire la paix avec tous, et il étoit inutile de la faire avec quelques-uns [2]. Ils s'étoient faits mahométans; et le zèle pour leur religion les engageoit merveilleusement à ravager les terres des chrétiens. D'ailleurs, comme c'étoient les peuples les plus laids de la terre, leurs femmes étoient affreuses comme eux [3];

---

[1] Pachymère, liv. VII.

[2] Cantacuzène, liv. III, chap. xcvi, et Pachymère, liv. XI, chap. ix.

[3] Cela donna lieu à cette tradition du nord, rapportée par le Goth Jornandès, que Philimer, roi des Goths, entrant dans les terres gétiques, y ayant trouvé des femmes sorcières, il les chassa loin de son armée; qu'elles errèrent dans les déserts, où des démons incubes s'accouplèrent avec elles, d'où vint la nation des Huns. « *Genus ferocissimum, quod fuit primum inter paludes,*
« *minutum, tetrum, atque exile, nec aliâ voce notum, nisi quæ*
« *humani sermonis imaginem assignabat.* »

et, dès qu'ils eurent vu des Grecques, ils n'en purent plus souffrir d'autres ¹. Cela les porta à des enlevemens continuels. Enfin ils avoient été de tout temps adonnés aux brigandages, et c'étoient ces mêmes Huns qui avoient autrefois causé tant de maux à l'empire romain ².

Les Turcs, inondant tout ce qui restoit à l'empire grec en Asie, les habitans qui purent leur échapper fuirent devant eux jusqu'au Bosphore : et ceux qui trouvèrent des vaisseaux se réfugièrent dans la partie de l'empire qui étoit en Europe; ce qui augmenta considérablement le nombre de ses habitans. Mais il diminua bientôt. Il y eut des guerres civiles si furieuses que les deux factions appelèrent divers sultans turcs, sous cette condition ³, aussi extravagante que barbare, que tous les habitans qu'ils prendroient dans les pays du parti contraire seroient menés en esclavage : et chacun, dans la vue de ruiner ses ennemis, concourut à détruire la nation.

¹ Michel Ducas, Histoire de Jean Manuel, Jean et Constantin, chap. IX. Constantin Porphyrogénète, au commencement de son Extrait des ambassades, avertit que, quand les barbares viennent à Constantinople, les Romains doivent bien se garder de leur montrer la grandeur de leurs richesses, ni la beauté de leurs femmes.

² Voyez la note 3 page 355.

³ Voyez l'Histoire des empereurs Jean Paléologue et Jean Cantacuzène, écrite par Cantacuzène.

Bajazet ayant soumis tous les autres sultans, les Turcs auroient fait pour lors ce qu'ils firent depuis sous Mahomet II, s'ils n'avoient pas été eux-mêmes sur le point d'être exterminés par les Tartares.

Je n'ai pas le courage de parler des misères qui suivirent : je dirai seulement que, sous les derniers empereurs, l'empire, réduit aux faubourgs de Constantinople, finit comme le Rhin, qui n'est plus qu'un ruisseau lorsqu'il se perd dans l'Océan.

DISSERTATION

SUR

LA POLITIQUE DES ROMAINS

DANS LA RELIGION.

Ce ne fut ni la crainte ni la piété qui établit la religion chez les Romains, mais la nécessité où sont toutes les sociétés d'en avoir une. Les premiers rois ne furent pas moins attentifs à régler le culte et les cérémonies qu'à donner des lois et bâtir des murailles.

Je trouve cette différence entre les législateurs romains et ceux des autres peuples, que les premiers firent la religion pour l'état, et les autres, l'état pour la religion. Romulus, Tatius et Numa, asservirent les dieux à la politique : le culte et les cérémonies qu'ils instituèrent furent trouvés si sages, que, lorsque les rois furent chassés, le joug de la religion fut le seul dont ce peuple, dans sa fureur pour la liberté, n'osa s'affranchir.

Quand les législateurs romains établirent la religion, ils ne pensèrent point à la réformation des mœurs, ni à donner des principes de morale : ils ne voulurent point gêner des gens *qu'ils ne con-*

noissoient pas encore [1]. Ils n'eurent donc d'abord qu'une vue générale, qui étoit d'inspirer à un peuple qui ne craignoit rien la crainte des dieux, et de se servir de cette crainte pour le conduire à leur fantaisie.

Les successeurs de Numa n'osèrent point faire ce que ce prince n'avoit point fait : le peuple, qui avoit beaucoup perdu de sa férocité et de sa rudesse, étoit devenu capable d'une plus grande discipline. Il eût été facile d'ajouter aux cérémonies de la religion des principes et des règles de morale dont elle manquoit ; mais les législateurs des Romains étoient trop clairvoyans pour ne point connoître combien une pareille réformation eût été dangereuse : c'eût été convenir que la religion étoit défectueuse ; c'étoit lui donner des âges, et affoiblir son autorité en voulant l'établir. La sagesse des Romains leur fit prendre un meilleur parti en établissant de nouvelles lois. Les institutions humaines peuvent bien changer, mais les divines doivent être immuables comme les dieux mêmes.

Ainsi le sénat de Rome, ayant chargé le préteur Pétilius [2] d'examiner les écrits du roi Numa, qui avoient été trouvés dans un coffre de pierre, quatre

---

[1] *Variante.* Qui ne connoissoient pas encore les engagemens d'une société dans laquelle ils venoient d'entrer.

[2] Tite-Live, liv. XL, chap. XXIX.

cents ans après la mort de ce roi, résolut de les faire brûler, sur le rapport que lui fit ce préteur que les cérémonies qui étoient ordonnées dans ces écrits différoient beaucoup de celles qui se pratiquoient alors; ce qui pouvoit jeter des scrupules dans l'esprit des simples, et leur faire voir que le culte prescrit n'étoit pas le même que celui qui avoit été institué par les premiers législateurs, et inspiré par la nymphe Égérie.

On portoit la prudence plus loin : on ne pouvoit lire les livres sibyllins sans la permission du sénat, qui ne la donnoit même que dans les grandes occasions, et lorsqu'il s'agissoit de consoler les peuples. Toutes les interprétations étoient défendues; ces livres mêmes étoient toujours renfermés; et, par une précaution si sage, on ôtoit les armes des mains des fanatiques et des séditieux.

Les devins ne pouvoient rien prononcer sur les affaires publiques sans la permission des magistrats; leur art étoit absolument subordonné à la volonté du sénat; et cela avoit été ainsi ordonné par les livres des pontifes, dont Cicéron nous a conservé quelques fragmens[1].

[1] *De leg.* lib. II, pag. 441, t. 4, éd. de Denis Godeffroy, 1587. « *Bella disceptanto : prodigia, portenta, ad Etruscos et aruspices, si senatus jusserit, deferunto.* » Et même liv., pag. 440: « *Sacerdotum, duo genera sunto : unum, quod præsit cæremoniis et sacris; alterum, quod interpretetur fatidicorum et vatum effata incognita, cùm senatus populusque adsciverit.*

Polybe met la superstition au rang des avantages que le peuple romain avoit par-dessus les autres peuples : ce qui paroît ridicule aux sages est nécessaire pour les sots ; et ce peuple, qui se met si facilement en colère, a besoin d'être arrêté par une puissance invincible.

Les augures et les aruspices étoient proprement les grotesques du paganisme : mais on ne les trouvera point ridicules, si on fait réflexion que, dans une religion toute populaire comme celle-là, rien ne paroissoit extravagant : la crédulité du peuple réparoit tout chez les Romains : plus une chose étoit contraire à la raison humaine, plus elle leur paroissoit divine. Une vérité simple ne les auroit pas vivement touchés : il leur falloit des sujets d'admiration, il leur falloit des signes de la divinité ; et ils ne les trouvoient que dans le merveilleux et le ridicule.

C'étoit à la vérité une chose très-extravagante de faire dépendre le salut de la république de l'appétit sacré d'un poulet, et de la disposition des entrailles des victimes : mais ceux qui introduisirent ces cérémonies en connoissoient bien le fort et le foible, et ce ne fut que par de bonnes raisons qu'ils péchèrent contre la raison même. Si ce culte avoit été plus raisonnable, les gens d'esprit en auroient été la dupe aussi bien que le peuple, et par-là on auroit perdu tout l'avantage qu'on en pouvoit attendre : il falloit donc des cérémonies qui pussent entretenir la superstition des uns, et entrer dans la politique des autres : c'est ce qui se trouvoit dans les divinations. On y mettoit les arrêts du ciel dans la bouche des principaux sénateurs, gens éclairés, et qui connoissoient également le ridicule et l'utilité des divinations.

Cicéron dit[1] que Fabius, étant augure, tenoit pour règle que ce qui étoit avantageux à la république se faisoit toujours sous de bons auspices. Il pense, comme Marcellus[2], que, quoique la crédulité populaire eût établi au commencement les augures, on en avoit retenu l'usage pour l'utilité de la république; et il met cette différence entre les Romains et les étrangers, que ceux-ci s'en servoient indifféremment dans toutes les occasions, et ceux-là seulement dans les affaires qui regardoient l'intérêt public. Cicéron[3] nous apprend que la foudre tombée du côté gauche étoit d'un bon augure, excepté dans les assemblées du peuple, *prœterquàm ad comitia*. Les règles de l'art cessoient dans cette occasion : les magistrats y jugeoient à leur fantaisie de la bonté des auspices,

---

[1] *Optimis auspiciis ea geri, quœ pro reipublicœ salute gererentur; quœ contra rempublicam fierent, contra auspicia fieri.* De senectute, pag. 542.

[2] *De divinatione*, lib. II, cap. xxxv.

[3] *Ibid.*, pag. 395.

et ces auspices étoient une bride avec laquelle ils menoient le peuple. Cicéron ajoute : *Hoc institutum reipublicæ causá est, ut comitiorum, vel in jure legum, vel in judiciis populi, vel in creandis magistratibus, principes civitatis essent interpretes*[1]. Il avoit dit auparavant qu'on lisoit dans les livres sacrés : *Jove tonante et fulgurante, comitia populi habere nefas esse*[2]. Cela avoit été introduit, dit-il, pour fournir aux magistrats un prétexte de rompre les assemblées du peuple[3]. Au reste, il étoit indifférent que la victime qu'on immoloit se trouvât de bon ou de mauvais augure; car lorsqu'on n'étoit pas content de la première, on en immoloit une seconde, une troisième, une quatrième, qu'on appeloit *hostiæ succedaneæ*. Paul Émile voulant sacrifier fut obligé d'immoler vingt victimes : les dieux ne furent apaisés qu'à la dernière, dans laquelle on trouva des signes qui promettoient la victoire. C'est pour cela qu'on avoit coutume de dire que, dans les sacrifices, les dernières victimes valoient toujours mieux que les premières. César ne fut pas si patient que Paul Émile : ayant égorgé plusieurs victimes, dit Suétone[4], sans en

---

[1] *De divinatione*, lib. II, pag. 395.

[2] *Ibid.*, pag. 388.

[3] *Hoc reipublicæ causá constitutum; comitiorum enim non habendorum causas esse voluerunt.* Ibid.

[4] *Pluribus hostiis cæsis; cùm litare non posset, introiit curiam, spretá religione.* In Jul. Cæs., lib. I, cap. LXXX.

trouver de favorables, il quitta les autels avec mépris, et entra dans le sénat.

Comme les magistrats se trouvoient maîtres des présages, ils avoient un moyen sûr pour détourner le peuple d'une guerre qui auroit été funeste, ou pour lui en faire entreprendre une qui auroit pu être utile. Les devins, qui suivoient toujours les armées, et qui étoient plutôt les interprètes du général que des dieux, inspiroient de la confiance aux soldats. Si par hasard quelque mauvais présage avoit épouvanté l'armée, un habile général en convertissoit le sens et se le rendoit favorable; ainsi Scipion, qui tomba en sautant de son vaisseau sur le rivage d'Afrique, prit de la terre dans ses mains : « Je te tiens, dit-il, ô terre d'A-
« frique! » Et par ces mots il rendit heureux un présage qui avoit paru si funeste.

Les Siciliens s'étant embarqués pour faire quelque expédition en Afrique, furent si épouvantés d'une éclipse de soleil, qu'ils étoient sur le point d'abandonner leur entreprise; mais le général leur représenta « qu'à la vérité cette éclipse eût été de
« mauvais augure si elle eût paru avant leur em-
« barquement, mais que, puisqu'elle n'avoit paru
« qu'après, elle ne pouvoit menacer que les Afri-
« cains. » Par-là il fit cesser leur frayeur, et trouva, dans un sujet de crainte, le moyen d'augmenter leur courage.

César fut averti plusieurs fois par les devins de ne point passer en Afrique avant l'hiver. Il ne les écouta pas, et prévint par-là ses ennemis, qui, sans cette diligence, auroient eu le temps de réunir leurs forces.

Crassus, pendant un sacrifice, ayant laissé tomber son couteau des mains, on en prit un mauvais augure; mais il rassura le peuple en lui disant : « Bon courage ! au moins mon épée ne m'est jamais tombée des mains. »

Lucullus étant près de donner bataille à Tigrane, on vint lui dire que c'étoit un jour malheureux : « Tant mieux, dit-il, nous le rendrons « heureux par notre victoire. »

Tarquin le Superbe, voulant établir des jeux en l'honneur de la déesse Mania, consulta l'oracle d'Apollon, qui répondit obscurément, et dit qu'il falloit sacrifier têtes pour têtes, *capitibus pro capitibus, supplicandum*. Ce prince, plus cruel encore que superstitieux, fit immoler des enfans : mais Junius Brutus changea ce sacrifice horrible; car il le fit faire avec des têtes d'ail et de pavot, et par-là remplit ou éluda l'oracle[1].

On coupoit le nœud gordien quand on ne pouvoit pas le délier; ainsi Claudius Pulcher, voulant donner un combat naval, fit jeter les poulets

---

[1] Macrob., *Saturnal.*, lib. I, cap. VII.

sacrés à la mer, afin de les faire boire, disoit-il, puisqu'ils ne vouloient pas manger [1].

Il est vrai qu'on punissoit quelquefois un général de n'avoir pas suivi les présages; et cela même étoit un nouvel effet de la politique des Romains. On vouloit faire voir au peuple que les mauvais succès, les villes prises, les batailles perdues, n'étoient point l'effet d'une mauvaise constitution de l'état, ou de la foiblesse de la république, mais de l'impiété d'un citoyen, contre lequel les dieux étoient irrités. Avec cette persuasion, il n'étoit pas difficile de rendre la confiance au peuple; il ne falloit pour cela que quelques cérémonies et quelques sacrifices. Ainsi, lorsque la ville étoit menacée ou affligée de quelque malheur, on ne manquoit pas d'en chercher la cause, qui étoit toujours la colère de quelque dieu dont on avoit négligé le culte : il suffisoit, pour s'en garantir, de faire des sacrifices et des processions, de purifier la ville avec des torches, du soufre et de l'eau salée. On faisoit faire à la victime le tour des remparts avant de l'égorger, ce qui s'appeloit *sacrificium amburbium*, et *amburbiale*. On alloit même quelquefois jusqu'à purifier les armées et les flottes, après quoi chacun reprenoit courage.

Scévola, grand pontife, et Varron, un de leurs

---

[1] *Quia esse nolunt, bibant.* Valerius Maximus, lib. I, cap. IV, art. 3.

grands théologiens, disoient qu'il étoit nécessaire que le peuple ignorât beaucoup de choses vraies, et en crût beaucoup de fausses : saint Augustin dit[1] que Varron avoit découvert par-là tout le secret des politiques, et des ministres d'état.

Le même Scévola, au rapport de saint Augustin[2], divisoit les dieux en trois classes : ceux qui avoient été établis par les poëtes, ceux qui avoient été établis par les philosophes, et ceux qui avoient été établis par les magistrats, *à principibus civitatis*.

Ceux qui lisent l'histoire romaine, et qui sont un peu clairvoyans, trouvent à chaque pas des traits de la politique dont nous parlons. Ainsi on voit Cicéron qui, en particulier, et parmi ses amis, fait à chaque moment une confession d'incrédulité[3], parler en public avec un zèle extraordinaire contre l'impiété de Verrès. On voit un Clodius, qui avoit insolemment profané les mystères de la bonne déesse, et dont l'impiété avoit été marquée par vingt arrêts du sénat, faire lui-même une harangue remplie de zèle à ce sénat qui l'avoit foudroyé, contre le mépris des pratiques anciennes et de la religion. On voit un Salluste, le plus corrompu de tous les citoyens, mettre à la tête de

---

[1] *Totum consilium prodidit sapientum per quod civitates et populi regerentur*. De civit. Dei, lib. IV, cap. XXXI.

[2] *De civit. Dei*, lib. IV, cap. XXXI.

[3] *Adeòne me delirare censes ut ista credam?*

ses ouvrages une préface digne de la gravité et de l'austérité de Caton. Je n'aurois jamais fait, si je voulois épuiser tous les exemples.

Quoique les magistrats ne donnassent pas dans la religion du peuple, il ne faut pas croire qu'ils n'en eussent point. M. Cudworth a fort bien prouvé que ceux qui étoient éclairés, parmi les païens, adoroient une divinité suprême, dont les divinités du peuple n'étoient qu'une participation. Les païens, très-peu scrupuleux dans le culte, croyoient qu'il étoit indifférent d'adorer la divinité même, ou les manifestations de la divinité; d'adorer, par exemple, dans Vénus, la puissance passive de la nature, ou la divinité suprême, en tant qu'elle est susceptible de toute génération; de rendre un culte au soleil, ou à l'Être suprême, en tant qu'il anime les plantes et rend la terre féconde par sa chaleur. Ainsi le stoïcien Balbus dit, dans Cicéron [1], « que Dieu participe, par sa nature, à toutes les « choses d'ici-bas; qu'il est Cérès sur la terre, Neptune sur les mers. » Nous en saurions davantage si nous avions le livre qu'Asclépiade composa, intitulé *l'Harmonie de toutes les théologies*.

[1] *Deus pertinens per naturam cujusque rei, per terras Ceres, per maria Nuptunus, alii per alia, poterunt intelligi: qui qualesque sint, quoque eos nomine consuetudo nuncupaverit, hos deos et venerari et colere debemus.* De nat. deorum, lib. II, cap. XXVIII, pag. 210.

Comme le dogme de l'âme du monde étoit presque universellement reçu, et que l'on regardoit chaque partie de l'univers comme un membre vivant dans lequel cette âme étoit répandue, il sembloit qu'il étoit permis d'adorer indifféremment toutes ces parties, et que le culte devoit être arbitraire comme étoit le dogme.

Voilà d'où étoit né cet esprit de tolérance et de douceur qui régnoit dans le monde païen : on n'avoit garde de se persécuter et de se déchirer les uns les autres ; toutes les religions, toutes les théologies, y étoient également bonnes : les hérésies, les guerres, et les disputes de religion, y étoient inconnues ; pourvu qu'on allât adorer au temple, chaque citoyen étoit grand pontife dans sa famille.

Les Romains étoient encore plus tolérans que les Grecs, qui ont toujours gâté tout : chacun sait la malheureuse destinée de Socrate.

Il est vrai que la religion égyptienne fut toujours proscrite à Rome : c'est qu'elle étoit intolérante, qu'elle vouloit régner seule, et s'établir sur les débris des autres ; de manière que l'esprit de douceur et de paix qui régnoit chez les Romains fut la véritable cause de la guerre qu'ils lui firent sans relâche. Le sénat ordonna d'abattre les temples des divinités égyptiennes ; et Valère Maxime [1]

---

[1] Liv. I, chap. III, art. 3.

rapporte, à ce sujet, qu'Émilius Paulus donna les premiers coups, afin d'encourager par son exemple les ouvriers frappés d'une crainte superstitieuse.

Mais les prêtres de Sérapis et d'Isis avoient encore plus de zèle pour établir ces cérémonies qu'on n'en avoit à Rome pour les proscrire. Quoique Auguste, au rapport de Dion[1], en eût défendu l'exercice dans Rome, Agrippa, qui commandoit dans la ville en son absence, fut obligé de le défendre une seconde fois. On peut voir, dans Tacite et dans Suétone, les fréquens arrêts que le sénat fut obligé de rendre pour bannir ce culte de Rome.

Il faut remarquer que les Romains confondirent les Juifs avec les Égyptiens, comme on sait qu'ils confondirent les chrétiens avec les juifs : ces deux religions furent long-temps regardées comme deux branches de la première, et partagèrent avec elle la haine, le mépris, et la persécution des Romains. Les mêmes arrêts qui abolirent à Rome les cérémonies égyptiennes mettent toujours les cérémonies juives avec celles-ci, comme il paroît par Tacite[2], et par Suétone, dans les vies de Tibère et de Claude. Il est encore plus clair que les historiens n'ont jamais distingué le culte des chrétiens d'avec les autres. On n'étoit pas même revenu de cette erreur du temps d'Adrien, comme

---

[1] Liv. XXXIV.

[2] Annales, liv. II, chap. LXXXV.

il paroît par une lettre que cet empereur écrivit d'Égypte au consul Servianus [1] : « Tous ceux qui, « en Egypte, adorent Sérapis, sont chrétiens, et « ceux même qu'on appelle évêques sont attachés « au culte de Sérapis. Il n'y a point de juif, de « prince de synagogue, de samaritain, de prêtre « des chrétiens, de mathématicien, de devin, de « baigneur, qui n'adore Sérapis. Le patriarche « même des juifs adore indifféremment Sérapis et « le Christ. Ces gens n'ont d'autre dieu que Séra- « pis; c'est le dieu des chrétiens, des juifs, et de « tous les peuples. » Peut-on avoir des idées plus confuses de ces trois religions, et les confondre plus grossièrement?

Chez les Égyptiens, les prêtres faisoient un corps à part, qui étoit entretenu aux dépens du public : de là naissoient plusieurs inconvéniens; toutes les richesses de l'état se trouvoient englouties dans une société de gens qui, recevant toujours et ne

---

[1] *Illi qui Serapin colunt, christiani sunt; et devoti sunt Serapi, qui se Christi episcopos dicunt. Nemo illic archisynagogus judæorum, nemo samarites, nemo christianorum presbyter, non mathematicus, non aruspex, non aliptes, qui non Serapin colat. Ipse ille patriarcha (judæorum scilicet) cùm Ægyptum venerit, ab aliis Serapin adorare, ab aliis cogitur Christum. Unus illis deus est Serapis : hunc judæi, hunc christiani, hunc omnes venerantur et gentes.* Flavius Vopiscus, *in Vita Saturnini*. Vid. *Historiæ augustæ scriptores*, in-fol., 1720, pag. 245; et in-8°, 1671, tom. II, pag. 719.

rendant jamais, attiroient insensiblement tout à eux. Les prêtres d'Égypte, ainsi gagés pour ne rien faire, languissoient tous dans une oisiveté dont ils ne sortoient qu'avec les vices qu'elle produit : ils étoient brouillons, inquiets, entreprenans; et ces qualités les rendoient extrêmement dangereux. Enfin un corps dont les intérêts avoient été violemment séparés de ceux de l'état étoit un monstre; et ceux qui l'avoient établi avoient jeté dans la société une semence de discorde et de guerres civiles. Il n'en étoit pas de même à Rome : on y avoit fait de la prêtrise une charge civile; les dignités d'augure, de grand pontife, étoient des magistratures : ceux qui en étoient revêtus étoient membres du sénat, et par conséquent n'avoient pas des intérêts différens de ceux de ce corps. Bien loin de se servir de la superstition pour opprimer la république, ils l'employoient utilement à la soutenir. « Dans notre ville, dit Cicéron [1], les « rois et les magistrats qui leur ont succédé ont « toujours eu un double caractère, et ont gou-« verné l'état sous les auspices de la religion. »

Les duumvirs avoient la direction des choses

---

[1] *Apud veteres, qui rerum potiebantur, iidem auguria tenebant, ut testis est nostra civitas, in qua et reges, augures, et postea privati eodem sacerdotio præditi rempublicam religionum auctoritate rexerunt.* De divinatione, lib. I, éd. de Denis Godeffroi, 1587, t. 4, pag. 369.

sacrées; les quindécemvirs avoient soin des cérémonies de la religion, gardoient les livres des sibylles; ce que faisoient auparavant les décemvirs et les duumvirs. Ils consultoient les oracles, lorsque le sénat l'avoit ordonné, et en faisoient le rapport, y ajoutant leur avis; ils étoient aussi commis pour exécuter tout ce qui étoit prescrit dans les livres des sibylles, et pour faire célébrer les jeux séculaires : de manière que toutes les cérémonies religieuses passoient par les mains des magistrats.

Les rois de Rome avoient une espèce de sacerdoce : il y avoit de certaines cérémonies qui ne pouvoient être faites que par eux. Lorsque les Tarquins furent chassés, on craignoit que le peuple ne s'aperçût de quelque changement dans la religion; cela fit établir un magistrat appelé *rex sacrorum*, qui, dans les sacrifices, faisoit les fonctions des anciens rois, et dont la femme étoit appelée *regina sacrorum*. Ce fut le seul vestige de royauté que les Romains conservèrent parmi eux.

Les Romains avoient cet avantage, qu'ils avoient pour législateur le plus sage prince dont l'histoire profane ait jamais parlé : ce grand homme ne chercha pendant tout son règne qu'à faire fleurir la justice et l'équité, et il ne fit pas moins sentir sa modération à ses voisins qu'à ses sujets. Il établit les fécialiens, qui étoient des prêtres sans le ministère desquels on ne pouvoit faire ni la paix ni la guerre. Nous avons encore des formulaires de sermens faits par ces fécialiens quand on concluoit la paix avec quelque peuple. Dans celle que Rome conclut avec Albe, un fécialien dit dans Tite-Live[1], « Si le peuple romain est le premier à « s'en départir, *publico consilio dolove malo*, qu'il « prie Jupiter de le frapper comme il va frapper « le cochon qu'il tenoit dans ses mains; » et aussitôt il l'abattit d'un coup de caillou.

Avant de commencer la guerre on envoyoit un de ces fécialiens faire ses plaintes au peuple qui avoit porté quelque dommage à la république. Il lui donnoit un certain temps pour se consulter, et pour chercher les moyens de rétablir la bonne intelligence; mais, si on négligeoit de faire l'accommodement, le fécialien s'en retournoit, et sortoit des terres de ce peuple injuste, après avoir invoqué contre lui les dieux célestes et ceux des enfers : pour lors le sénat ordonnoit ce qu'il croyoit juste et pieux. Ainsi les guerres ne s'entreprenoient jamais à la hâte, et elles ne pouvoient être qu'une suite d'une longue et mûre délibération.

La politique qui régnoit dans la religion des Romains se développa encore mieux dans leurs victoires. Si la superstition avoit été écoutée, on

---

[1] Liv. I, chap. XXIV.

auroit porté chez les vaincus les dieux des vainqueurs ; on auroit renversé leurs temples ; et, en établissant un nouveau culte, on leur auroit imposé une servitude plus rude que la première. On fit mieux : Rome se soumit elle-même aux divinités étrangères, elle les reçut dans son sein ; et, par ce lien, le plus fort qui soit parmi les hommes, elle s'attacha des peuples qui la regardèrent plutôt comme le sanctuaire de la religion que comme la maîtresse du monde.

Mais, pour ne point multiplier les êtres, les Romains, à l'exemple des Grecs, confondirent adroitement les divinités étrangères avec les leurs : s'ils trouvoient dans leurs conquêtes un dieu qui eût du rapport à quelqu'un de ceux qu'on adoroit à Rome, ils l'adoptoient, pour ainsi dire, en lui donnant le nom de la divinité romaine, et lui accordoient, si j'ose me servir de cette expression, le droit de bourgeoisie dans leur ville. Ainsi, lorsqu'ils trouvoient quelque héros fameux qui eût purgé la terre de quelque monstre, ou soumis quelque peuple barbare, ils lui donnoient aussitôt le nom d'Hercule. « Nous avons percé jusqu'à « l'Océan, dit Tacite [1] ; et nous y avons trouvé les

---

[1] *Ipsum quinetiam Oceanum illà tentavimus ; et superesse adhuc Herculis columnas fama vulgavit, sive adiit Hercules, seu quidquid ubique magnificum est, in claritatem ejus referre consensimus.* De moribus Germanorum, cap. XXXIV.

« colonnes d'Hercule; soit qu'Hercule y ait été,
« soit que nous ayons attribué à ce héros tous les
« faits dignes de sa gloire. »

Varron a compté quarante-quatre de ces dompteurs de monstres; Cicéron [1] n'en a compté que six, vingt-deux Muses, cinq Soleils, quatre Vulcains, cinq Mercures, quatre Apollons, trois Jupiters.

Eusèbe va plus loin [2]; il compte presque autant de Jupiters que de peuples.

Les Romains, qui n'avoient proprement d'autre divinité que le génie de la république, ne faisoient point d'attention au désordre et à la confusion qu'ils jetoient dans la mythologie : la crédulité des peuples, qui est toujours au-dessus du ridicule et de l'extravagant, réparoit tout.

[1] *De Natura Deorum*, lib. III, cap. XVI, p. 332, cap. XXI, p. 340, cap. XXII, p. 341, cap. XXIII, *ibid*.
[2] *Præparatio evangelica*, lib. III.

DIALOGUE
DE SYLLA ET D'EUCRATE.

DIALOGUE
SYLLA ET D'EUCRATE.

Ces jours après que Sylla se fut démis de la [dictature], j'appris que la réputation que j'avois parmi les philosophes lui faisoit souhaiter de me voir: il étoit à sa maison de Tibur, où il jouissoit des derniers momens tranquilles de sa vie. Je ne sentis point devant lui le désordre où nous jette ordinairement la présence des grands hommes. Et, lorsque nous fûmes seuls : Sylla, lui dis-je, vous vous êtes donc mis vous-même dans cet état de médiocrité qui afflige presque tous les humains. Vous avez renoncé à cet empire que votre gloire et vos vertus vous donnoient sur tous les hommes? La fortune semble être gênée de ne plus vous élever aux honneurs.

Eucrate, me dit-il, si je ne suis plus en spectacle à l'univers, c'est la faute des choses humaines, qui ont des bornes, et non pas la mienne. J'ai cru avoir rempli ma destinée dès que je n'ai plus eu à faire de grandes choses. Je n'étois point fait pour gouverner tranquillement un peuple esclave. J'aime à remporter des victoires, à fonder ou à détruire des états, à faire des ligues, à punir un usurpateur : mais, pour ces minces détails de gouvernement, où les génies médiocres ont tant d'avantages, cette lente exécution des lois, cette discipline d'une milice tranquille, mon âme ne sauroit s'en occuper.

Il est singulier, lui dis-je, que vous ayez porté tant de délicatesse dans l'ambition. Nous avons bien vu des grands hommes peu touchés du vain éclat et de la pompe qui entourent ceux qui gouvernent; mais il y en a bien peu qui n'aient été sensibles au plaisir de gouverner, et de faire rendre à leurs fantaisies le respect qui n'est dû qu'aux lois.

Et moi, me dit-il, Eucrate, je n'ai jamais été si peu content que lorsque je me suis vu maître absolu dans Rome, que j'ai regardé autour de moi, et que je n'ai trouvé ni rivaux ni ennemis. J'ai cru qu'on diroit quelque jour que je n'avois châtié que des esclaves. Veux-tu, me suis-je dit, que dans ta patrie il n'y ait plus d'hommes qui puissent être touchés de ta gloire? Et, puisque tu établis la tyrannie, ne vois-tu pas bien qu'il n'y aura point après toi de prince si lâche que la flatterie ne t'égale, et ne pare de ton nom, de tes titres, et de tes vertus même?

Seigneur, vous changez toutes mes idées, de la façon dont je vous vois agir. Je croyois que vous aviez de l'ambition, mais aucun amour pour la gloire : je voyois bien que votre âme étoit haute; mais je ne soupçonnois pas qu'elle fût grande : tout, dans votre vie, sembloit me montrer un homme dévoré du désir de commander, et qui, plein des plus funestes passions, se chargeoit avec plaisir de la honte, des remords, et de la bassesse même, attachés à la tyrannie. Car enfin vous avez tout sacrifié à votre puissance; vous vous êtes rendu redoutable à tous les Romains; vous avez exercé sans pitié les fonctions de la plus terrible magistrature qui fut jamais. Le sénat ne vit qu'en tremblant un défenseur si impitoyable. Quelqu'un vous dit : Sylla, jusqu'à quand répandras-tu le sang romain? veux-tu ne commander qu'à des murailles? Pour lors vous publiâtes ces tables qui décidèrent de la vie et de la mort de chaque citoyen.

Et c'est tout le sang que j'ai versé qui m'a mis en état de faire la plus grande de toutes mes actions. Si j'avois gouverné les Romains avec douceur, quelle merveille que l'ennui, que le dégoût, qu'un caprice, m'eussent fait quitter le gouvernement? mais je me suis démis de la dictature dans le temps qu'il n'y avoit pas un seul homme dans l'univers qui ne crût que la dictature étoit mon seul asile. J'ai paru devant les Romains, citoyen au milieu de mes concitoyens; et j'ai osé leur dire : Je suis prêt à rendre compte de tout le sang que j'ai versé pour la république; je répondrai à tous ceux qui viendront me demander leur père, leur fils ou leur frère. Tous les Romains se sont tus devant moi.

Cette belle action dont vous me parlez me paroît bien imprudente. Il est vrai que vous avez eu pour vous le nouvel étonnement dans lequel vous avez mis les Romains; mais comment osâtes-vous leur parler de vous justifier, et de prendre pour juges des gens qui vous devoient tant de vengeances?

Quand toutes vos actions n'auroient été que sévères pendant que vous étiez le maître, elles devenoient des crimes affreux dès que vous ne l'étiez plus.

Vous appelez des crimes, me dit-il, ce qui a fait le salut de la république. Vouliez-vous que je visse tranquillement des sénateurs trahir le sénat pour ce peuple qui, s'imaginant que la liberté doit être aussi extrême que le peut être l'esclavage, cherchoit à abolir la magistrature même?

Le peuple, gêné par les lois et par la gravité du sénat, a toujours travaillé à renverser l'un et l'autre. Mais celui qui est assez ambitieux pour le servir contre le sénat et les lois le fut toujours assez pour devenir son maître. C'est ainsi que nous avons vu finir tant de républiques dans la Grèce et dans l'Italie.

Pour prévenir un pareil malheur, le sénat a toujours été obligé d'occuper à la guerre ce peuple indocile. Il a été forcé, malgré lui, à ravager la terre, et à soumettre tant de nations dont l'obéissance nous pèse. A présent que l'univers n'a plus d'ennemis à nous donner, quel seroit le destin de la république? Et, sans moi, le sénat auroit-il pu empêcher que le peuple, dans sa fureur aveugle pour la liberté, ne se livrât lui-même à Marius, ou au premier tyran qui lui auroit fait espérer l'indépendance?

Les dieux, qui ont donné à la plupart des hommes une lâche ambition, ont attaché à la liberté presque autant de malheurs qu'à la servitude. Mais, quel que doive être le prix de cette noble liberté, il faut bien le payer aux dieux.

La mer engloutit les vaisseaux, elle submerge des pays entiers; et elle est pourtant utile aux humains.

La postérité jugera ce que Rome n'a pas encore osé examiner : elle trouvera peut-être que je n'ai pas versé assez de sang, et que tous les partisans de Marius n'ont pas été proscrits.

Il faut que je l'avoue, Sylla, vous m'étonnez. Quoi! c'est pour le bien de votre patrie que vous avez versé tant de sang! et vous avez eu de l'attachement pour elle!

Eucrate, me dit-il, je n'eus jamais cet amour dominant pour la patrie dont nous trouvons tant d'exemples dans les premiers temps de la république : et j'aime autant Coriolan, qui porte la flamme et le fer jusqu'aux murailles de sa ville ingrate, qui fait repentir chaque citoyen de l'affront que lui a fait chaque citoyen, que celui qui chassa les Gaulois du Capitole. Je ne me suis jamais piqué d'être l'esclave ni l'idolâtre de la société de mes pareils : et cet amour tant vanté est une passion trop populaire pour être compatible avec la hauteur de mon âme. Je me suis uniquement conduit par mes réflexions, et surtout par le mépris que j'ai eu pour les hommes. On peut juger, par la manière dont j'ai traité le seul grand peuple de l'univers, de l'excès de ce mépris pour tous les autres.

J'ai cru qu'étant sur la terre il falloit que j'y fusse libre. Si j'étois né chez les barbares, j'aurois moins cherché à usurper le trône pour commander que pour ne pas obéir. Né dans une république, j'ai obtenu la gloire des conquérans en ne cherchant que celle des hommes libres.

Lorsqu'avec mes soldats je suis entré dans Rome, je ne respirois ni la fureur ni la vengeance. J'ai jugé sans haine, mais aussi sans pitié, les Romains étonnés. Vous étiez libres, ai-je dit, et vous vouliez vivre esclaves! Non. Mais mourez, et vous aurez l'avantage de mourir citoyens d'une ville libre.

J'ai cru qu'ôter la liberté à une ville dont j'étois citoyen étoit le plus grand des crimes. J'ai puni ce crime-là; et je ne me suis point embarrassé si je serois le bon ou le mauvais génie de la république. Cependant le gouvernement de nos pères a été rétabli; le peuple a expié tous les affronts qu'il avoit faits aux nobles; la crainte a suspendu les jalousies; et Rome n'a jamais été si tranquille.

Vous voilà instruit de ce qui m'a déterminé à toutes les sanglantes tragédies que vous avez vues. Si j'avois vécu dans ces jours heureux de la république où les citoyens, tranquilles dans leurs maisons, y rendoient aux dieux une âme libre, vous m'auriez vu passer ma vie dans cette retraite, que je n'ai obtenue que par tant de sang et de sueur.

Seigneur, lui dis-je, il est heureux que le ciel ait épargné au genre humain le nombre des hommes tels que vous. Nés pour la médiocrité, nous sommes accablés par les esprits sublimes. Pour qu'un homme soit au-dessus de l'humanité, il en coûte trop cher à tous les autres.

Vous avez regardé l'ambition des héros comme une passion commune, et vous n'avez fait cas que de l'ambition qui raisonne. Le désir insatiable de dominer, que vous avez trouvé dans le cœur de quelques citoyens, vous a fait prendre la résolution d'être un homme extraordinaire : l'amour de votre liberté vous a fait prendre celle d'être terrible et cruel. Qui diroit qu'un héroïsme de principe eût été plus funeste qu'un héroïsme d'impétuosité? Mais si, pour vous empêcher d'être esclave, il vous a fallu usurper la dictature, comment avez-vous osé la rendre? Le peuple romain, dites-vous, vous a vu désarmé, et n'a point attenté sur votre vie. C'est un danger auquel vous avez échappé : un plus grand danger peut vous attendre. Il peut vous arriver de voir quelque jour un grand criminel jouir de votre modération, et vous confondre dans la foule d'un peuple soumis.

J'ai un nom, me dit-il; et il me suffit pour ma sûreté et celle du peuple romain. Ce nom arrête toutes les entreprises; et il n'y a point d'ambition qui n'en soit épouvantée. Sylla respire, et son génie est plus puissant que celui de tous les Romains. Sylla a autour de lui Chéronée, Orchomène et Signion; Sylla a donné à chaque famille de Rome un exemple domestique et terrible : chaque Romain m'aura toujours devant les yeux; et, dans ses songes même, je lui apparoîtrai couvert de sang ; il croira voir les funestes tables, et lire son nom à la tête des proscrits. On murmure en secret contre mes lois ; mais elles ne seront pas effacées par des flots même de sang romain. Ne suis-je pas au milieu de Rome ? Vous trouverez encore chez moi le javelot que j'avois à Orchomène, et le bouclier que je portai sur les murailles d'Athènes. Parce que je n'ai point de licteurs, en suis-je moins Sylla ? J'ai pour moi le sénat, avec la justice et les lois ; le sénat a pour lui mon génie, ma fortune et ma gloire.

J'avoue, lui dis-je, que, quand on a une fois fait trembler quelqu'un, on conserve presque toujours quelque chose de l'avantage qu'on a pris.

Sans doute, me dit-il. J'ai étonné les hommes, et c'est beaucoup. Repassez dans votre mémoire l'histoire de ma vie : vous verrez que j'ai tout tiré de ce principe, et qu'il a été l'âme de toutes mes actions. Ressouvenez-vous de mes démêlés avec Marius : je fus indigné de voir un homme sans nom, fier de la bassesse de sa naissance, entreprendre de ramener les premières familles de Rome dans la foule du peuple ; et, dans cette situation, je portois tout le poids d'une grande âme. J'étois jeune, et je me résolus de me mettre en état de demander compte à Marius de ses mépris. Pour cela, je l'attaquai avec ses propres armes, c'est-à-dire par des victoires contre les ennemis de la république.

Lorsque, par le caprice du sort, je fus obligé de sortir de Rome, je me conduisis de même : j'allai faire la guerre à Mithridate ; et je crus détruire Marius à force de vaincre l'ennemi de Marius. Pendant que je laissai ce Romain jouir de son pouvoir sur la populace, je multipliois ses mortifications, et je le forçois tous les jours d'aller au Capitole rendre grâces aux dieux des succès dont je le désespérois. Je lui faisois une guerre de réputation plus cruelle cent fois que celle que mes légions faisoient au roi barbare. Il ne sortoit pas un seul mot de ma bouche qui ne marquât mon audace ; et mes moindres actions, toujours superbes, étoient pour Marius de funestes présages. Enfin Mithridate demanda la paix : les conditions étoient raisonnables ; et, si Rome avoit été tranquille, ou si ma fortune n'avoit pas été chancelante, je les aurois acceptées. Mais le mauvais état de mes affaires m'obligea de les rendre plus dures ; j'exigeai qu'il détruisît sa flotte, et qu'il rendît aux rois ses voisins tous les états dont il les avoit dépouillés. Je te laisse, lui dis-je, le royaume de tes pères, à toi qui devrois me remercier de ce que je te laisse la main avec laquelle tu as signé l'ordre de faire mourir en un jour cent mille Romains. Mithridate resta immobile ; et Marius, au milieu de Rome, en trembla.

Cette même audace, qui m'a si bien servi contre Mithridate, contre Marius, contre son fils, contre Thélésinus, contre le peuple, qui a soutenu toute ma dictature, a aussi défendu ma vie le jour que je l'ai quittée ; et ce jour assuré ma liberté pour jamais.

Seigneur, lui dis-je, Marius raisonnoit comme vous, lorsque, couvert du sang de ses ennemis et de celui des Romains, il montroit cette audace que vous avez punie. Vous avez bien pour vous quelques victoires de plus, et de plus grands excès. Mais, en prenant la dictature, vous avez donné l'exemple du crime que vous avez puni. Voilà l'exemple qui sera suivi, et non pas celui d'une modération qu'on ne fera qu'admirer.

Quand les dieux ont souffert que Sylla se soit impunément fait dictateur dans Rome, ils y ont proscrit la liberté pour jamais. Il faudroit qu'ils fissent trop de miracles pour arracher à présent du cœur de tous les capitaines romains l'ambition de régner. Vous leur avez appris qu'il y avoit une voie bien plus sûre pour aller à la tyrannie, et la garder sans péril. Vous avez divulgué ce fatal secret, et ôté ce qui fait seul les bons citoyens d'une république trop riche et trop grande, le désespoir de pouvoir l'opprimer.

Il changea de visage, et se tut un moment. Je ne crains, me dit-il avec émotion, qu'un homme dans lequel je crois voir plusieurs Marius. Le hasard, ou bien un destin plus fort, me l'a fait épargner. Je le regarde sans cesse, j'étudie son âme : il y cache des desseins profonds. Mais s'il ose jamais former celui de commander à des hommes que j'ai faits mes égaux, je jure par les dieux que je punirai son insolence[1].

[1] *Variante :* Je jure par les dieux que je punirai bien moins son crime que son insolence.

FIN DU TOME PREMIER.

TABLE

DES MATIÈRES

CONTENUES

DANS LES CONSIDÉRATIONS SUR LES CAUSES DE LA GRANDEUR ET DE LA DÉCADENCE DES ROMAINS.

A.

Acarnaniens, ravagés par la Macédoine et l'Étolie, page 154.
Achaïens. État des affaires de ce peuple, *ibid*.
Actium (Bataille d') gagnée par Auguste sur Antoine, 144.
ACYNDINE et BARLAAM. Leur querelle contre les moines grecs, 337.
Adresse. Sa définition, 126.
ADRIEN (l'empereur) abandonne les conquêtes de Trajan, 261. — On en murmure, *ibid*. — Rétablit la discipline militaire, 272.
Affranchissement des esclaves. Auguste y met des bornes, 238. — Motifs qui les avoient rendus fréquens, 239.
Afrique (villes d'), dépendantes des Carthaginois, mal fortifiées, 141.
Agriculture (l') et la guerre étoient les deux seules professions des citoyens romains, 205.
AGRIPPA, général d'Octave, vient à bout de Sextus Pompée, 230.
ALEXANDRE, successeur d'Héliogabale, tué par les soldats romains, 273.
ALEXIS COMNÈNE. Événemens arrivés sous son regne, 350, — et JEAN COMNÈNE repoussent les Turcs jusqu'a l'Euphrate, 351.

Allemagne. Ses forêts élaguées, ses marais desséchés, 333.
Allemands croisés, paient cher les fautes des croisés français, 352.
Alliés (le titre d') du peuple romain très-recherché, quoiqu'il emportât avec soi un véritable esclavage, 169.
AMALASONTE, reine des Goths, fournit des vivres à Bélisaire, 315.
Ambassadeurs romains parloient partout avec hauteur, 167.
Ambition, mal très-commun dans l'empire grec : pourquoi, 328.
Anarchie, regne à Rome pendant les guerres civiles, 234.
ANDRONIC PALÉOLOGUE abandonne la marine : par quelle raison, 340. — Réponse insolente d'un patriarche de Constantinople au vieux Andronic, 341. — Passe sa vie à discuter des subtilités théologiques, 343.
ANDRONIC COMNÈNE, le Néron des Grecs, 348.
Angleterre. Sagesse de son gouvernement, 193.
ANNIBAL. A quoi il dut ses victoires contre les Romains, 143. — Obstacles sans nombre qu'il eut à surmonter, 146. — Justifie du reproche qu'on lui fait

communément de n'avoir point assiégé Rome immédiatement après la bataille, et d'avoir laissé amollir ses troupes à Capoue, 148. — Ce furent ses conquêtes mêmes qui changèrent sa fortune, 149. — Critique de l'auteur sur la façon dont Tite-Live fait parler ce grand capitaine, 151. — Réduit par Scipion à une guerre défensive. Il perd une bataille contre le général romain, 152.

ANTIOCHUS. Sa mauvaise conduite dans la guerre qu'il fit aux Romains, 161. — Traité deshonorant qu'il fit avec eux, 162.

ANTOINE s'empare du livre des raisons de César, 223. — Fait l'oraison funèbre de César, 224. — Veut se faire donner le gouvernement de la Gaule cisalpine, au préjudice de Décimus Brutus, qui en est revêtu, 225. — Défait à Modène, 226. — Se joint avec Lépide et Octave, 227. — Et Octave poursuivent Brutus et Cassius, *ibid.* — Jure de rétablir la république : perd la bataille d'Actium, 232. — Une troupe de gladiateurs lui reste fidele dans ses désastres, *ibid.*

ANTONINS (les deux), empereurs chéris et respectés, 263.

APPIEN, historien des guerres de Marius et de Sylla, 266.

APPIUS CLAUDIUS distribue le menu peuple de Rome dans les quatre tribus de la ville, 192.

Arabes. Leurs conquêtes rapides, 332. — Étoient les meilleurs hommes de trait, *ibid.* — Bons cavaliers, *ibid.* — Leurs divisions favorables à l'empire d'Orient, 347. — Leur puissance détruite en Perse, 350.

ARCADIUS fait alliance avec les Wisigoth, 307.

Archers crétois, autrefois les plus estimés, 130.

Arianisme étoit la secte dominante des barbares devenus chrétiens, 312. — Secte qui domina quelque temps dans l'empire, *ibid.* — Quelle en étoit la doctrine, 327.

Aristocratie succède, dans Rome, à la monarchie, 185. — Se transforme peu à peu en démocratie, 186.

Armées romaines n'étoient pas fort nombreuses, 128. — Les mieux disciplinées qu'il y eût, *ibid.* — Navales, autrefois plus nombreuses qu'elles ne le sont, 145. — Dans les guerres civiles de Rome, n'avoient aucun objet déterminé, 232. — Ne s'attachoient qu'à la fortune du chef, 233. — Sous les empereurs exerçoient la magistrature suprême, 275. — Dioclétien diminue leur puissance : par quels moyens, 279 et suiv. — Les grandes armées, tant de terre que de mer, plus embarrassantes que propres à faire réussir une entreprise, 315.

Armes. Les soldats romains se lassent de leurs armes, 295. — Un soldat romain étoit puni de mort pour avoir abandonné ses armes, 297.

ARSÈNE et JOSEPH se disputent le siege de Constantinople : acharnement de leurs partisans, 343.

Arts. Comment ils se sont introduits chez les differens peuples, 131. — Et commerce étoient réputés chez les Romains des occupations serviles, 205.

Asie, région que n'ont jamais quittée le luxe et la mollesse, 161.

Association de plusieurs villes grecques, 154. — De plusieurs princes à l'empire romain, 279. — Regardée par les chrétiens comme une des causes de l'affoiblissement de l'empire, 300.

DES MATIÈRES. 393

Astrologie judiciaire fort en vogue dans l'empire grec, 328.
Athamanes, ravagés par la Macédoine et l'Étolie, 154.
Athéniens. État de leurs affaires après les guerres puniques, 155.
Attila soumet tout le Nord, et rend les deux empires tributaires, 302. — Si ce fut par modération qu'il laissa subsister les Romains, 303. — Dans quel asservissement il tenoit les deux empires, *ibid.* — Son portrait, 304. — Son union avec Genséric, 308.
Auguste, surnom d'Octave, 233. — Commence à établir une forme de gouvernement nouvelle, *ibid.* — Ses motifs secrets, et le plan de son gouvernement, 235. — Parallele de sa conduite avec celle de César, *ibid.* — S'il a jamais eu véritablement le dessein de se demettre de l'empire, *ibid.* —Parallele d'Auguste et de Sylla, 236. — Est très-reservé à accorder le droit de bourgeoisie, 238. — Met un gouverneur et une garnison dans Rome, 239. — Assigne des fonds pour le paiement des troupes de terre et de mer, 240. — Avoit ôté au peuple la puissance de faire des lois, 244.
Augustin (saint) réfute la lettre de Symmaque. 302.
Autorité. Il n'en est pas de plus absolue que celle d'un prince qui succède à une république, 255.
Avares (les) attaquent l'empire d'Orient, 325.

B.

Bajazet manque la conquête de l'empire d'Orient : par quelle raison, 357.
Baléares (les) étoient estimés d'excellens frondeurs, 130.
Barbares devenus redoutables aux Romains, 275, 305. — Incursions des barbares sur les terres de l'empire romain, sous Gallus, 276. — Et sur celui d'Allemagne, qui lui a succedé, 277. — Rome les repousse, *ibid.* — Leurs irruptions sous Constantin, 286. — Les empereurs les eloignent quelquefois avec de l'argent, 291.—Épuisoient ainsi les richesses des Romains, 292. — Employés dans les armées romaines à titre d'auxiliaires, 293. — Ne veulent pas se soumettre à la discipline romaine, 297. — Obtiennent en Occident des terres aux extrémités de l'empire, 308.— Auroient pu devenir Romains, 309. — S'entre-détruisent la plupart, 311. — En devenant chretiens, embrassent l'arianisme, 312.— Leur politique, leurs mœurs, *ibid.* et suiv. — Différentes manières de combattre des diverses nations barbares, 313. — Ce ne furent pas les plus forts qui firent les meilleurs etablissemens, 314. — Une fois etablis, en devenoient moins redoutables, 312.
Barlaam et Acyndine. Leur querelle contre les moines grecs, 337.
Basile (l'empereur) laisse perdre la Sicile par sa faute, 339. — Porphyrogénète. Extinction de la puissance des Arabes en Perse, sous son règne, 350.
Batailles navales dépendent plus à présent des gens de mer que des soldats, 145.
Bataille perdue, plus funeste par

le découragement qu'elle occasione, que par la perte reelle qu'elle cause, 148.
BAUDOIN, comte de Flandre, couronné empereur par les Latins, 352.
BÉLISAIRE. A quoi il attribue ses succès, 313. — Debarque en Afrique pour attaquer les Vandales, n'ayant que cinq mille soldats, 315. — Ses exploits et ses victoires. Portrait de ce général, *ibid*. et suiv.
Béotiens. Portrait de ce peuple, 154.
Bigotisme énerve le courage des Grecs, 334. — Effets contraires du bigotisme et du fanatisme, *ibid*. et suiv.
Bythinie. Origine de ce royaume, 159.
Blé (distribution de), dans les siècles de la république, et sous les empereurs, 283.
Bleus et verts. Factions qui divisoient l'empire d'Orient, 318. — Justinien favorise les bleus, *ibid*.
Bourgeoisie romaine (le droit de) accordé à tous les alliés de Rome, 196. — Inconvéniens qui en résultent, *ibid*. et suiv.
Boussole (l'invention de la) a porté la marine à une grande perfection, 145.
Brigue, introduite à Rome surtout pendant les guerres civiles, 234.
BRUTUS et CASSIUS font une faute funeste à la république, 215. — Se donnent tous deux la mort, 227.
Butin. Comment il se partageoit chez les Romains, 116.

C.

CALIGULA. Portrait de cet empereur. Il retablit les comices, 249. — Supprime les accusations du crime de lèse-majesté, *ibid*. — Bizarrerie dans sa cruauté, 253. — Il est tué : Claude lui succède, 254.
CALLINIQUE, inventeur du feu grégeois, 347.
Campanie. Portrait des peuples qui l'habitoient, 119.
Cannes (bataille de), perdue par les Romains contre les Carthaginois, 147. — Fermeté du sénat romain malgré cette perte, *ibid*.
Capouans, peuple oisif et voluptueux, 119.
Cappadoce. Origine de ce royaume, 159.
CARACALLA. Caractère et conduite de cet empereur, 268. — Augmente la paie des soldats, 269.
— Met Géta son frère, qu'il a tué, au rang des dieux, 271. — Il est mis aussi au rang des dieux par l'empereur Macrin, son successeur et son meurtrier, 272. — Effet des profusions de cet empereur, *ibid*. — Les soldats le regrettent, *ibid*.
Carthage. Portrait de cette république lors de la première guerre punique, 137. — Parallèle de cette république avec celle de Rome, 138. — N'avoit que des soldats empruntés, 140. — Son établissement moins solide que celui de Rome, 141. — Sa mauvaise conduite dans la guerre, *ibid*. — Son gouvernement dur, 142. — La fondation d'Alexandrie nuit à son commerce, *ibid*. — Reçoit la paix des Romains, après la seconde guerre punique,

à de dures conditions, 152. — Une des causes de la ruine de cette république, 192.

Cassius et Brutus font une faute funeste à la république, 215.

Caton (Mot de) sur le premier triumvirat, 211. — Conseilloit, après la bataille de Pharsale, de traîner la guerre en longueur, 215. — Parallèle de Caton avec Cicéron, 226.

Cavalerie romaine, devenue aussi bonne qu'aucune autre, 129. — Lors de la guerre contre les Carthaginois, elle étoit inférieure à celle de cette nation, 143. — *Numide*, passe au service des Romains, 144. — *Romaine*, n'étoit d'abord que la onzième partie de chaque légion : multipliée dans la suite, 295. — A moins besoin d'être disciplinée que l'infanterie, 296. — *Romaine*, exercée à tirer de l'arc, 313. — *d'Asie*, étoit meilleure que celle d'Europe, 332.

Censeurs. Quel étoit le pouvoir de ces magistrats, 189 et suiv. — Ne pouvoient pas destituer un magistrat, 191. — Leurs fonctions, par rapport au cens, *ibid.* et suiv.

Centuries (Servius Tullius divise le peuple romain par), 191.

César (Parallèle de) avec Pompée et Crassus, 211 et suiv. — Donne du dessous à Pompée, 212. — Ce qui le met en état d'entreprendre sur la liberté de sa patrie, *ibid.* et suiv. — Effraie autant Rome qu'avoit fait Annibal, 214. — Ses grandes qualités firent plus pour son élévation que sa fortune tant vantée, *ibid.* — Poursuit Pompée en Grèce, *ibid.* — Si sa clémence mérite de grands éloges, 217. — Si l'on a eu raison de vanter sa diligence, *ibid.* — Tente de se faire mettre le diadème sur la tête, 218. — Méprise le sénat, et fait lui-même des sénatus-consultes, 219. — Conspiration contre lui, 220. — Si l'assassinat de César fut un vrai crime, 221. — Tous les actes qu'il avoit faits confirmés par le sénat, après sa mort, 223. — Ses obsèques, 224. — Ses conjurés finissent presque tous leur vie malheureusement, 230. — (Parallèle de) avec Auguste, 235. — Extinction totale de sa maison, 256.

Champs de Mars, 125.

Change (Variation dans le). On en tire des inductions, 329 et suiv.

Chemins publics, bien entretenus chez les Romains, 128.

Chevaux. On en élève en beaucoup d'endroits qui n'en avoient pas, 333.

Chrétiens. Opinion où l'on étoit dans l'empire grec qu'il ne falloit pas verser le sang des chrétiens, 327.

Christianisme. Ce qui facilita son établissement dans l'empire romain, 267. — Les païens le regardoient comme la cause de la chute de l'empire romain, 300. — Fait place au mahométisme dans une partie de l'Asie et de l'Afrique, 331. — Pourquoi Dieu permit qu'il s'éteignît dans tant d'endroits, *ibid.*

Cicéron (conduite de) après la mort de César, 224. — Travaille à l'élévation d'Octave, 225. — Parallèle de Cicéron avec Caton, 226.

Civiles (les guerres) de Rome n'empêchent point son agrandissement, 215 et suiv. — En général, elles rendent un peuple plus belliqueux et plus formidable à ses voisins, 216. — De deux sortes en France, 233.

Claude (l'empereur) donne à ses

officiers le droit d'administrer la justice, 254.

Clémence (si la) d'un usurpateur heureux mérite de grands éloges, 217.

CLÉOPATRE fuit à la bataille d'Actium, 232. — Avoit sans doute en vue de gagner le cœur d'Octave, *ibid.*

Colonies romaines, 141.

Comices, devenus tumultueux, 198.

Commerce. Raisons pourquoi la puissance où il élève une nation n'est pas toujours de longue durée, 243. — Et arts étoient réputés chez les Romains des occupations serviles, 204.

COMMODE succède à Marc-Aurèle, 264.

COMNÈNE (Andronic). Voyez ANDRONIC. — (Alexis). Voyez ALEXIS. — (Jean). Voyez Jean. — (Manuel). Voyez Manuel.

Conjuration contre César, 220.

Conjurations fréquentes dans les commencemens du règne d'Auguste, 221. — Devenues plus difficiles qu'elles ne l'étoient chez les anciens. — Pourquoi, 330.

Conquêtes des Romains, lentes dans les commencemens, mais continues, 119. — Plus difficiles à conserver qu'à faire, 150.

CONSTANT, petit-fils d'Héraclius par Constantin, tué en Sicile, 334.

CONSTANTIN transporte le siège de l'empire en Orient, 282. — Distribue du blé à Constantinople et à Rome, 283. — Retire les légions romaines, placées sur les frontières, dans l'intérieur des provinces : suites de cette innovation, 285.

CONSTANTIN, fils d'Héraclius, empoisonné, 333.

CONSTANTIN-LE-BARBU, fils de Constant, succède à son père, 333.

Constantinople. Ainsi nommée du nom de Constantin, 282. — Divisée en deux factions, 318. — Pouvoir immense de ses patriarches, 341. — Se soutenoit, sous les derniers empereurs grecs, par son commerce, 348. — Prise par les croisés, 350. — Reprise par les Grecs, 353. — Son commerce ruiné, 354.

CONSTANTIUS envoie Julien dans les Gaules, 286.

Consuls annuels. Leur établissement à Rome, 115.

CORIOLAN. Sur quel ton le sénat traite avec lui, 147.

Courage guerrier. Sa définition, 128.

Croisades, 348.

Croisés, font la guerre aux Grecs, et couronnent empereur le comte de Flandre, 353. — Possèdent Constantinople pendant soixante ans, 354.

Cynocéphales (journée des), où Philippe est vaincu par les Etoliens unis aux Romains, 157.

D.

Danoises (les troupes de terre) presque toujours battues par celles de Suède, depuis près de deux siècles, 295.

Danse, chez les Romains n'étoit point un exercice étranger à l'art militaire, 125.

Décadence de la grandeur romaine: ses causes, 194 et suivantes. — 1° Les guerres dans les pays lointains, 194. 2° La concession du droit de bourgeoisie romaine à tous les alliés, 196. 3° L'insuffisance de ses lois dans son état de grandeur, 199. 4° Dépravation des mœurs, 202 et suiv. 5° L'abolition des triomphes, 236. 6° Invasion des barbares dans l'empire 275, 304. 7° Troupes de barbares auxiliaires incorporées en trop grand nombre dans les armées romaines, 294. — Comparaison des causes générales de la grandeur de Rome avec celles de sa décadence, 296 et suiv. — de Rome: imputée par les chrétiens aux païens, et par ceux-ci aux chrétiens, 300.

Décemvirs, préjudiciables à l'agrandissement de Rome, 120.

Deniers (distribution de) par les triomphateurs, 257.

Dénombrement des habitans de Rome, comparé avec celui qui fut fait par Démétrius de ceux d'Athènes, 133. — On en infère quelles étoient, lors de ces dénombremens, les forces de l'une et de l'autre ville, 134.

Désertions. Pourquoi elles sont communes dans nos armées; pourquoi elles étoient rares dans celles des Romains, 127 et suiv.

Despotique. S'il y a une puissance qui le soit à tous égards, 345.

Despotisme, opère plutôt l'oppression des sujets que leur union, 199.

Dictature. Son établissement, 188.

DIOCLÉTIEN introduit l'usage d'associer plusieurs princes à l'empire, 279.

Discipline militaire. Les Romains réparoient leurs pertes, en la rétablissant dans toute sa vigueur, 126. — Adrien la rétablit: Sévère la laisse se relâcher, 272. — Plusieurs empereurs massacrés pour avoir tenté de la rétablir, *ibid.* — Tout-à-fait anéantie chez les Romains, 295. — Les barbares, incorporés dans les armées romaines, ne veulent pas s'y soumettre, 297. — Comparaison de son ancienne rigidité avec son relâchement, *ibid.* et suiv.

Disputes, naturelles aux Grecs, 340. — Opiniâtres en matière de religion, 342. — Quels égards elles méritent de la part des souverains, 344.

Divination par l'eau d'un bassin, en usage dans l'empire grec, 328.

Divisions. S'apaisent plus aisément dans un état monarchique que dans un républicain, 138 et suiv. Dans Rome, 185.

DOMITIEN (l'empereur), monstre de cruauté, 258.

DRUSILLE. L'empereur Caligula, son frère, lui fait décerner les honneurs divins, 253.

DUILLIUS (le consul) gagne une bataille navale sur les Carthaginois, 146.

DURONIUS (le tribun M.) chassé du sénat: pourquoi, 191.

E.

Ecole militaire des Romains, 125.

Egypte. Idée du gouvernement de ce royaume après la mort d'Alexandre, 160. — Mauvaise conduite de ses rois, 163. — En quoi consistoient leurs principales forces, 164. — Les Romains les privent des troupes auxiliaires qu'ils tiroient de la Grèce, *ibid.* — Conquise par Auguste, 283.

Empereurs romains étoient chefs nés des armées, 237. — Leur puissance grossit par degré, 242. — Les plus cruels n'étoient point haïs du bas peuple: pourquoi,

251. — Etoient proclamés par les armées romaines, 255. — Inconvénient de cette forme d'élection, *ibid.* — Tâchent en vain de faire respecter l'autorité du sénat, 257. — Successeurs de Néron, jusqu'à Vespasien, 258. — Leur puissance pouvoit paroître plus tyrannique que celle des princes de nos jours : pourquoi, 264 et suiv. — Souvent étrangers : pourquoi, 267. — Meurtres de plusieurs empereurs de suite, depuis Alexandre jusqu'à Dèce inclusivement, 273 et suiv. — Qui rétablissent l'empire chancelant, 278. — Leur vie commence à être plus en sûreté, 280. — Mènent une vie plus molle et moins appliquée aux affaires, *ibid.* — Veulent se faire adorer, 281. — Peints de différentes couleurs suivant les passions de leurs historiens, 286. — Plusieurs empereurs grecs haïs de leurs sujets pour cause de religion, 327. — Dispositions des peuples à leur égard, 328 et suiv. — Réveillent les disputes théologiques au lieu de les assoupir, 344. — Laissent tout-à-fait périr la marine, 354.

Empire romain : son établissement, 234 et suiv. — Comparé au gouvernement d'Alger, 274. — Inondé par divers peuples barbares, 275 et suiv. — Les repousse, et s'en débarrasse, 277. — Association de plusieurs princes à l'empire, 279. — Partage de l'empire, 282. — d'Orient, Voyez *Orient.* — d'Occident, Voyez *Occident.*

Empire grec. Voyez *Grec.* — Ne fut jamais plus foible que dans le temps que ses frontières étoient le mieux fortifiées, 322. — Des Turcs, Voyez *Turcs.*

Entreprises (les grandes) plus difficiles à mener parmi nous que chez les anciens : pourquoi, 329.

Epée. Les Romains quittent la leur pour en prendre à l'espagnole, 129.

Epicurisme, introduit à Rome sur la fin de la république, y produit la corruption des mœurs, 202.

Eques, peuples belliqueux, 119.

Espagnols modernes : comment ils auroient dû se conduire dans la conquête du Mexique, 179.

Etoliens. Portrait de ce peuple, 153 et suiv. — S'unissent avec les Romains contre Philippe, 157. — S'unissent avec Antiochus contre les Romains, 158 et suiv.

Eutychès, hérésiarque : quelle étoit sa doctrine, 327.

Exemples. Il y en a de mauvais d'une plus dangereuse conséquence que les crimes, 190.

Exercices du corps, avilis parmi nous, quoique très-utiles, 125 et suiv.

F.

Fautes que commettent ceux qui gouvernent, sont quelquefois des effets nécessaires de la situation des affaires, 292.

Femmes (par quel motif la pluralité des) est en usage en Orient, 317.

Festins. Loi qui en bornoit les dépenses à Rome, abrogée par le tribun Duronius, 191.

Feu grégeois. Defense par les empereurs grecs d'en donner la connoissance aux barbares, 347 et suiv.

DES MATIÈRES. 399

Fiefs (si les lois des) sont par elles-mêmes préjudiciables à la durée d'un empire, 180

Flottes. Portoient autrefois un bien plus grand nombre de soldats qu'à présent : pourquoi, 145.— Une flotte en état de tenir la mer ne se fait pas en peu de temps, 146.

Fortune. Ce n'est pas elle qui décide du sort des empires, 294.

Français croisés. Leur mauvaise conduite en Orient, 352 et suiv.

Frise et *Hollande* n'étoient autrefois ni habitées, ni habitables, 333.

Frondeurs baléares, autrefois les plus estimés, 130.

Frontières de l'empire fortifiées par Justinien, 323.

G.

GABINIUS vient demander le triomphe après une guerre qu'il a entreprise malgré le peuple, 234.

GALBA (l'empereur) ne tient l'empire que peu de temps, 258.

GALLUS. Incursions des barbares sur les terres de l'empire, sous son règne, 276.— Pourquoi ils ne s'y établirent pas alors, 305.

Gaule (gouvernement de la) tant cisalpine que transalpine, confié à César, 213 et suiv.

Gaulois. Parallèle de ce peuple avec les Romains, 136.

Généraux des armées romaines : causes de l'accroissement de leur autorité, 195.

GENSERIC, roi des Vandales, 308.

GERMANICUS. Le peuple romain le pleure, 247.

Gladiateurs. On en donnoit le spectacle aux soldats romains, pour les accoutumer à voir couler le sang, 129.

GORDIENS (les empereurs) sont assassinés tous les trois, 274.

Goths, reçus par Valens sur les terres de l'empire, 288 et suiv.

Gouvernement libre. Quel il doit être pour se pouvoir maintenir, 193.— De Rome. Son excellence, en ce qu'il contenoit dans son système les moyens de corriger les abus, 192.—Militaire s'il est préférable au civil, 264.

— Inconvéniens d'en changer la forme totalement, 285.

Grandeur des Romains. Causes de son accroissement, 111 et suiv. 1° Les triomphes, 112. 2° L'adoption qu'ils faisoient des usages étrangers qu'ils jugeoient préférables aux leurs, *ibid.* 3° La capacité de ses rois, 113. 4° L'intérêt qu'avoient les consuls de se conduire en gens d'honneur pendant leur consulat, 116. 5° La distribution du butin aux soldats, et des terres conquises aux citoyens, *ibid.* et suiv. 6° Continuité de guerres, 117. 7° Leur constance à toute épreuve, qui les préservoit du decouragement 147. 8° Leur habileté à détruire leurs ennemis les uns par les autres, 166 et suiv. 9° L'excellence du gouvernement, dont le plan fournissoit les moyens de corriger les abus, 192. — De Rome est la vraie cause de sa ruine, 197 et suivantes. — Comparaison des causes générales de son accroissement avec celles de sa décadence, 296 et suiv.

Gravure. Utilité de cet art pour les cartes géographiques, 330.

Grec (empire). Quelles sortes d'évenemens offre son histoire, 326. — Hérésies frequentes dans cet empire, *ibid* et suiv. — Envahi en grande partie par les Latins croisés, 353. — Repris par les Grecs, *ibid*. — Par quelles voies il se soutint encore après l'échec qu'y ont donné les Latins, 354. — Chute totale de cet empire, 357.

Grèce (état de la) après la conquête de Carthage par les Romains, 153 et suiv. — *Grande Grèce*. Portrait des habitans qui la peuploient, 119.

Grecques (villes). Les Romains les rendent indépendantes des princes à qui elles avoient appartenu, 158. — Assujetties par les Romains à ne faire, sans leur consentement, ni guerres ni alliances, 164. — Mettent leur confiance dans Mithridate, 182.

Grecs. Ne passoient pas pour religieux observateurs du serment, 202. — Nation la plus ennemie des hérétiques qu'il y eût, 227. — Empereurs grecs haïs de leurs sujets pour cause de religion, *ibid*. — Ne cessèrent d'embrouiller la religion par des controverses, 340.

Guerres perpetuelles sous les rois de Rome, 112. — Agréables au peuple par le profit qu'il en retirait, 116. — Avec quelle vivacité les consuls romains la faisoient, 117. — Presque continuelle aussi sous les consuls, *ibid*. — Effets de cette continuité, *ibid*. — Peu decisives dans les commencemens de Rome : pourquoi, 118 et suiv. — *Punique*, première, 143. — Seconde, 146. — Elle est terminée par une paix faite à des conditions bien dures pour les Carthaginois, 152. — La guerre et l'agriculture etoient les deux seules professions des citoyens romains, 205. — de Marius et de Sylla, 206 et suiv. — Quel en étoit le principal motif, *ibid*.

Guerrières (les vertus) restèrent à Rome après qu'on eut perdu toutes les autres, 205.

H.

Héliogabale veut substituer ses dieux à ceux de Rome, 267. — Est tué par ses soldats, 273.

Héraclius fait mourir Phocas, et se met en possession de l'empire, 331.

Herniques, peuple belliqueux, 119.

Histoire romaine moins fournie de faits depuis les empereurs : par quelle raison, 241.

Hollande et *Frise*, n'etoient autrefois ni habitées ni habitables, 333.

Homère justifié contre les censeurs qui lui reprochent d'avoir loué ses héros de leur force, de leur adresse, ou de leur agilité, 126.

Honneurs divins. Quelques empereurs se les arrogent par des édits formels, 281.

Honorius, obligé d'abandonner Rome, et de s'enfuir à Ravenne, 307.

Huns (les) passent le Bosphore Cimmérien, 301. — Servent les Romains en qualité d'auxiliaires, 288.

I.

Iconoclastes font la guerre aux images, 335.—Accusés de magie par les moines, 336 et suiv.

Ignorance profonde où le clergé grec plongeoit les laïques, 338.

Illyrie (rois d'), extrêmement abattus par les Romains, 154.

Images (culte des) poussé à un excès ridicule sous les empereurs grecs, 335.—Effets de ce culte superstitieux, 336 et suiv.—Les iconoclastes déclament contre ce culte, 338. — Quelques empereurs l'abolissent, l'imperatrice Théodora le rétablit, *ibid.*

Impériaux (ornemens) plus respectés chez les Grecs que la personne même de l'empereur, 328.

Imprimerie. Lumières qu'elle a répandues partout, 330.

Infanterie. Dans les armées romaines, était, par rapport à la cavalerie, comme de dix à un. Il arrive par la suite tout le contraire, 296.

Invasions des barbares du nord dans l'empire, 276, 307.—Causes de ces invasions, 276. — Pourquoi il ne s'en fait plus de pareilles, *ibid.*

Italie. Portrait de ses divers habitans, lors de la naissance de Rome, 119. — Dépeuplée par le transport du siége de l'empire en Orient, 282. — L'or et l'argent y deviennent très-rares, 284.— Cependant les empereurs en exigent toujours les mêmes tributs, *ibid.* — L'armée d'Italie s'approprie le tiers de cette région, 309.

J.

Jean et Alexis Comnène rechassent les Turcs jusqu'à l'Euphrate, 351.

Josephe et Arsène se disputent le siége de Constantinople: opiniâtreté de leurs partisans, 343.

Jugurtha. Les Romains le somment de se livrer lui-même à leur discrétion, 175 et suiv.

Julien (Didius), proclamé empereur par ses soldats, est ensuite abandonné, 264.

Julien (l'empereur), homme simple et modeste, 281. — Service que ce prince rendit à l'empire, sous Constantius, 286. — Son armée poursuivie par les Arabes : pourquoi, 291.

Jurisprudence. Ses variations sous le seul règne de Justinien, 320. — D'où pouvoient provenir ces variations, *ibid.*

Justice (le droit de rendre la) confié, par l'empereur Claude, à ses officiers, 254.

Justinien (l'empereur) entreprend de reconquérir sur les barbares l'Afrique et l'Italie, 311. — Emploie utilement les Huns, 313. — Ne peut équiper contre les Vandales que cinquante vaisseaux, 314 et suiv.—Tableau de son règne, 315 et suiv. — Ses conquêtes ne font qu'affoiblir l'empire, 317. — Epouse une femme prostituée: empire qu'elle prend sur lui, *ibid.*—Idée que nous en donne Procope, 319.— Dessein imprudent qu'il conçut d'exterminer tous les hétérodoxes, 321. — Divisé de sentimens avec l'impératrice, *ibid.*— Fait construire une prodigieuse quantité de forts, 322.

K.

Kouli-kan. Sa conduite à l'égard de ses soldats après la conquête des Indes, 149.

L.

Lacédémone. Etat des affaires de cette république après la défaite entière des Carthaginois par les Romains, 154.

Latines (villes), colonies d'Albe; par qui fondées, 120.

Latins, peuple belliqueux, 120.

Latins croisés. Voyez *Croisés.*

Légion romaine. Comment elle étoit armée, 123. — Comparée avec la phalange macédonienne, 157 et suiv. — Quarante-sept légions établies par Sylla dans divers endroits de l'Italie, 208. — Celles d'Asie toujours vaincues par celles d'Europe, 266. — Levées dans les provinces : ce qui s'ensuivit, *ibid.* et suiv. — Retirées par Constantin des bords des grands fleuves dans l'intérieur des provinces : mauvaises suites de ce changement, 285 et suiv.

Léon. Son entreprise contre les Vandales échoue, 315. — Successeur de Basile, perd par sa faute la Tauroménie et l'île de Lemnos, 339.

Lépide paroît en armes dans la place publique de Rome, 222. — L'un des membres du second triumvirat, 227. — Exclus du triumvirat par Octave, 230.

Ligues contre les Romains, rares : pourquoi, 167.

Limites posées par la nature même à certains états, 160.

Livius (le censeur M.) nota trente-quatre tribus tout-à-la-fois, 190.

Lois. N'ont jamais plus de force que quand elles secondent la passion dominante de la nation pour qui elles sont faites, 140. — de Rome. Ne purent prévenir sa perte : pourquoi, 199 et suiv. — Plus propres à son agrandissement qu'à sa conservation, *ibid.*

Lucrèce, violée par Sextus Tarquin: suite de cet attentat, 114. — Ce viol est pourtant moins la cause que l'occasion de l'expulsion des rois de Rome, *ibid.*

Lucullus chasse Mithridate de l'Asie, 183.

M.

Macédoine et *Macédoniens.* Situation du pays, caractère de la nation et de ses lois, 155.

Macédoniens (secte des). Quelle étoit leur doctrine, 327.

Machines de guerre ignorées en Italie dans les premières années de Rome, 118.

Magistratures romaines. Comment, à qui, par qui, et pour quel temps elles se conféroient, lors de la république, 209. — Par quelles voies elles s'obtinrent sous les empereurs, 245.

Mahomet. Sa religion et son empire font des progrès rapides, 331.

Mahomet, fils de Sambrael, appelle trois mille Turcs en Perse, 350. — Perd la Perse, 351.

Mahomet II éteint l'empire d'Orient, 357.

Majesté (loi de). Son objet : application qu'en fait Tibère, 242. — Crime de lèse-majesté étoit, sous cet empereur, le crime de ceux à qui on n'en avoit point à imputer, 246. — Si cependant les accusations, fondées sur cette imputation, étoient toutes aussi frivoles qu'elles nous le paroissent, *ibid.* — Accusations de ce crime supprimées par Caligula, 249.

Maladies de l'esprit, pour l'ordinaire incurables, 328.

Malheureux (les hommes les plus) ne laissent pas d'être encore susceptibles de crainte, 248.

Manlius fait mourir son fils pour avoir vaincu sans son ordre, 126.

Manuel Comnène (l'empereur) néglige la marine, 354.

Marc-Aurèle. Éloge de cet empereur, 263.

Marches des armées romaines, promptes et rapides, 128.

Marcus. Ses représentations aux Romains sur ce qu'ils faisoient dépendre de Pompée toutes leurs ressources, 210.

Marine des Carthaginois meilleure que celle des Romains : l'une et l'autre assez mauvaises, 144. — Perfectionnée par l'invention de la boussole, 145.

Marius détourne des fleuves dans son expédition contre les Cimbres et les Teutons, 127. — Rival de Sylla, 206.

Mars (Champ de), 125.

Massinissa tenoit son royaume des Romains, 169. — Protégé par les Romains pour tenir les Carthaginois en respect, 152. — Et

pour subjuguer Philippe et Antiochus, 172.

Maurice (l'empereur) et ses enfans, mis à mort par Phocas, 326.

Metellus rétablit la discipline militaire, 127.

Meurtres et confiscations. Pourquoi moins connus parmi nous que sous les empereurs romains, 251.

Michel Paléologue. Plan de son gouvernement, 240 et suiv.

Milice romaine, 194. — A charge à l'état, 292.

Militaire (art), se perfectionne chez les Romains, 121. — Application continuelle des Romains à cet art, 130. — Si le gouvernement militaire est préférable au civil, 264.

Mithridate, le seul roi qui se soit défendu avec courage contre les Romains, 181. — Situation de ses états, ses forces, sa conduite, *ibid.* — Crée des légions, *ibid.* — Les dissensions des Romains lui donnent le temps de se disposer à leur nuire, 182. — Ses guerres contre les Romains, intéressantes par le grand nombre de révolutions dont elles présentent le spectacle, *ibid.* — Vaincu à plusieurs reprises, 183. — Trahi par son fils Maccharès, *ibid.* — Et par Pharnace, son autre fils, 184. — Il meurt en roi, *ibid.*

Mœurs romaines dépravées par l'épicurisme, 202. — Par la richesse des particuliers, 204.

Moines grecs accusent les iconoclastes de magie, 336. — Pourquoi ils prenoient un intérêt si vif au culte des images, 337. — Abusent le peuple, oppriment le clergé séculier, 338. — S'immiscent dans les affaires du siècle, *ibid.* — Suite de ces abus, 339. — Se gâtoient à la cour, et gâtoient la cour eux-mêmes, 340.

Monarchie romaine remplacée par un gouvernement aristocratique, 185.

Monarchique (état) sujet à moins d'inconvéniens, même quand les lois fondamentales en sont violées, que l'état républicain en pareil cas, 137. — Les divisions s'y apaisent plus aisément, 138 et suiv. — Excite moins l'ambitieuse jalousie des particuliers, 186.

Monothélites, hérétiques : quelle étoit leur doctrine, 327.

Multitude (la) fait la force de nos armées : la force des soldats faisoit celle des armées romaines, 128 et suiv.

N.

Narsès (l'eunuque), favori de Justinien, 316.

Nations (ressources de quelques) d'Europe, foibles par elles-mêmes, 349.

Négocians, ont quelque part dans les affaires d'etat, 329.

Néron distribue de l'argent aux troupes, même en paix, 258.

Nerva (l'empereur) adopte Trajan, 259.

Nestorianisme. Quelle étoit la doctrine de cette secte, 327.

Nobles (les) de Rome, ne se laissent pas entamer par le bas peuple comme les patriciens, 189. — Comment s'introduisit dans les Gaules la distinction de nobles et de roturiers, 299.

Nord (invasion des peuples du) dans l'empire. Voyez *Invasions*.

Normands (anciens) comparés aux barbares qui désolèrent l'empire romain, 305.

Numide (cavalerie), autrefois la plus renommée, 143. — Des corps de cavalerie numide passent au service des Romains, *ibid*.

Numidie. Les soldats romains y passent sous le joug, 126 et suiv.

O.

Occident (pourquoi l'empire d') fut le premier abattu, 307. — Point secouru par celui d'Orient, *ibid*. — Les Visigoths l'inondent, *ibid*. — Trait de bonne politique de la part de ceux qui le gouvernoient, 308. — Sa chute totale, 310.

Octave flatte Cicéron, et le consulte, 225. — Le sénat se met en devoir de l'abaisser, 226. Et Antoine poursuivent Brutus et Cassius, 227. — Défait Sextus Pompée, 230. — Exclut Lépide du triumvirat, *ibid*. — Gagne l'affection des soldats, sans être brave, 231. — Surnommé Auguste. Voyez Auguste.

Odenat, prince de Palmyre, chasse les Perses de l'Asie, 277.

Odoacer porte le dernier coup à l'empire d'Occident, 309.

Oppression totale de Rome, 217.

Ors (temple d') : César y avait déposé des sommes immenses, 223.

Orient (état de l') lors de la défaite entière des Carthaginois, 153 et suiv. — Cet empire subsiste encore après celui d'Occident : pourquoi, 307 et suiv. — Les conquêtes de Justinien ne font qu'avancer sa perte, 317. — Pourquoi de tout temps la pluralité des femmes y a été en usage, *ibid* et suiv. — Pourquoi il subsista si long-temps après celui d'Occident, 347 et suiv. — Ce qui le soutenoit, malgré la foiblesse de son gouvernement, 349. — Chute totale de cet empire, 357.

Oroze répond à la lettre de Symmaque, 301.
Osroéniens, excellens hommes de trait, 332.
Othon (l'empereur) ne tient l'empire que peu de temps, 258.

P.

Paie : en quel temps les Romains commencèrent à l'accorder aux soldats, 121. — Quelle elle étoit dans les différens gouvernemens de Rome, 269 et suiv.
Paix : ne s'achète point avec de l'argent : pourquoi, 291. — Inconvéniens d'une conduite contraire à cette maxime, ibid.
Partage de l'empire romain, 282. — En cause la ruine : pourquoi, 285.
Parthes, vainqueurs de Rome : pourquoi, 160. — Guerre contre les Parthes, projetée par César, 222. — Exécutée par Trajan, 259. — Difficultés de cette guerre, ibid. — Apprennent, des Romains réfugiés, sous Sévère, l'art militaire, et s'en servent dans la suite contre Rome, 266.
Patriarches de Constantinople : leur pouvoir immense, 341. — Souvent chassés de leur siége par les empereurs, ibid.
Patriciens : leur prééminence, 185. — A quoi le temps la réduisit, 189.
Patrie (l'amour de la) étoit, chez les Romains, une espèce de sentiment religieux, 203.
Peines contre les soldats lâches, renouvelées par les empereurs Julien et Valentinien, 297.
Pergame. Origine de ce royaume, 159.
Perses, enlèvent la Syrie aux Romains, 276. — Prennent Valerien prisonnier, 277. — Odenat,

prince de Palmyre, les chasse de l'Asie, ibid. — Situation avantageuse de leur pays, 324. — N'avoient de guerres que contre les Romains, ibid. — Aussi bons négociateurs que bons soldats, 325.
Pertinax (l'empereur) succède à Commode, 264.
Peuple de Rome veut partager l'autorité du gouvernement, 185 et suiv. — Sa retraite sur le mont sacré, 187. — Obtient des tribuns, ibid. — Devenu trop nombreux, on en tiroit des colonies, 239. — Perd, sous Auguste, le pouvoir de faire des lois, 244 et suiv. — Et sous Tibère, celui d'élire les magistrats, ibid. — Caractère du bas peuple sous les empereurs, 251 et suiv. — Abâtardissement du peuple romain sous les empereurs, 255.
Phalange macédonienne, comparée avec la légion romaine, 158.
Pharsale (bataille de), 215.
Philippe de Macédoine donne de faibles secours aux Carthaginois 153. — Sa conduite avec ses alliés, 157. — Les succès des Romains contre lui les mènent à la conquête générale, 158.
Philippe, un des successeurs du précédent, s'unit avec les Romains contre Antiochus, 162.
Philippicus : trait de bigotisme de ce général, 334.
Phocas (l'empereur) substitue à Maurice, 326. — Héraclius, va-

nu d'Afrique, le fait mourir, 331.
Pillage, le seul moyen que les anciens Romains eussent pour s'enrichir, 118.
PLAUTIEN, favori de l'empereur Sévère, 265.
Plébéiens, admis aux magistratures, 187. — Leurs égards forcés pour les patriciens, *ibid*. — Distinction entre ces deux ordres abolie par le temps, 189.
POMPÉE, loué par Salluste, pour sa force et son adresse, 126. — Ses immenses conquêtes, 184. —Par quelles voies il gagne l'affection du peuple, 208 et suiv. — Avec quel étonnant succés il y réussit, 209. — Maître d'opprimer la liberté de Rome, il s'en abstient deux fois, 210. — Parallele de Pompée avec César, 211 et suiv.—Corrompt le peuple par argent, *ibid*. — Aspire à la dictature, *ibid*. — Se ligue avec César et Crassus, *ibid*. — Ce qui cause sa perte, 212. — Son foible de vouloir être applaudi en tout, 215. — Défait à Pharsale, se retire en Afrique, *ibid*.
POMPÉE (SEXTUS) fait tête à Octave, 230.
Porphyrogénète. Signification de ce nom, 326.
Poste. Un soldat romain étoit puni de mort pour avoir abandonné son poste, 297.

Postes. Leur utilité, 329.
Prédictions (faiseurs de), très-communs sur la fin de l'empire grec, 328.
Préfets du prétoire, comparés aux grands visirs, 279 et suiv.
PROCOPE. Créance qu'il mérite dans son histoire secrète du règne de Justinien, 319.
Proscriptions romaines, enrichissent les états de Mithridate de beaucoup de Romains réfugiés, 181.
Proscriptions, inventées par Sylla, 227. — Pratiquées par les empereurs, 265. — Effets de celles de Sévère. *ibid* et suiv.
PTOLOMÉES (trésors des) apportés à Rome : quels effets ils y produisirent, 283.
Puissance romaine. Tradition à ce sujet, 261 et suiv. — *Ecclésiastique et séculière* : distinction entre l'une et l'autre, 345. — Les anciens Romains connoissoient cette distinction, 346.
Punique (guerre) la première, 143 et suiv.—La seconde, 146 et suiv. — Elle est terminée par une paix faite à des conditions bien dures pour les Carthaginois, 152.
PYRRHUS. Les Romains tirent de lui des leçons sur l'art militaire : portrait de ce prince, 136 et suiv.

R.

Régile (lac). Victoire remportée sur les Latins par les Romains, près de ce lac : fruits qu'ils tirèrent de cette victoire, 177.
RÉGULUS battu par les Carthaginois dans la première guerre punique, 143.
Religion chrétienne, ce qui lui donna la facilité de s'établir dans l'empire romain, 267.

Reliques (culte des), poussé à un excès ridicule dans l'empire grec, 336.—Effets de ce culte superstitieux, 337.
République. Quel doit être son plan de gouvernement, 195 et suiv. — N'est pas vraiment libre si l'on n'y voit pas arriver des divisions, 196 et suiv.— N'y rendre aucun citoyen trop puis-

sant, 210. — *Romaine :* son entière oppression, 217.—Consternation des premiers hommes de la république, 219. — Sans liberté, même après la mort du tyran, 222.

Républiques modernes d'Italie. Vices de leur gouvernement, 193.

Rois de Rome. Leur expulsion, 115.

Rois. Ce qui les rendit tous sujets de Rome, 181.

Romains, religieux observateurs du serment, 117, 202. — Leur habileté dans l'art militaire : comment ils l'acquirent, 117 et suiv. — Les anciens Romains regardoient l'art militaire comme l'art unique, 123.—Soldats romains d'une force plus qu'humaine, 124.—Comment on les formoit, 126 et suiv. — Pourquoi on les saignoit quand ils avoient fait quelque faute, 127.—Plus sains et moins maladifs que les nôtres, *ibid.*—Se defendoient avec leurs armes contre toute autre sorte d'armes, 128 et suiv.—Leur application continuelle à la science de la guerre, 129 et suiv.—Comparaison des anciens Romains avec les peuples d'à présent, 131.—Parallele des anciens Romains avec les Gaulois, 136. — N'alloint point chercher des soldats chez leurs voisins, 140. — Leur conduite à l'égard de leurs ennemis et de leurs alliés, 166. — Ne faisoient jamais la paix de bonne foi, 168. — Etablirent, comme une loi, qu'aucun roi d'Asie n'entrât en Europe, 171. — Leurs maximes de politique constamment gardées dans tous les temps, *ibid.* — Une de leurs principales étoit de diviser les puissances alliées, 172 et suiv. —Empire qu'ils exerçoient même sur les rois, 173.—Ne faisoient point de guerres éloignées sans y être secondés par un allié voisin de l'ennemi, 174. — Interprétoient les traités avec subtilité pour les tourner à leur avantage, 174. — Ne se croyoient point liés par les traités que la necessité avoit forcé leurs generaux de sonscrire, 175. — Inséroient dans leurs traités avec les vaincus des conditions impraticables, pour se menager les occasions de recommencer la guerre, *ibid.* — S'érigeoient en juges des rois mêmes, 176. — Depouilloient les vaincus de tout, 176.—Comment ils faisoient arriver à Rome l'or et l'argent de tout l'univers, *ibid.* — Respect qu'ils imprimèrent à toute la terre, 177. — Ne s'approprioient pas d'abord les pays qu'ils avoient soumis, 178. — Devenus moins fidèles à leurs sermens, 202 et suiv. — L'amour de la patrie étoit, chez eux, une sorte de sentiment religieux, 203. — Conservent leur valeur au sein même de la mollesse et de la volupté, 204. — Regardoient les arts et le commerce comme des occupations d'esclaves, *ibid.* et suiv. — La plupart d'origine servile, 239. —Pleurent Germanicus, 247.— Rendus feroces par leur education et leurs usages, 250. — Toute leur puissance aboutit à devenir les esclaves d'un maître barbare, 253 et suiv.—Appauvris par les barbares qui les environnoient, 292. — Devenus maîtres du monde par leurs maximes de politique; déchus pour en avoir changé, 294. — Se lassent de leurs armes, et les changent, 295. — Soldats romains, mêlés avec les barbares, contractent l'esprit d'indépendance de ceux-ci, 298. — Accablés de tributs, *ibid.*

Rome naissante, comparée avec les villes de la Crimée, 111. — Mal construite d'abord, sans ordre et sans symétrie, *ibid.* — Son union avec les Sabins, 112. — Adopte les usages étrangers qui lui paroissent préférables aux siens, *ibid.* — Ne s'agrandit d'abord que lentement, 119. — Se perfectionne dans l'art militaire, 123. — Nouveaux ennemis qui se liguent contre elle, 121. — Prise par les Gaulois, ne perd rien de ses forces, *ibid.* — La ville de Rome seule fournit dix legions contre les Latins, 134. — Etat de Rome lors de la première guerre punique, 137. — Parallèle de cette république avec celle de Carthage, *ibid.* et suiv. — Etat de ses forces lors de la seconde guerre punique, 140 et suiv. — Sa constance prodigieuse malgré les échecs qu'elle reçut dans cette guerre, 147. — Etoit comme la tête qui commandoit à tous les états ou peuples de l'univers, 179. — N'empêchoit pas les vaincus de se gouverner par leurs lois, 180. — N'acquiert pas de nouvelles forces par les conquêtes de Pompée, 184. — Ses divisions intestines, 185. — Excellence de son gouvernement, en ce qu'il fournissoit les moyens de corriger les abus, 192. — Il dégénère en anarchie: par quelle raison, 198 et suiv. — Sa grandeur cause sa ruine, 199 et suiv. — N'avoit cessé de s'agrandir par quelque forme du gouvernement qu'elle eût été régie, *ibid.* — Par quelles voies on la peuploit d'habitans, 238. — Abandonnée par ses souverains, devient indépendante, 339 et suiv. — Causes de sa destruction, 310.

ROMULUS, et ses successeurs, toujours en guerre avec leurs voisins, 112. — Il adopte l'usage du bouclier sabin, *ibid.*

Rubicon, fleuve de la Gaule cisalpine, 213.

S.

Sabins. Leur union avec Rome, 112. — Peuple belliqueux, 119.

Saignée. Par quelle raison on saignoit les soldats romains qui avoient commis quelque faute, 127.

SALVIEN réfute la lettre de Symmaque, 302.

Samnites, peuple le plus belliqueux de toute l'Italie, 121. — Alliés de Pyrrhus, 137. — Auxiliaires des Romains contre les Carthaginois et contre les Gaulois, 140. — Accoutumés à la domination romaine, 141.

Schisme entre l'église latine et la grecque, 350.

SCIPION EMILIEN. Comment il traite ses soldats après la défaite près Numance, 126.

SCIPION enlève aux Carthaginois leur cavalerie numide, 143 et suiv.

Scythie. Etat de cette contrée lors des invasions de ses peuples dans l'empire romain, 306.

SÉJAN, favori de Tibère, 265.

SÉLEUCUS, fondateur de l'empire de Syrie, 159.

Sénat Romain avoit la direction des affaires, 139. — Sa maxime constante de ne jamais composer avec l'ennemi, qu'il ne fût sorti des états de la république, 147. — Sa fermeté après la défaite de Cannes: sa conduite singulière à l'égard de Térentius Varron, *ibid.* et suiv. — Sa profonde politique, 166. — Sa conduite avec le peuple, 187. — Son avilissement, 218 et suiv.—Après la mort de César, confirme tous les actes qu'il avait faits, 222. Accorde l'amnistie à ses meurtriers, *ibid.*—Sa basse servitude sous Tibère : cause de cette servitude, 243. — Quel parti Tibère en tire, 256.—Ne peut se relever de son abaissement, *ibid.* et suiv.

Serment. Les Romains en étoient religieux observateurs, 117, 202. — Les Grecs ne l'étoient point du tout, 202. — Les Romains devinrent par la suite moins exacts sur cet article, *ibid.*

SÉVÈRE (l'empereur) défait Niger et Albin, ses compétiteurs à l'empire, 264.—Gouverné par Plautien, son favori, 265.—Ne peut prendre la ville d'Atra en Arabie : pourquoi, 266. — Amasse des trésors immenses : par quelles voies, 268.—Laisse tomber dans le relâchement la discipline militaire, 272.

Soldats. Pourquoi la fatigue les fait périr, 124. — Ce qu'une nation en fournit à présent : ce qu'elle en fournissoit autrefois, 131.

Stoïcisme, favorisoit le suicide chez les Romains, 227 et suiv.—En quel temps il fit plus de progrès parmi eux, 263.

Suffrages à Rome se recueilloient ordinairement par tribus, 192.

Suicide. Raisons qui en faisoient chez les Romains une action héroïque, 227 et suiv.

SYLLA exerce ses soldats à des travaux pénibles, 127.—Vainqueur de Mithridate, 183.—Porte une atteinte irréparable à la liberté romaine, 206. — Est le premier qui soit entré en armes dans Rome, 207. — Fut l'inventeur des proscriptions, *ibid.* — Abdique volontairement la dictature, 208. — Parallèle de Sylla avec Auguste, 236.

SYLVIUS (LATINUS), fondateur des villes latines, 120.

SYMMAQUE. Sa lettre aux empereurs au sujet de l'autel de la Victoire, 301.

Syrie. Pouvoir et étendue de cet empire, 159 et suiv.—Les rois de Syrie ambitionnent l'Egypte, *ibid.*—Mœurs et disposition des peuples, 160. — Luxe et mollesse de la cour, 161.

T.

Tarentins, peuple oisif et voluptueux, 126. — Descendus des Lacédémoniens, 119.

TARQUIN. Comment il monte sur le trône ; comment il règne, 113. — Son fils viole Lucrèce ; suites de cet attentat, 114. — Prince plus estimable que l'on ne croit communément, 115.

Tartares (un peuple de) arrête les progrès des Romains, 331 et suiv.

Terres des vaincus confisquées par les Romains au profit du peuple, 117. — Cessation de cet usage, 121. — Partage égal des terres chez les anciennes républiques, 132. — Comment, par succession de temps, elles retomboient dans les mains de peu de personnes, *ibid.* — Ce partage rétablit la république de Sparte, déchue de son ancienne puissance, 134.—Ce même moyen tire Rome de son abaissement, *ibid.*

Tésin (journée du) malheureuse pour les Romains, 147.

Théodora (l'impératrice) rétablit le culte des images, détruit par les iconoclastes, 338.

Théodose-le-jeune (l'empereur) : avec quelle insolence Attila en parle, 302.

Théologiens, incapables d'accorder jamais leurs différends, 343.

Thessaliens, asservis par les Macédoniens, 154.

Tibère (l'empereur) étend la puissance souveraine, 242. — Soupçonneux et défiant, *ibid.* — Sous son empire, le sénat tombe dans un état de bassesse qu'on ne sauroit exprimer, 243. — Il ôte au peuple le droit d'élire les magistrats, pour le transporter à lui-même, 244 et suiv. — S'il faut imputer à Tibère l'avilissement du sénat, 245.

Tite (l'empereur) fait les délices du peuple romain, 258.

Tite-Live. Critique de l'auteur sur la façon dont cet historien fait parler Annibal, 151.

Toscans, peuple amolli par les richesses et le luxe, 119.

Trajan (l'empereur), le prince le plus accompli dont l'histoire ait jamais parlé, 259. — Portrait de ce prince : il fait la guerre aux Parthes, *ibid.*

Traité déshonorant n'est jamais excusable, 162.

Trasimène (bataille de) perdue par les Romains, 147.

Trébie (bataille de) perdue par les Romains, 147.

Trésors amassés par les princes, funestes à leurs successeurs : pourquoi, 268 et suiv. — Trésors des Ptolomées apportés à Rome : effets qu'ils y produisirent, 283.

Tribuns. Leur création, 187. — Empereurs revêtus de la puissance des tribuns, 246.

Tribus. Division du peuple par tribus, 191 et suiv.

Tributs. Rome en est déchargée, 271. — Ils sont rétablis à Rome, *ibid.* — Ne deviennent jamais plus nécessaires que quand un état s'affoiblit, 298. — Portés par les empereurs à un excès intolérable, *ibid.* et suiv.

Trinité (par allusion à la), les Grecs se mirent en tête qu'ils devaient avoir trois empereurs, 333.

Triomphe. Son origine : combien il influe sur l'accroissement des grandeurs romaines, 112. — A quel titre il s'accordoit, 117. — L'usage du triomphe aboli sous Auguste : par quelle raison, 236 et suiv.

Triumvirat (premier), 211. — (second), 227.

Tullus (Servius), comparé à Henri VII, roi d'Angleterre, 114 et suiv. — Cimente l'union des villes latines avec Rome, 120. — Divise le peuple romain par centuries, 191 et suiv.

Turcs. Leur empire à peu près aussi foible à présent qu'étoit celui des Grecs, 349. — De quelle manière ils conquirent la Perse, 350. — Repoussés jusqu'à l'Euphrate par les empereurs grecs, 351. — Comment ils faisoient la guerre aux Grecs, et par quels motifs, 355 et suiv. — Éteignent l'empire d'Orient, 357.

Tyrans (meurtre des) passoit pour une action vertueuse dans les républiques de Grèce et d'Italie, 220 et suiv. — Quel étoit leur sort à Rome, 273 et suiv.

Tyrannie. La plus cruelle est celle qui s'exerce à l'ombre des lois, 243.

U.

Union d'un corps politique : en quoi elle consiste, 199.

V.

Vaisseaux rhodiens, autrefois les plus estimés, 130. — Autrefois ne faisoient que côtoyer les terres, 144. — Depuis l'invention de la boussole ils voguent en pleine mer, 145.

VALENS (l'empereur) ouvre le Danube : suite de cet événement, 287. — Reçoit les Goths dans l'empire, 289. — Victime de son imprudente facilité, *ibid.*

VALENTINIEN fortifie les bords du Rhin, 281. — Essuie une guerre de la part des Allemands, 292.

VALÉRIEN (l'empereur) pris par les Perses, 277.

VARRON (TÉRENTIUS). Sa fuite honteuse, 148.

Véies (siége de), 121.

Vélites. Ce que c'étoit que cette sorte de troupe, 129.

Verts et bleus. Factions qui divisoient l'empire d'Orient, 318. — Justinien se déclare contre les verts, *ibid.*

VESPASIEN (l'empereur) travaille pendant son règne à rétablir l'empire, 258.

VITELLIUS ne tient l'empire que peu de temps, 258.

Volsques, peuple belliqueux, 119.

Z.

Zama (bataille de) gagnée par les Romains contre les Carthaginois, 144.

ZÉNON (l'empereur) persuade Théodoric d'attaquer l'Italie, 307.

FIN DE LA TABLE.

www.ingramcontent.com/pod-product-compliance
Lightning Source LLC
Chambersburg PA
CBHW070926230426
43666CB00011B/2331